Histórias íntimas

Mary del Priore

Histórias íntimas

sexualidade e erotismo na história do Brasil

3ª reimpressão

Planeta

PREPARAÇÃO E REVISÃO Tulio Kawata
PESQUISA DOCUMENTAL E ICONOGRÁFICA Carlos Milhono
PROJETO GRÁFICO DE MIOLO Vanderlei Lopes
CAPA Marcílio Godoi

Dados Internacionais de Catalogação na Publicação (CIP)
(Câmara Brasileira do Livro, SP, Brasil)

del Priore, Mary
Histórias íntimas / Mary del Priore : sexualidade e erotismo na história do Brasil / Mary del Priore – São Paulo: Editora Planeta do Brasil, 2011.

ISBN 978-85-7665-608-1

1. Brasil – usos e costumes alemão 2. Erotismo – Brasil – História 3. História Social 4. Sexualidade – Brasil – História I. Título.

11-01949 CDD-302.30981

Índices para catálogo sistemático:
1. Brasil : sexualidade e erotismo : sociologia : História 302.30981

2012

Editora Planeta do Brasil Ltda.
Avenida Francisco Matarazzo, 1500 – 3º andar – conj. 32b
Edifício New York
05001-100 – São Paulo – SP
www.editoraplaneta.com.br
vendas@editoraplaneta.com.br

PREFÁCIO

Há diferentes maneiras de fazer história. O historiador pode listar exaustivamente nomes, datas, lugares; ou pode, sem esquecer o aspecto factual, buscar o lado humano dos acontecimentos. A este último grupo pertence Mary del Priore, que ocupa um lugar de extraordinário destaque na historiografia contemporânea, resultado, aliás, de uma brilhante trajetória.

Histórias íntimas: sexualidade e erotismo na história do Brasil mostra a razão desse sucesso. Com a coragem e a firmeza que lhe são peculiares, Mary del Priore aborda um tema que durante muito tempo foi tabu em nosso país. E aborda-o de forma magistral. A erudição não impede, contudo, que seu texto seja agradável, fascinante; pelo contrário, Mary del Priore sabe como prender nossa atenção. Não conseguimos interromper a leitura, que nos leva aos bastidores da história de nosso país, começando pelo período colonial, passando pelo "hipócrita" século XIX, examinando o século XX e chegando aos nossos dias.

Nesse trajeto, a autora aborda uma variedade de assuntos: a relação entre colonizadores, índios e escravos, a nudez e o pudor, os afrodisíacos, a repressão inquisitorial, a homossexualidade, a prostituição, o uso da *lingerie*, o teatro de revista, a educação sexual, o aborto, a folia carnavalesca, a pedofilia, a pílula anticoncepcional, a revolução sexual, a erotização da publicidade, o movimento feminista, a censura ditatorial, remetendo-nos a autores que vão de Gregório de Matos a Gilberto Freyre, a personagens famosos como d. Pedro I, a filmes, a revistas, a anúncios publicitários.

Sua postura crítica, sobretudo em relação à repressão, fica evidente; Mary del Priore é uma autora que se posiciona em relação às grandes questões ligadas à sexualidade. O resultado final é um grande livro – e um livro que nos encanta.

MOACYR SCLIAR
Janeiro, 2011

INTRODUÇÃO

Século XXI*: maior tolerância e quebra de tabus são a marca da primeira década. Bancas de jornais exibem "mulheres frutas" de todos os tamanhos. Nas propagandas, casais seminus lambem os beiços e trocam olhares açucarados. Nas novelas de televisão, em horário nobre, nenhum personagem hesita em ratificar suas preferências sexuais, em expô-las e em expor-se. Na frente das câmaras, segredos pessoais são revelados sem constrangimentos. Práticas antes marginalizadas estão nas telas. A Internet abriu um universo de possibilidades para o sexo. Da pedofilia à prostituição, tudo se encontra no mercado virtual. Nos* sites, *"ricos e famosos" falam abertamente de sua vida particular. A privacidade entrou na rede social. Todo mundo sabe onde está todo mundo, o que faz, com quem "ficou" ou dormiu. O paradeiro de cada indivíduo é mostrado no Twitter, onde também aparecem as primeiras referências ao* sexting *(contração de* sex *e* testing*): prática de divulgação de conteúdos eróticos através de celulares. Muitos iniciam relacionamentos por meio das redes sociais, como Facebook ou Orkut. Nelas começam o flerte, namoram "virtualmente", e um número crescente desses relacionamentos virtuais acaba no encontro físico das partes, na igreja. O costume iniciou-se através das mensagens de texto* SMS*, mas, com o avanço tecnológico, incluiu-se o envio de fotografias e de vídeos, inclusive pornôs. Ao mesmo tempo, a gravidez na adolescência aumentou. Segundo pesquisas do Instituto Brasileiro de Geografia e Estatística (*IBGE*), o número de casamentos caiu. Além disso, aumentou a quantidade de mulheres mais velhas que se unem a homens mais jovens e elas procriam mais tarde, também.*

Se a ideia de interioridade dava consistência à vida dos indivíduos no passado, hoje, vivemos apenas o instantâneo. Em toda a parte, maior dose de superexposição é possível por meio das redes e da mídia, e o exibicionismo é uma das motivações para seu uso. Expõe-se o ego, sem meios-termos. Habitamos uma sociedade narcisista e confessional. Como mudamos através dos tempos! A atenção que damos ao corpo, à nudez e ao sexo é cada vez maior. Outrora era diferente, homens e mulheres tiveram que se dobrar às chamadas "boas maneiras". Andar nu, fazer sexo, defecar ou urinar publicamente eram hábitos – ainda presentes em várias culturas ou grupos – que foram lentamente banidos de nosso convívio. A educação do corpo trilhou sendas variadas e obrigou o cumprimento de fórmulas de contenção, contrariando o desejo e os apelos da "natureza". Antes, malcheirosos e sujos; hoje, perfumados. Ontem, marcados por cicatrizes. Atualmente, cauterizados. No passado, castos e cobertos. Agora, desnudos e exibidos. Evolução? Não... Um longo processo de transformações ao sabor de vários dados: técnicos, econômicos e educacionais. Este livro é uma exploração histórica da sensibilidade em relação a alguns componentes de nossa vida íntima, que sofreram tremendas alterações. Para sintetizar quinhentos anos de história, a autora recorreu a muitas de suas pesquisas, algumas já conhecidas na Academia.

As relações com a intimidade refletem como os processos civilizatórios modelaram gradualmente as sensações corporais, acentuando seu refinamento, desenrolando suas sutilezas e proibindo o que não parecia decente. A história que vamos contar inscreve-se nesse quadro. É aquela do polimento das condutas e do crescimento do espaço privado e da autorrepressão. Do peso progressivo da cultura no mundo das sensações imediatas, do prazer e do sexo. Do cuidado de si e do trabalho permanente para definir as fronteiras entre o íntimo e o social. De como esse complexo mecanismo migrou do Velho para o Novo Mundo, atravessando séculos. E de como, hoje, a relação entre os sexos, na intimidade ou fora dela, está em plena transformação. Resta saber aonde ela nos levará...

1.

Da Colônia ao Império

O CORPO, A IGREJA E O PECADO

Podemos olhar pelo buraco da fechadura para ver como nossos antepassados se relacionavam?! De fechaduras, não! Elas custavam caro e o Brasil, na época da colonização, era pobre. Podemos, sim, enxergar através das frestas dos muros, das rachaduras das portas. Por ali se via que a noção de privacidade estava sendo "construída", estava em gestação. E construída em meio a um ambiente de extrema precariedade e instabilidade. Em terras brasileiras, colonos tiveram que lutar, durante quase três séculos, contra o provisório: o material, o físico, o político e o econômico. "Viver em colônias" – como se dizia então – era o que faziam. Sobreviviam... E sobreviviam sob o signo do desconforto e da pobreza. Habitavam casas de meias paredes cobertas de telhas ou sapê, com divisão interna que pouco ensejava a intimidade. Nelas faltavam móveis que oferecessem algum conforto, ou boa iluminação, devido à falta de vidros. Instaladas em vilarejos sem arruamento, ali os animais domésticos pastavam à solta e havia lixo em toda parte. A água, esse bem mais precioso em nossos dias, só aquela de rios e poços ou a vendida em lombo de burro ou de escravos. Privacidade, portanto, zero.

A noção de intimidade no mundo dos homens entre os séculos XVI e XVIII se diferencia profundamente daquela que é a nossa no início do século XXI. A vida quotidiana naquela época era regulada por leis imperativas. Fazer sexo, andar nu ou ter reações eróticas eram práticas que correspondiam a ritos estabelecidos pelo grupo no qual se estava inserido. Regras, portanto, regulavam condutas. Leis eram interiorizadas. E o sentimento de coletividade sobrepunha-se ao de individualidade.

Mas falar nesse assunto quando a América ainda era portuguesa implica compreender o que se entendia por privacidade há quase trezentos anos. Apenas em 1718 o conceito fará sua aparição. E foi o dicionarista jesuíta Raphael Bluteau quem, pioneiramente, esclareceu:

"Privado: uma pessoa que trata só de sua pessoa, de sua família e de seus interesses domésticos." Mais tarde, em 1798, no seu *Elucidário de palavras e termos*, frei Joaquim de Santa Rosa de Viterbo definia que o verbete "privido" – palavra mais tarde substituída por "privado" – designava o que pertencia a uma particular pessoa. Quase cem anos foram necessários para que "privado" deixasse de significar o que fosse familiar e coletivo para se centrar no pessoal. Mas como fazer tal passagem em terras de escravidão e de pobreza material, onde, contrariamente à Europa ocidental, não havia muita separação entre privado e público? Como, num lugar onde todos sabiam de tudo e de todos?

Era diferente. Aqui, muitas pessoas andavam seminuas: sobretudo índios e escravos. As regras e os ritos vindos da Europa não se tinham consolidado entre índios e africanos. Palavras como *vergonha* e *pudor*, recém-dicionarizadas no século XVI, continuavam ausentes dos "vocabulários" – nome que então se dava aos glossários –, até entre portugueses. Para os etimologistas, a palavra nasceu à época da chegada dos lusitanos às nossas costas. Antes, *pudenda* designava os órgãos sexuais, "vergonhosos". Inicialmente associados à pudicícia, *pudor* e *castidade* eram sinônimos. Os primeiros dicionários deram o sentido atual ao termo, ligando-o à modéstia, decência e civilidade. Considerado natural nas mulheres, o pudor permitia afirmar que uma mulher nua podia ser mais pudica do que uma vestida. Isso, pois acreditava-se que, ao despir-se, ela se cobria com as vestes da vergonha.

O pudor que se definia nos dicionários não era um conceito espalhado na sociedade. Enquanto Isabel de Castela, em 1504, morria de uma ferida que não quis mostrar aos médicos, recebendo a extrema-unção sob os cobertores para não exibir nem os pés, muitos moradores da América portuguesa vestiam-se apenas com um minúsculo pedaço de tecido. Descobria-se, então, que existiam povos obedientes a diferentes noções de pudor.

Ora, tais noções foram pioneiras em esboçar a história do polimento das condutas, do crescimento do espaço privado e dos autoconstrangimentos que a modernidade foi trazendo. Daquilo que Michel Foucault chamou de cuidado de si; uma esfera cada vez mais definida entre o público e o privado. Esfera capaz de afastar, de forma progressiva e profunda, um do outro. E que conta a história do peso da cultura sobre o mundo das sensações imediatas. Cultura que nos levou da vida em grupo ou em família para o individualismo que é a marca de nosso tempo.

NO INÍCIO, ERA O PARAÍSO

1500: Pleno desabrochar do Renascimento na Europa e chegada dos "alfacinhas" ao Brasil. Em 1566, é dicionarizada na França, pela primeira vez, a palavra *erótico*. Designava, então, "o que tiver relação com o amor ou proceder dele". Na pintura, o humanismo colocava o homem no centro do mundo – e não mais Deus –, descobrindo-se os corpos e o nu. Nu que, hoje, associamos ao erotismo. Mas era ele, então, sinônimo de erotismo? Não. Isso significa que as palavras, os conceitos e seus conteúdos mudam, no tempo e no espaço; o que hoje é erótico, não o era para os nossos avós.

Comecemos por um exemplo bastante conhecido. Ao desembarcar na então chamada Terra de Santa Cruz, os recém-chegados portugueses se impressionaram com a beleza de nossas índias: pardas, bem dispostas, "suas vergonhas tão nuas e com tanta inocência assim descobertas, que não havia nisso desvergonha alguma". A Pero Vaz de Caminha não passaram despercebidas as "moças bem moças e bem gentis, com cabelos muito pretos compridos pelas espáduas". Os corpos, segundo ele, "limpos e tão gordos e tão formosos que não pode mais ser". Os cânones da beleza europeia se transferiam para cá, no olhar guloso dos primeiros colonizadores. Durante o Renascimento, graças à teoria neoplatônica, amor e beleza caminhavam juntos. Vários autores, como Petrarca, trataram desse tema para discutir a correspondência entre belo e bom, entre o visível e o invisível. Não à toa, nossas indígenas eram consideradas, pelos cronistas seiscentistas, criaturas inocentes. Sua nudez e despudor eram lidos numa chave de desconhecimento do mal, ligando, portanto, a "formosura" à ideia de pureza. Até suas "vergonhas depiladas" remetiam a uma imagem sem sensualidade. As estátuas e pinturas que revelavam mulheres nuas, o faziam sem pelos púbicos. A penugem cabeluda era o símbolo máximo do erotismo feminino. A questão da sensualidade não estava posta aí.

Nuas em pelo, as "americanas" exibiam-se, também, nas múltiplas gravuras que circulavam sobre o Novo Mundo, com seus seios pequenos, os quadris estreitos, a cabeça coroada por plumagens ou frutas tropicais. Os gravadores do Renascimento as representavam montadas ou sentadas sobre animais que os europeus desconheciam: o tatu, o jacaré, a tartaruga. Mas, aí, a nudez não era mais símbolo de inocência, mas de pobreza: pobreza de artefatos, de bens materiais, de conhecimentos que pudessem gerar riquezas. Comparadas com as mulheres que nas gravuras representavam o continente asiático ou a Europa, nossa América era nua, não porque sensual, mas porque despojada, singela, miserável. As outras alegorias – a Ásia e a Europa – mostravam-se ornamentadas com tecidos finos, joias e tesouros de todo tipo. Mesmo a África, parte do mundo mais conhecida no Ocidente cristão do que a América, trazia aparatos, expondo a gordura. Gordura, então, sinônimo de beleza.

O retrato das americanas, além da magreza e da nudez, ostentava sempre um signo temido: os ossos daqueles que tinham sido devorados nos banquetes antropofágicos. Nudez, pobreza e antropofagia andavam de mãos dadas. As interpretações, então, se sobrepunham: passou-se da pureza à pobreza. E daí ao horror por essa gente que comia gente. Pior. À medida que os índios resistiam à chegada dos estrangeiros, aprofundava-se sua satanização. Para combatê-los ou afastá-los do litoral, nada melhor do que compará-los a demônios. A nudez das índias estava, pois, longe de ser erótica.

Desde o início da colonização lutou-se contra a nudez e aquilo que ela simbolizava. Os padres jesuítas, por exemplo, mandavam buscar tecidos de algodão, em Portugal, para vestir as crianças indígenas que frequentavam suas escolas: "Mandem pano para que se vistam", pedia padre Manoel da Nóbrega em carta aos seus superiores. Aos olhos dos colonizadores, a nudez do índio era semelhante à dos animais; afinal, como as bestas, ele não tinha vergonha ou pudor natural. Vesti-lo era afastá-lo do mal e do pecado. O corpo nu era concebido como foco de problemas duramente combatidos pela Igreja nesses tempos: a luxúria, a lascívia, os pecados da carne. Afinal, como se queixava padre Anchieta, além de andar peladas, as indígenas não se negavam a ninguém.

A associação entre nudez e luxúria provocava os castigos divinos. Ameaçavam-se as pecadoras que usavam decotes. Eis por que a luxúria foi associada a uma profusão de animais imundos: sapos, serpentes ou ratos que se agarravam aos seios ou ao sexo das mulheres lascivas. Nas igrejas, pinturas demonstravam os diabos que recebiam as almas pecadoras, nuas em pelo, com golpes de pá e tridentes. Nos livros de oração com imagens, o justo morria sempre de camisola. O pecador, despido! Enterravam-se as pessoas vestidas, para ressuscitarem com roupas que as identificassem.

Mas que significado teria o nu, na Idade Moderna? A nudez era erótica? Havia, então, uma grande diferença entre nudez e nu. A nudez se referia àqueles que fossem despojados de suas vestes. O nu remetia não à imagem de um corpo transido e sem defesa, mas ao corpo equilibrado e seguro de si mesmo. O vocábulo foi incorporado, no século XVIII, às academias de ciências artísticas, onde a pintura e a escultura faziam do nu o motivo essencial de suas obras.

A realidade, porém, era menos "artística". Viajantes estrangeiros que passavam pelo Brasil, nessa época, ficavam chocados com a nudez dos escravos nas ruas. As poucas blusas que escorregavam pelo ombro, os seios nus, magros e caídos, escorrendo peito abaixo. E, contrariamente aos nossos dias, não havia lugar do corpo feminino menos erótico ou atrativo do que os seios. As chamadas "tetas", descritas nos tratados médicos como membros esponjosos próximos ao coração, tinham uma só função: produzir alimento. Acreditava-se que o sangue materno cozinhava com o calor do coração, tornando-se branco e leitoso.

Os seios jamais eram vistos como sensuais, mas como instrumentos de trabalho de um sexo que devia recolher-se ao pudor e à maternidade. O colo alvo, o pescoço como "torre de marfim" cantado pelos poetas, pouco a pouco começa a cobrir-se. E isso até nas imagens sacras. Estátuas da Virgem Maria em estilo barroco, antes decotadas, ou a própria Virgem do Leite – que no Renascimento expunha os bicos –, desaparecem de oratórios e igrejas. Nossa Senhora passa a cobrir-se até o queixo, quando não era vestida pelas próprias devotas.

E DEPOIS, O INFERNO...

Bem diferente também era a noção de pudor que as viagens ultramarinas revelaram aos europeus. Singrando mares e chegando a terras que lhes eram desconhecidas, encontraram povos que tinham outras noções quanto à nudez, às funções corporais ou à sexualidade. Aos olhos dos europeus, os "selvagens" não tinham sido ungidos pela Graça divina. E seria considerado ofensivo colocar em dúvida os comportamentos cristãos para seguir o exemplo de índios. Mas a diferença não estava só entre cristãos e bárbaros. Mesmo na Europa, pudor de sentimentos & pudor corporal tinham significados diferentes entre os diferentes grupos: ricos ou pobres, homens ou mulheres.

O banho, por exemplo. Ele gozou de grande prestígio entre as civilizações antigas e estava associado ao prazer: vide as termas romanas. Durante o Império, os banhos públicos multiplicaram-se e muitos se tornaram locais de prostituição. Eram os chamados "banhos bordéis", onde as "filhas do banho" ofereciam seus serviços. Os primeiros cristãos, indignados com a má frequentação, consideravam que uma mulher que fosse aos banhos poderia ser repudiada. O código Justiniano deu respaldo à ação. Concílio após concílio, tentava-se acabar com eles. Proibidos aos religiosos, sobretudo quando jovens, abster-se de banho se tornou sinônimo de santidade. Santa Agnes privou-se deles toda a vida. Ordens monásticas os proibiam aos seus monges. O batismo cristão, antes uma cerimônia comunitária de imersão, transformou-se numa simples aspersão.

Contudo, é importante lembrar que, apesar dos prazeres oferecidos pela água, gestos de pudor estavam sempre presentes. Durante a Idade Média, homens e mulheres não se banhavam juntos, salvo nos prostíbulos. Ambos cobriam as partes pudendas. Eles, com um tipo de calção. Elas, com um vestido fino e comprido. Regulamentos austeros coibiam horários e orientavam o uso das estufas. Era terminantemente proibido, por exemplo, que homens entrassem nos banhos femininos e vice-versa. Não faltam ilustrações – em miniaturas e gravuras – sobre o *voyeurismo,* capaz de quebrar as severas regras que controlavam tais espaços.

Segundo alguns autores, enquanto nossos índios davam exemplo de higiene, banhando-se nos rios, os europeus eram perseguidos pelas leis das reformas católica e protestante que lhes interditavam nadar nus. A visão de rapazes dentro dos rios, mergulhando ou nadando em trajes de Adão, causava escândalo, quando não penalidades e multas.

A nudez e a poligamia dos índios ajudavam a demonizar sua imagem. Considerados não civilizados, a tentativa dos jesuítas em cobri-los resultou, muitas vezes, em situações cômicas, como a relatada por padre Anchieta:

"Os índios da terra de ordinário andam nus e quando muito vestem alguma roupa de algodão ou de pano baixo e nisto usam de primores a seu modo, porque um dia saem com gorro, carapuça ou chapéu na cabeça e o mais nu; outro dia saem com seus sapatos ou botas e o mais nu.[...] e se vão passear somente com o gorro na cabeça sem outra roupa e lhes parece que vão assim mui galantes."

A discussão sobre a nudez dos selvagens alimentava outra: o que teria vindo antes: a roupa ou o pudor? Adão que o dissesse... Teve que se cobrir com uma folha de parreira, assim que foi expulso do paraíso. Eis por que os missionários impunham roupas aos índios. Inspirados pelas "descobertas", vários tratados sobre indumentária e costumes foram então escritos na Europa. A ideia era a de que se cobrissem os nus, retirando-lhes as armas da sedução. Mas que, também, se atacasse os que se cobriam com tecidos caros, perucas pomposas e maquilagem, sinônimo de luxúria e vaidade. Daí a importância da modéstia como sinônimo de pudor.

O CHEIRO DO PRAZER

Hábitos de higiene, hoje associados ao prazer físico, eram inexistentes. Entre os habitantes da América portuguesa, a sujeira esteve mais presente do que a limpeza. E isso, durante séculos. O viajante inglês John Luccock, no início do século XIX, ainda afirmava que as abluções frequentes não eram "nada apreciadas pelos homens. Os pés são geralmente a parte mais limpa das pessoas. Os rostos, mãos, braços, peitos e pernas que, todos eles andam muito expostos em ambos os sexos, raramente recebem a bênção de uma lavada [...] os cubículos em que se acham os leitos raramente são abertos à influência purificadora do ar livre, nem tampouco expostas ao sol as camas, embora úmidas de suor".

A sensibilidade olfativa dos colonos estava longe daquela que já se instalara na Europa, que tinha a preocupação de "oxigenar os ares" e de banir definitivamente o mau cheiro. Tal movimento suscitava a intolerância em relação aos odores do corpo, que entre nós ainda eram plenamente admitidos. Teóricos já advertiam para os riscos de a gordura tapar os poros, retendo "humores maléficos e imundícies", das quais a pele já estava carregada. A película nauseabunda, que os antigos acreditavam funcionar como um verniz protetor contra doenças, na verdade bloqueava as trocas "aéreas" necessárias ao organismo.

Essa mudança provocou uma passagem da natureza ao artifício. Os perfumes que remetiam aos odores animais – âmbar, almíscar – saíram de moda por sua violência. Antes, as mulheres os utilizavam, não para mascarar seu cheiro, mas para sublinhá-lo. Havia nele um papel sexual que acentuava a ligação entre as partes íntimas e o odor. Na Europa "civilizada", a emergência de uma nova forma de pudor, porém, ameaçava essa tradição, substituindo-a por exalações delicadas à base de lavanda e rosas. O *bidet* foi então introduzido na França, tornando-se o auxiliar do prazer. As abluções femininas se revestiam de erotismo. Os talcos perfumados e outros pós, à base de íris, flor de laranjeira e canela, cobriam as partes íntimas. Um simples perfume aguçava a consciência de si, aumentando o espaço entre o próprio cheiro e o dos outros, a multidão fedorenta. O odor forte, considerado um arcaísmo, se tornou coisa de roceiras e prostitutas velhas.

Entre nós, o âmbito da higiene íntima feminina, de difícil pesquisa histórica, foi brevemente abordado pelo poeta baiano Gregório de Matos. No fim do século XVII, ele escreveu sobre a carga erótica do "cheiro de mulher". Sim, cheiros íntimos agradavam: o do almíscar era um deles. O poeta criticou uma mulher que seduzira por lavar a vagina antes do ato sexual, maldizendo as que queriam ser "lavandeiras do seu cu". Certa carga de erotismo dependia do equilíbrio entre odor e abluções, embora houvesse muitos, como Gregório de Matos, o Boca do Inferno, que preferissem o sexo feminino recendendo a "olha" e sabendo o "sainete". "Lavai-vos, minha Babu, cada vez que vós quiseres", cantava o poeta, "já que aqui são as mulheres lavandeiras do seu cu".

"Lavai-vos quando o sujeis
E porque vos fique o ensaio
Depois de foder lavai-o
Mas antes não o laveis."

E reclamava:

"Lavar a carne é desgraça
Em toda a parte do Norte
Porque diz, que dessa sorte
Perde a carne o sal, a graça;
E se vós por essa traça
Lhe tirais o passarete
O sal, a graça, o cheirete,
Em pouco a dúvida topa
Se me quereis dar a sopa
Dai-ma com todo o sainete."

O cheiro de almíscar ainda agradava por estes lados do Atlântico, onde o *bidet* só aportou no século XIX.

Mas lavar o corpo, com quê? Um pedaço de sabão era bem inestimável. Que o diga certo Baltasar Dias, em 1618. Ao ver que fora roubado do seu, trazido com dificuldade na caravela que o levara da cidade do Porto para Pernambuco, deu de "dizer palavras de cólera e que o Diabo o levasse de seu corpo", numa explosão de rara fúria. Conclusão? Foi denunciado à Inquisição por blasfêmia.

Embora longe da higienização de nossos dias, certa sensibilidade ao cheiro do corpo ia se instalando. Os processos de divórcio apresentados à Igreja Católica revelam traços da intolerância de certos cônjuges em função do odor. O mau cheiro impedia suas relações sexuais. Em São Paulo, na segunda metade do século XVIII, por exemplo, Ana Luísa Meneses acusava o cônjuge de "pitar tabaco de fumo", que lhe conferia um "terrível hálito que se faz insuportável a quem dele participa". E Maria Leite Conceição reclamava dos "pés e pernas inchadas" do seu, "das quais exalava um mau cheiro insuportável". Como se vê, o embate conjugal não passava longe de alguns critérios de sensibilidade feminina.

DEITAR ONDE?

E onde se exerciam os rituais de intimidade? Um viajante inglês responde: "As casas têm em geral três ou quatro andares. Internamente, essas residências são muito mal mobiliadas, ainda que muitas delas tenham quartos adornados com bonitas pinturas."

As moradas até podiam ser belas, mas seu interior raramente era limpo. Os aposentos, por vezes, eram varridos com uma espécie de vassoura feita com bambu. Água no chão? Nunca. As paredes das casas, raramente pintadas uma segunda vez depois da caiação original, tornavam-se amarelas. Os cubículos dos quartos quase nunca eram abertos à "ação purificadora do ar livre, nem tampouco expostas as camas, embora úmidas de suor. A fim de tornar os quartos toleráveis e deles expulsar os miasmas de que se acham penetrados, costumam se queimar substâncias odoríferas logo antes da hora de se recolher".

Tais odores também mantinham afastados, por curto espaço de tempo, os "atacantes invisíveis": mosquitos, baratas, percevejos e outras imundícies. Os detritos só eram removidos uma vez por semana. Os penicos estavam em toda a parte e seu conteúdo, sempre fresco, era jogado nas ruas e praias. Decididamente, não era esse o ambiente ideal para encontros eróticos, como os concebemos hoje.

Nas classes populares, a privacidade era um luxo que ninguém tinha. Dormia-se em redes, esteiras ou em raríssimos catres compartilhados por muitos membros da família. Os cômodos serviam para tudo: ali recebiam-se os amigos, realizavam-se os trabalhos manuais, rezava-se, cozinhava-se e dormia-se. A precariedade não dava espaço para o leito conjugal, essa encruzilhada do sono, do amor e da morte. Entre os poderosos, a multiplicação de quartos nas residências não significava garantia de privacidade. Todos davam para o mesmo corredor e raramente tinham janelas. Ouvidos indiscretos estavam em toda a parte. Frestas nas paredes permitiam espiar. Chaves eram artefatos caríssimos e as portas, portanto, não se trancavam.

Na alcova podia haver uma cama coberta por mosquiteiro, colchão rijo, travesseiros redondos e chumaços, e "excelentes lençóis". Elemento de ostentação nas casas ricas, a cama traduzia um nível de vida: a conquista do tempo e da liberdade. Mas, para suas intimidades, os casais sentiam-se mais à vontade "pelos matos", nas praias, nos campos, na relva. Longe dos olhos e ouvidos dos outros.

Nessa época, na Europa, as camas com baldaquino, com as cortinas fechadas, ofereciam a possibilidade de isolamento. Aqui, só chegaram mais tarde, aparecendo nos ex-votos de madeira dos finais do século XVIII. Respeitava-se a regra: ao trocar de roupa, ninguém olhava. Na Europa, graças à criação da sala de banhos e do *boudoir*, se reuniram as condições de exercício de uma nova forma de erotismo. Entre nós, porém, o penico vigorou até os fins do século XIX, empestando o ambiente.

Quanto ao asseio e às regras de civilidade, contudo, havia muito que aprender. Os moradores da Colônia ainda estavam muito próximos de comportamentos julgados selvagens na Europa. Lá, desde a Idade Moderna, já se desaconselhava arrotar ou peidar em público. Na época das reformas religiosas, no século XVI, nos vários manuais de civilidade publicados graças ao aparecimento da imprensa, se recomendava apertar os glúteos com força, "não deixando escapar nada de mau gosto". Ou que os ruídos fossem abafados pelos de uma falsa tosse. Às senhoras que sofriam de gases, era sugerido ter sempre cachorrinhos como companhia. Aos pobres quadrúpedes eram atribuídos os maus cheiros ou os ruídos anormais. Entre nós, os flatos eram combatidos, segundo o cirurgião barbeiro Luís Gomes Ferreira, atuante em Minas Gerais, em 1735, com copinhos ou dedais de aguardente.

Aqui, os limites para suportar o mau cheiro corporal não só ficavam evidentes no cotidiano, como eram tolerados. O melhor narrador sobre o tema é Gregório de Matos. Sua obra poética está recheada de fatos do dia a dia. Muitos de seus poemas foram oferecidos, por exemplo, "A uma mulher que se borrou na igreja em quinta-feira de Endoenças", "A uma mulher corpulenta que em noite de Natal soltou um traque para chegar ao confessionário", etc.

O tímido desgosto frente à nudez e ao mau cheiro reforçava, contudo, as normas culturais do início dos tempos modernos. Apesar de a sujeira estar em toda parte, as pessoas apontavam-na com o dedo e começavam a se incomodar. Os maus modos também começaram a ser notados. Sobretudo, defecar e urinar em público, expondo as partes íntimas, chocava. Que o diga John Barrow, que, em seu relato *A Voyage to Conchinchina in the Years of* 1792 *and* 1793, registrou o hábito das mulheres de urinar "descaradamente" nas ruas do Rio. O certo era fazê-lo contra um muro, cobrindo o sexo, na tentativa de proteger-se dos olhares alheios.

Se a intimidade não era regra para todos, cobrir o sexo era lei. O Renascimento, apesar de seu amor pela beleza física, jamais discutiu a questão da nudez. Deu-lhe apenas outro sentido. Ver uma mulher nua, segundo o filósofo francês Montaigne, esfriava mais o ardor sexual do que incitava à tentação. No reino de Pegu, atual Birmânia, explicava ele, os homens preferiam ter prazer uns com os outros. Isso, pois o uso de vestidos fendidos, que nada escondiam, os fez desgostar profundamente das mulheres. Viva o pudor feminino – alimento ao desejo masculino!

ONDE SE ESCONDE O DESEJO

Frente a tal noção de privacidade, que atenção se dava aos corpos? O que agradava ou desagradava? Gilberto Freyre foi pioneiro em captar o interesse dos portugueses pela "moura encantada": tipo delicioso de mulher morena de olhos pretos, segundo ele, envolta em misticismo sexual – sempre de encarnado, sempre penteando os cabelos ou banhando-se nos rios ou nas águas de fontes mal-assombradas – que os lusos vieram reencontrar nas índias nuas e de cabelos soltos. "Que estas tinham também os olhos e os cabelos pretos, o corpo pardo pintado de vermelho e, tanto quanto as nereidas mouriscas, eram doidas por um banho de rio onde se refrescasse sua ardente nudez e um pente para pentear o cabelo. Além do que, eram gordas como as mouras."

Morenice e robustez eram, então, padrões de beleza. Não apenas na pluma dos poetas, mas também na pena de viajantes estrangeiros de passagem pelo Brasil, sensíveis, eles também, às nossas Vênus. Coube-lhes deixar o registro do que era percebido e apreciado. Eis as impressões de um dos fundadores da Austrália, de passagem pelo Rio de Janeiro, em 1787:

"As mulheres, antes da idade de casar, são magras, pálidas e delicadas. Depois de casadas, tornam-se robustas, sem, contudo, perder a palidez, ou melhor, certa cor esverdeada. Elas têm os dentes muito bonitos e melhor tratados do que a maioria das mulheres que habita países quentes, onde o consumo de açúcar é elevado. Seus olhos são negros e vivos e elas sabem como ninguém utilizá-los para cativar os cavalheiros que lhes agradam. Em geral elas são muito atraentes e suas maneiras livres enriquecem suas graças naturais. Tanto os homens quanto as mulheres deixam crescer prodigiosamente os seus cabelos negros: as damas em forma de grossas tranças que não combinam com a delicadeza dos traços. Mas o hábito torna familiares as mais estranhas modas. Estando um dia na casa de um rico particular do país, comentei com ele minha surpresa relativa à grande quantidade de cabelos das damas e acrescentei que me era impossível acreditar que tais cabelos fossem naturais. Esse homem, para demonstrar que eu estava errado, chamou sua mulher, desfez seu penteado e, diante de meus olhos, puxou duas longas tranças que iam até o chão. Ofereci-me, em seguida, para rearranjá-los, o que foi aceito com simpatia."

No passado, os cabelos femininos – ou as chamadas "crinas" – eram altamente valorizados, aliás, como o são hoje, em nossa cultura. Mas quais critérios inspiravam erotismo e atração física na Idade Moderna? É bem verdade que as características físicas de nossas belas estavam um tanto distantes das do modelo renascentista europeu de beleza e sensualidade. Os grandes pintores do período, como Veronese, o veneziano, preferiam mulheres de cabelos claros, ondulados ou anelados, com rosto e colo leitoso como pérola, bochechas largas, fronte alta, sobrancelhas finas e bem separadas. O corpo devia ser "entre o magro e o gordo, carnudo e cheio de suco", segundo um literato francês. Como se dizia então, a "construção" tinha que ser de boa carnadura. A metáfora servia para descrever ombros e peito forte, suporte para seios redondos e costas em que não se visse um sinal de ossos. Até os dedos afuselados eram cantados em prosa e verso, dedos de unhas rosadas, finalizadas em pequenos arcos brancos. Joias e pedrarias, bem diversas dos ramais de contas e da tinta de jenipapo que recobriam nossas índias, reafirmavam o esplendor da união entre elementos anatômicos e erotismo.

Mas o que se via dessa beleza? Nada. Os olhares masculinos brilhavam ao passar uma mulher... Coberta de cima a baixo!

"A imaginação sente-se singularmente excitada quando a gente vê essas figuras semelhantes às freiras, envoltas totalmente num manto preto, das quais mal se percebem o pezinho delicado e elegantemente calçado, um braço torneado e furtivo, carregado de braceletes e um par de olhos, cujo vivo fulgor as rendas não conseguem cobrir, movendo-se com leveza e graça sob os trajes pesados", confessava um viajante estrangeiro.

Era a velha fórmula: o que mais se esconde mais se quer ver. O fascínio de um olhar camuflado ou do pezinho da misteriosa criatura funcionava como uma isca para o desejo. Mulheres cobertas por véus aguçavam a curiosidade e o apetite masculino. Não à toa, os poetas cantavam apenas o que era possível enxergar, como Bocage: "porém vendo sair d'entre o vestido/ um lascivo pezinho torneado...".

Apesar da pobreza material que caracterizava a vida diária no Brasil colônia, a preocupação feminina com a aparência não era pequena. Mas vivia sob o controle da Igreja. A mulher, perigosa por sua beleza e sexualidade, inspirava toda sorte de preocupações dos pregadores católicos. Não foram poucos os que fustigaram o corpo feminino, associando-o a um instrumento do pecado e das forças diabólicas que ele representava na teologia cristã.

"Quem ama sua mulher por ser formosa, cedo lhe converterá o amor em ódio; e muitas vezes não será necessário perder-se a formosura para perder-se também o amor, porque como o que se emprega nas perfeições e partes do corpo não é o verdadeiro amor, se não apetite, e a nossa natureza é sempre inclinada a variedades, em muitos não durará", admoestava um pregador resmungão.

Era preciso enfear o corpo para castigá-lo. Os vícios e as "fervenças da carne", ou seja, o desejo erótico, tinham como alvo o que a Igreja considerava ser "barro, lodo e sangue imundo". Onde tudo era feio porque pecado. Isso, porque a mulher – a velha amiga da serpente e do Diabo – era considerada, nesses tempos, como um veículo de perdição da saúde e da alma dos homens. Aquela "bem aparecida", sinônimo no século XVII para formosa, era a pior!

Logo, modificar a aparência ou melhorá-la com artifícios implicava aumentar essa inclinação pecaminosa. Mais: significava, também, alterar a obra do Criador, que modelara seus filhos à sua imagem e semelhança. Interferência impensável, diga-se de passagem. Vários opúsculos circulavam tentando impedir as vaidades femininas. Os padres confessores, por exemplo, ameaçavam com penas infernais: "Estar à janela cheia de bisuntos, tingir o sobrolho com certo ingrediente e fazer o mesmo à cara com tintas brancas e vermelhas, trazer boas meias e fingir um descuido para as mostrar, rir de manso para esconder a podridão ou a falta dos dentes e comer mal para vestir bem."

Apesar de tantas advertências, a mulher sempre quis seduzir, fazendo-se bela. Se a Igreja não lhe permitia tal investimento, a cultura a incentivará a forjar os meios para transformar-se. Os dispositivos de embelezamento, assim como o cortejo de sonhos e ilusões que os acompanhava, eram de conhecimento geral. O investimento maior concentrava-se no rosto, lugar por excelência da beleza. As outras partes do corpo, com exceção dos pés, eram menos valorizadas. Consequência direta dessa valorização, o embelezamento facial recorria a certa incipiente técnica cosmética. A preocupação maior era, em primeiro lugar, tratar a pele com remédios. Seguia-se a maquilagem com pós, "bisuntos" e "tintas vermelhas e brancas", como já se viu.

Não faltaram marcas do apetite masculino em relação à morena ou mulata na literatura dos séculos XVIII e XIX. O riso de pérolas e corais, os olhos de jabuticaba, as negras franjas e a cor do buriti são os signos sedutores dessa fêmea que convida ao paladar, à deglutição, ao tato. São elas as verdadeiras presas do desejo masculino, mulheres-caça, que o homem persegue e devora sexualmente. Morenice e robustez eram, então, padrões de erotismo velado e de beleza.

Aos cuidados com a beleza do rosto somaram-se outros, relativos à roupa. O caráter ambivalente dessa última, desvelando ao cobrir as partes mais cobiçadas da anatomia, constituía, ao mesmo tempo, um instrumento decisivo e um obstáculo à sedução. Montaigne protestava: "por que será que as mulheres cobrem com tantos impedimentos as partes onde habita nosso desejo? Para que servem tais bastiões com os quais elas armam seus quadris, se não a enganar nosso apetite, e a nos atrair ao mesmo tempo em que nos afastam?". O pudor aumentava a cobiça que deveria atenuar. E essa obsessão de ver o que não se mostrava durou. Anos mais tarde, o escritor francês Anatole France criou também uma parábola sobre o tema em seu *A ilha dos pinguins.* Um missionário, disposto a cobrir a nudez das aves que convertera, resolve vestir uma delas, e como esta passa a ser perseguida pelo conjunto de seus semelhantes, loucos de desejo, conclui: "o pudor comunica às mulheres uma atração irresistível".

Mas desejar ardentemente uma mulher trazia riscos. Acreditava-se que o desequilíbrio ou a corrupção dos humores, graças à secreção da bile negra, explicasse uma desatinada erotização. Dela provinham os piores crimes e os mais violentos casos amorosos. Apesar do medo de castigos divinos, a razão não conseguia, muitas vezes, controlar o calor vindo do coração. Mas sem o controle de suas paixões físicas, homens e mulheres se perdiam. Pois foi o sentimento fora de controle, dando em erotismo desenfreado, que consolidou a ideia do desejo sexual como enfermidade.

Ao final do Renascimento, longos tratados médicos são escritos sobre o tema: *O antídoto do amor*, de 1599, ou *A genealogia do amor*, de 1609, são bons exemplos desse tipo de literatura. Seus autores tanto se interessam pelas definições filosóficas do amor quanto pelos diagnósticos e tratamentos envolvidos na sua cura. Todos, também, recorrem a observações misturadas a alusões literárias, históricas e científicas para concluir que o amor erótico, *amor-hereos* ou melancolia erótica, era o resultado dos humores queimados pela paixão. E mais: que todos os sintomas observados poderiam ser explicados em termos de patologia. De doença.

Entre as causas externas do desejo erótico estariam o ar e os alimentos. E entre as internas, a falta de repouso e de sono. Em 1540, em Portugal, João de Barros dizia que a paixão física "abreviava a vida do homem". Incapazes de conter nutrientes, os membros enfraqueciam-se, minguando ou secando. Muitos males decorreriam daí, entre eles a ciática, as dores de cabeça, os problemas de estômago ou dos olhos. A relação sexual, por sua vez, emburrecia, além de abreviar a vida. E ele concluía: só os "castos vivem muito".

E como combater tal problema? Os remédios poderiam ser dietéticos, cirúrgicos ou farmacêuticos. Ao "regime de viver", que se esperava fosse tranquilo, somavam-se sangrias nas veias de braços e pernas. E, ainda, remédios frios e úmidos, como caldos de alface, grãos de cânfora e cicuta, que deviam ser regularmente ingeridos. Contra o calor do desejo sexual, tomavam-se sopas e infusões frias, recomendando-se, também, massagear os rins, pênis e períneo com um "unguento refrigerador feito de ervas". Comer muito era sinal de perigo. Os chamados "manjares suculentos" eram coisa a evitar. Além disso, recomendava-se "Dormir, só de lado, nunca de costas, porque a concentração de calor na região lombar desenvolve excitabilidade aos órgãos sexuais".

O OBSCURO OBJETO DE DESEJO

Cobrindo totalmente o corpo da mulher, a Reforma Católica acentuou o pudor, afastando-a de seu próprio corpo. Eis por que dirigir o olhar ao sexo feminino prenunciava um caráter debochado, bem representado nos poemas de Gregório de Matos, que, ao despir a mulher, encontrava seu "cono", "o cricalhão", "a fechadura" ou "Vênus". Os pregadores barrocos preferiam descrevê-lo como a "porta do inferno e entrada do Diabo, pela qual os luxuriosos gulosos de seus mais ardentes e libidinosos desejos descem ao inferno".

A vagina só podia ser reconhecida como órgão de reprodução, como espaço sagrado dos "tesouros da natureza" relativos à maternidade. Nada de prazer. As pessoas consideradas "decentes" costumavam se depilar ou raspar as partes pudendas para destituí-las de qualquer valor erótico. Frisar, pentear ou cachear os pelos púbicos eram apanágios das prostitutas. Tal lugar geográfico só podia estar associado a uma coisa: à procriação.

Em 1559, outro Colombo – não Cristovão –, mas Renaldus, descobria outra América. Ou melhor, outro continente: o "*amor Veneris dulcedo appeletur*" ou clitóris feminino. Como Adão, ele reclamou o direito de nomear o que tivera o privilégio de ver pela primeira vez e que era, segundo sua descrição, "a fonte do prazer feminino". A descoberta, digerida com discrição nos meios científicos, não mudou a percepção que existia, há milênios, sobre a menoridade física da mulher. O clitóris não passava de um pênis miniaturado, capaz, tão somente, de uma curta ejaculação. Sua existência apenas endossava a tese, comum entre médicos, de que as mulheres tinham as mesmas partes genitais que os homens, porém – segundo Nemésius, bispo de Emésia no século IV – "elas as possuíam no interior do corpo e não no exterior". Galeno, que, no século II de nossa era, esforçara-se por elaborar a mais poderosa doutrina de identidade dos órgãos de reprodução, empenhou-se com afinco em demonstrar que a mulher não passava, no fundo, de um homem a quem a falta de perfeição conservara os órgãos escondidos.

Nessa linhagem de ideias, a vagina era considerada um pênis interior; o útero, uma bolsa escrotal; os ovários, testículos, e assim por diante. Ademais, Galeno invocava as dissecações realizadas por Herófilo, anatomista de Alexandria, provando que uma mulher possuía testículos e canais seminais iguais aos do homem, um de cada lado do útero. Os do macho ficavam expostos e os da fêmea eram protegidos. A linguagem consagrava essa ambígua visão da diferença sexual. Alberto, o Grande, por exemplo, revelava que tanto o útero quanto o saco escrotal eram associados à mesma palavra de origem: "bolsa", "bursa", "bource", "purse". Só que, no caso do órgão masculino, a palavra tinha também um significado social e econômico, pois remetia à bolsa, lugar de congraçamento de comerciantes e banqueiros. Lugar, por conseguinte, de trocas e ação. No caso das mulheres, o útero, no entanto, era chamado "madre ou matriz" e associado ao lugar de produção: "as montanhas são matrizes de ouro"! Logo, espaço de espera, imobilidade e gestação.

UM "ANIMAL" PERIGOSO

Em sua grande maioria, os médicos portugueses desconheciam as descobertas científicas que começavam a delinear-se pelo restante da Europa. Eles se limitavam a repetir os mestres antigos (Aristóteles, Plínio, Galeno e Alberto, o Grande), dizendo que a matriz ou madre "é o lugar em cujo fundo se acham aqueles corpos vesiculares que os antigos chamavam testículos e os modernos chamam ovários". Herdeiros da tradição medieval, tais doutores insistiam em sublinhar a função reprodutiva da madre, excluindo o prazer. A função do "*amor Veneris dulce apellatur*" nem era lembrada. Não lhes interessava se a mulher gozava ou não. A entranha, mal descrita e mal estudada – comparada às peras, ventosas e testículos –, acabava por reduzir a mulher à sua bestialidade.

Repetiam igualmente, de mestres antigos como Platão, que, tal como um animal vivo e irrequieto – "animal errabundo", segundo Bernardo Pereira –, o útero era capaz de deslocar-se no interior do corpo da mulher, subindo até a sua garganta e causando-lhe asfixia. Quando não se movimentava, emitia vapores ou "fumos" capazes de infectar "o cérebro, o coração, o fígado". Acreditava-se, ainda, que o útero se alimentava de sangue e "pneuma" e que o espírito vital, emitido pelo homem, encarregado da fecundação, chegava-lhe através de uma grande artéria que desceria do coração ao longo da coluna vertebral. No processo de fecundação, a fêmea era um elemento passivo. Comparada por alguns médicos à galinha, tinha por exclusiva função portar os "ovos".

Uma das características do útero era a sua capacidade de amar apaixonadamente alguma coisa e de aproximar-se do membro masculino por um movimento precipitado, para dele extrair o seu prazer. Porém, o aspecto mais tocante de sua personalidade, segundo um médico, seria "o desejo inacreditável de conceber e procriar". Enfim, era como se as mulheres portassem algo de vivo e incontrolável dentro delas!

Ser assexuado, embora tivesse clitóris, à mulher só cabia uma função: ser mãe. Ela carregou por quinze séculos a pecha imposta pelo cristianismo: herdeira direta de Eva, foi responsável pela expulsão do paraíso e pela queda dos homens. Para pagar seu pecado, só dando à luz entre dores. Os médicos, no século XVI, acabaram por definir o desejo sexual como algo negativo e mais feminino do que masculino. O coito não era necessário ao homem para a conservação da saúde, diziam. Mas, se a mulher fosse privada de companhia masculina, ela se expunha a graves riscos. A prova era a "sufocação da madre", nas viúvas, freiras e solteironas: "É uma fome ou sede desta tal parte. Doença que só cessa com o socorro do macho".

Um grande médico renascentista, o francês Ambroise Paré, ao diferenciar animais e humanos, afirmava: "As fêmeas dos animais fogem dos machos tão logo são fecundadas; o contrário acontece às mulheres; pois elas os desejam para a deleitação, e não somente para a multiplicação da espécie". Enfim, o prazer feminino era considerado tão maldito que, no dia do Julgamento Final, as mulheres ressuscitariam como homens: dessa forma, no "santo estado" masculino, não seriam tentados pela "carne funesta", reclamava santo Agostinho. Com essa pá de cal, as mulheres foram condenadas por padres e médicos a ignorar, durante séculos, o prazer.

Entre os séculos XII e XVIII, a Igreja identificava, nas mulheres, uma das formas do mal sobre a terra. Quer na filosofia, quer na moral ou na ética do período, a mulher era considerada um ninho de pecados. Os mistérios da fisiologia feminina, ligados aos ciclos da Lua, ao mesmo tempo em que seduziam os homens, os repugnavam. O fluxo menstrual, os odores, o líquido amniótico, as expulsões do parto e as secreções de sua parceira os repeliam. O corpo feminino era considerado impuro.

Venenosa e traiçoeira, a mulher era acusada pelo outro sexo de ter introduzido sobre a terra o pecado, a infelicidade e a morte. Eva cometera o pecado original ao comer o fruto proibido. O homem procurava uma responsável pelo sofrimento, o fracasso, o desaparecimento do paraíso terrestre, e encontrou a mulher. Como não desconfiar de um ser cujo maior perigo consistia num sorriso? Nesse retrato, a caverna sexual tornava-se uma fenda viscosa do inferno.

AFRODISIA OU COMO DESPERTAR O APETITE

Se as mulheres não podiam ter prazer, para os homens ele era obrigatório! E apesar do controle da Igreja sobre a sexualidade, mais lenha foi posta na fogueira do erotismo com as viagens ultramarinas. E a razão? O convívio pioneiro com as culturas de além-mar apimentou a Europa, e em particular Portugal, com sabores, odores e sensualidades novas. No momento em que uma avalanche de textos moralizantes sobre o sexo se abate sobre as populações, ocorre também a expansão de uma gastronomia à base de afrodisíacos. Uma resposta silenciosa à repressão sensual? O que se sabe é que, cada vez mais, consomem-se sopas de testículos de ovelhas, omeletes de testículos de galo, cebolas cruas, pinhões, trufas, entre outros ingredientes usados nessa culinária encarregada de estimular o desejo.

Sim, pois a impotência era considerada verdadeira maldição. Desde sempre, ela promoveu profundo sofrimento, quando não situações de humilhação entre os homens. Ao longo de séculos, na literatura e na poesia, não faltaram indicações do sonho de ereções permanentes e infatigáveis. Isso porque a obrigação da virilidade já estava profundamente arraigada em nossa cultura. Para melhorar o desempenho, nada melhor do que os afrodisíacos importados da Ásia. Mas por que tanta ansiedade para restaurar o arsenal sexual do amante e excitar o apetite viril? Porque o "crescei e multiplicai-vos" era obrigatório. Estava na Bíblia. Era papel do homem garantir essa operação. Um breve papal, datado de 1587, definia a impotência masculina como um impedimento público ao sacramento do matrimônio. Processos contra "maridos frígidos" foram legião na Europa entre os séculos XVI e XVIII, e não faltaram julgamentos públicos nos quais os homens tinham que fazer, seminus, "exames de elasticidade" ou ereção.

Na América portuguesa, as Constituições Primeiras do Arcebispado da Bahia, impressas em 1720, fonte de regulamentação moral no período colonial, não deixavam dúvidas: a impotência era causa de anulação matrimonial. Daí a importância dos chamados "filtros de amor", poção mágica que levou Isolda aos braços de Tristão, e que tinham por objetivo evitar as falhas. Eis por que especiarias estimulantes, reconfortantes, tonificantes e revigorantes vão ampliar a gama erótica dos prazeres – proibidos – da carne.

O estímulo renovado dos sentidos foi uma das facetas mais exuberantes do Renascimento, não apenas na expressão artística, mas também no desenvolvimento de uma sensualização dos costumes. Portugal era a porta de entrada desses produtos. Se, por um lado, o reino não conheceu a exaltação pictórica, poética, gastronômica e luxuriosa do corpo, ele constituiu-se na placa giratória que distribuía especiarias de luxo vindas do Oriente para as cortes da França e das ricas cidades italianas.

REMÉDIOS PARA OS "JOGOS DE AMOR"

Um dos cronistas a perceber o desbravamento sensorial vivido pelos portugueses foi Garcia da Orta. De origem hebraica e amigo de Camões, ele dedicou-se ao estudo da farmacopeia oriental. A descoberta de novas faunas e floras permitiu-lhe saudar, com entusiasmo, os afrodisíacos largamente utilizados nesta parte do mundo. Ele não apenas menciona a *cannabis sativa*, banguê ou maconha, mas exalta também as virtudes do ópio. Fundamentado em sua convivência com os indianos, Orta sabia que o ópio era usado como excitante sexual capaz de duas funções: agilizar a "virtude imaginativa" e retardar a "virtude expulsiva", ou seja, controlar o orgasmo e a ejaculação. Além desses dois produtos, Orta menciona o bétel, uma piperácea cuja folha se masca em muitas regiões do oceano Índico, lembrando sobre o seu uso que "a mulher que há de tratar amores nunca fala com o homem sem que o traga mastigado na boca primeiro".

O primeiro observador encarregado de fazer um relatório de história natural do Brasil, o holandês Guilherme Piso, registrou também, embora mais discretamente, algumas plantas afrodisíacas. Segundo ele, tanto "a bacopa quanto a banana são consideradas plantas que excitam o venéreo adormecido". Sobre o amendoim, registrou: "os portugueses vendem diariamente o ano todo, afirmando que podem tornar o homem mais forte e mais capaz para os deveres conjugais".

Obras publicadas na Europa sobre plantas vindas dos Novos Mundos – Ásia, África e América – apresentam espécimes sob a rubrica "amor, para incitá-lo". Dentre tantas conhecidas destacam-se a hortelã, o alho-poró e a urtiga. Outras, ainda, aparecem sob rubricas como "jogos de amor" ou "para fortificação da semente", leia-se, do sêmen. Em 1697, um desses livros menciona dezenove substâncias, muitas delas extraídas do reino animal: genital de galo, cérebro de leopardo, formigas voadoras. Entre as substâncias vegetais encontram-se a jaca, as orquídeas e os pinhões. Já para diminuir os "ardores de Vênus", menciona-se do chumbo ao mármore e deste ao pórfiro, cuja frigidez, quando aplicada sobre o períneo ou os testículos, diminuía o desejo.

No sumário de alguns herbários existem entradas que bem mostram os efeitos dessas descobertas: "induzir a fazer amor", "incitar a jogos de amores", "fazer perder o apetite para jogos de amores", "sonhos venéreos quando se polui sonhando" e "substâncias úteis para excitar o jogo do amor ou para as partes vergonhosas". No item de receitas próprias para "engendrar e facilitar a ereção e o coito", as ostras, o chocolate e a cebola eram apreciadíssimos, assim como alcachofra, pera, cogumelos e trufas.

Mas a Igreja vigiava. O chocolate, vindo do México, anteriormente usado até durante o jejum católico, começou a ser condenado por provocar excesso de calor. Em seu lugar, surgiu a louvação antierótica do café. A bebida refletia o contrário do luxo representado pelo chocolate, evidenciando um novo espírito burguês: casto, econômico e produtivista. Junto com a ingestão do café, veio a preocupação com a economia do esperma, reservado à sua exclusiva função reprodutiva. Os portugueses estiveram cara a cara com uma *ars erotica* que usava e abusava de afrodisíacos. Dela, contudo, só levaram para Portugal a possibilidade de se enxergar pecado ou doença!

Se, antes do século XVII, o coito era recomendado quando praticado com regularidade e sem exageros, a partir desse período, o quadro muda e intensifica-se uma censura ao sexo, considerado causa de perturbações de saúde e mesmo de moléstia contagiosa. Torna-se consensual a noção de que o prazer é a pior fonte dos males do corpo, conforme vinha afirmando a moral cristã, havia mais de um século.

O mundo barroco do chocolate, dos aromas importados, do almíscar e do âmbar, das comidas "adubadas" de condimentos quentes, da obsessão afrodisíaca que enxergava essa virtude em diversos vegetais e animais, é substituído pelo mundo industrial, em que o desempenho do trabalho seria movido a excitantes: o café e o tabaco. Ambos elogiados como "dessecativos e antieróticos". A mensagem era uma só: não havia mais tempo para o prazer, só para o trabalho. Logo, abaixo a sensualidade!

PECADOS ABAIXO DO EQUADOR

Uma vez que, na Idade Moderna, erótico designava "o que tivesse relação com o amor", como essa definição se materializaria em práticas? Há registros de estratégias de sedução que soariam pouco familiares e mesmo pueris aos olhos de hoje. É o caso do "namoro de bufarinheiro", descrito por Júlio Dantas, corrente em Portugal e no Brasil, ao menos nas cidades. Consistia em passarem os homens a distribuir piscadelas de olhos e a fazerem gestos sutis com as mãos e bocas para as mulheres que se postavam à janela, em dias de procissão, como se fossem eles bufarinheiros a anunciar seus produtos. É também o caso do "namoro de escarrinho", costume luso-brasileiro dos séculos XVII e XVIII, no qual o enamorado punha-se embaixo da janela da moça e não dizia nada, limitando-se a fungar à maneira de gente resfriada. Caso a declaração fosse correspondida, seguia-se uma cadeia de tosses, assoar de narizes e cuspidelas. Escapa-nos, sobremaneira, o apelo sedutor que os tais "escarrinhos" poderiam ter naquele tempo, mas sabe-se que até hoje, no interior do país, o namoro à janela das moças não desapareceu de todo.

Documentos remanescentes das Visitas da Inquisição, preocupadas com as moralidades de nossos ancestrais, revelam, por exemplo, a existência de "palavras de requebros e amores" e de "beijos e abraços", sugerindo prelúdios eróticos e carícias entre amantes. Atos sexuais incluíam toques e afagos, implicando a erotização das mãos e da boca. "Chupar a língua", "enfiar a língua na boca", segundo os mesmos documentos, não era incomum. Os processos revelam que alguns sedutores iam direto ao ponto: "pegar nos peitos" e "apalpar as partes pudentes" era queixa constante de mulheres seduzidas.

Processos de sodomia masculina revelam, por exemplo, amantes que "andavam ombro a ombro", abraçavam-se, trocavam presentes e penteavam-se os cabelos mutuamente à vista de vizinhos, desafiando a Inquisição, sua grande inimiga. Arroubos não foram incomuns; beijos roubados e furtivas bolinações eram práticas usuais regadas a propostas lascivas e palavras amatórias. Alguns tocamentos podiam ser tímidos, escondendo confessados desejos. Rostos e mãos levemente roçados por dedos ávidos ou mãos apertando outras. Fazer cócegas na palma da mão e pôr a mão sobre o coração para dizer o querer bem era parte da gramática amorosa. Em algumas ocasiões, eram os pés que agiam ligeiros a alisarem outros. Alguns afagos eram apenas esboçados, anunciando a vontade de outros mais ousados, enquanto se elogiava a formosura da mulher.

A poesia burlesca e satírica vingava-se da repressão. Nela, os órgãos genitais "falavam". Em Bocage, o pênis afirmava categórico: "Juro só foder senhoras". Na poesia, o universo vocabular também contemplava o corpo e o sexo, sem pudor. "Alcatreira" queria dizer bunduda. "Arreitar" era excitar, dar tesão. "Bimba", pênis pequeno. "Crica", vagina. "Cu", bunda. "Pachocho", genitália feminina. "Pívia", masturbação. "Trombicar", foder. "Vir-se", gozar. "Sesso", ânus.

E é o próprio poeta que informa sobre os encontros:

"Tal fogo em mim senti, que de improviso
Sem nada lhe dizer me fui despindo
Te ficar nu em pelo, e o membro feito
[...]
Nise cheia de susto e casto pejo
Junto a mim sentou-se sem resolver-se
Eu mesmo a fui despindo, e fui tirando
Quanto cobria seu airoso corpo
Era feito de neve: os ombros altos
O colo branco, o cu roliço e branco
A barriga espaçosa, o cono estreito
O pentelho mui denso, escuro e liso
Coxas piramidais, pernas roliças
O pé pequeno... oh céus! Como és formosa."

Mas isso era poesia... Pois, enquanto literatos davam vazão aos sentimentos eróticos, a catequese se impunha a toda a sociedade colonial. A agenda era uma só: civilizar, educando nos princípios cristãos. No casamento, todo o cuidado era pouco. Normas regiam as práticas dos casados. Até para ter relações sexuais, as pessoas não se despiam. As mulheres levantavam as saias ou as camisas e os homens, abaixavam as calças e ceroulas.

Mesmo nos processos de sedução e defloramento que guardam nossos arquivos, vê-se que os amantes não tiravam a roupa durante o ato. Um exemplo, em Paraty, Rio de Janeiro, no início do século XIX: "ele testemunha presenciara e vira a ofendida e o Réu estarem no mato juntos e unidos um por cima do outro a fazerem movimento com o corpo, e que ele testemunha vendo este ato, voltou sem dar a perceber a ninguém".

Nem uma palavra sobre despir-se. As práticas amorosas, contudo, eram rigidamente controladas. Toda a atividade sexual extraconjugal e com outro fim que não a procriação era condenada. Manobras contraceptivas ou abortivas não eram admitidas. A noção de *debitum* conjugal, uma dívida ou dever que os esposos tinham que pagar, quando sexualmente requisitados, torna-se lei. Associava-se o prazer exclusivamente à ejaculação, e por isso era "permitido" aos maridos prolongarem o coito com carícias, recorrendo até à masturbação da parceira, a fim de que ela "emitisse a semente", justificando a finalidade do ato sexual.

Ao ser definido como uma conduta racional e regulada em oposição ao comércio dito apaixonado dos amantes, o comércio conjugal só era permitido em tempos e locais oportunos. Consideravam-se impróprios os dias de jejum e festas religiosas, o tempo da menstruação, a quarentena após o parto, os períodos de gravidez e amamentação. Sobre o papel da mulher durante o coito, fazia-se eco aos conselhos de Aristóteles: que nenhuma mulher, mas nenhuma mesmo, desejasse o lugar de amante de seu marido. Isso queria dizer que a esposa não devia demonstrar nenhum conhecimento sobre sexo. Somente casta e pura ela seria desejada. Sua ingenuidade seria prova de sua honradez.

O SEXO PROIBIDO

As regras da Igreja Católica pareciam esconder-se sob a cama dos casados, controlando tudo. Proibiam-se ao casal as práticas consideradas “contra a natureza”. Além das relações “fora do vaso natural”, consideravam-se pecados graves “quaisquer tocamentos torpes” que levassem à ejaculação. Assim, perseguiam-se os “preparativos” ou preliminares ao ato sexual. A prática, bastante difundida, aparece em tratados de confissão encarregados de simular o diálogo entre o pecador e o padre: “pequei em fazendo com algumas pessoas na cama, pondo-lhes as mãos por lugares desonestos e ela a mim, cuidando e falando em más coisas”, diria o primeiro. “Já pagar seus pecados com penitências!”, diria o segundo.

O sexo admitido era restrito exclusivamente à procriação. Donde a determinação de posições “certas” durante as relações sexuais. Era proibido evitar filhos, gozando fora do “vaso”. Era obrigatório usar o “vaso natural” e não o traseiro. Era proibido à mulher colocar-se por cima do homem, contrariando as leis da natureza. Afinal, só os homens comandavam. Ou colocar-se de costas, comparando-se às feras e animalizando um ato que deveria ser sagrado. Certas posições, vistas como “sujas e feias”, constituíam pecado venial, fazendo com que “os que usam de tal mereçam grande repreensão, por serem piores do que brutos animais, que no tal ato guardam seu modo natural”, dizia a Igreja. Controlado o prazer, o sexo no casamento virava débito conjugal e obrigação recíproca entre os cônjuges. Negá-lo era pecado, a não ser que a solicitação fosse feita nos já mencionados dias proibidos, ou se a mulher estivesse muito doente. Dor de cabeça não valia. O que se procura é cercear a sexualidade, reduzindo ao mínimo as situações de prazer.

Essa vigilância extrapola o leito conjugal, espalhando-se por toda a sociedade. Condenavam-se, também, “as cantigas lascivas”, “os bailes desonestos”, “os versos torpes”, “as cartas amatórias”, a alcovitice, “as bebedices”, os “galanteios”. Essas expressões resgatam o burburinho da vida social com seus encontros, festas, enfim, a sexualidade do cotidiano, que a Igreja precisava regulamentar, controlar desde o namoro até as relações conjugais. Um gesto miúdo de afeto, como o beijo, era controlado por sua "deleitação natural e sensitiva", sendo considerado "pecado grave porque é tão indecente e perigoso". Além de evitar beijos – os temidos "ósculos" –, devia-se estar em guarda contra as sutilezas das menores expressões de interesse sexual que não conduzissem ao que era chamado de "coito ordenado para a geração".

Tudo indica que, ao final do século XVIII, alguns casais já tivessem incorporado as ideias da Igreja. E, sobre o assunto, não foram poucos os depoimentos. Em 1731, por exemplo, certa Inácia Maria Botelho, paulista, parecia sensível ao discurso da Igreja sobre a importância da castidade, pois se negava a pagar o débito conjugal ao marido. Alegando ter feito votos quando morava com sua mãe e inspirada no exemplo das freiras recolhidas em Santa Teresa, se viu estimulada por essa virtude. Sobre o seu dever conjugal, contava o marido, Antônio Francisco de Oliveira, ao juiz eclesiástico que, na primeira noite em que se acharam na cama, lhe rogara a esposa que "a deixasse casta daquela execução por uns dias", pois tinha feito votos de castidade.

Casos de desajustes conjugais devido à pouca idade da esposa não foram raros e revelam os riscos por que passavam as mulheres que concebiam ainda adolescentes. Há casos de meninas que, casadas aos doze anos, manifestavam repugnância em consumar o matrimônio. Num deles, o marido, em respeito às lágrimas e queixumes, resolvera deixar passar o tempo para não a violentar. Escolástica Garcia, outra jovem casada aos nove anos, declarava em seu processo de divórcio que nunca houvera "cópula ou ajuntamento algum" entre ela e seu marido, pelos maus-tratos e sevícias com que sempre tivera que conviver. E esclarecia ao juiz episcopal que "ela, autora do processo de divórcio em questão, casou contra sua vontade, e só por temor de seus parentes". Confessou também que, sendo tão "tenra [...] não estava em tempo de casar e ter coabitação com varão por ser de muito menor idade".

Os casos de casamentos contraídos por interesse, ou na infância, somados a outros em que idiossincrasias da mulher ou do marido revelam o mau estado do matrimônio, comprovam que as relações sexuais dentro do sacramento eram breves, desprovidas de calor ou refinamento. Cada vez mais se evidencia o elo entre sexualidade conjugal e mecanismos puros e simples de reprodução. Maria Jacinta Vieira, por exemplo, bem ilustra a valorização da sexualidade sem desejo. Ela se recusava a copular com seu marido "como animal". Bem longe já se estava dos excessos eróticos cometidos quando das primeiras visitas do Santo Ofício à colônia. Na Bahia do século XVI, Inês Posadas não parecia então muito preocupada em ter sido denunciada pelo fato de seu amante, durante o coito, retirar o membro de sua vagina para sujar-lhe a boca. O comportamento de Maria Jacinta ilustrava um consenso do Antigo Regime, verbalizado por Montaigne. A esposa devia ignorar as febres perversas do jogo erótico.

E como funcionava o matrimônio? Os casados desenvolviam, de maneira geral, tarefas específicas. Cada qual tinha um papel a desempenhar diante do outro. Os maridos deviam se mostrar dominadores, voluntariosos no exercício da vontade patriarcal, insensíveis e egoístas. As mulheres, por sua vez, apresentavam-se como fiéis, submissas, recolhidas. Sua tarefa mais importante era a procriação. É provável que os homens tratassem suas mulheres como máquinas de fazer filhos, submetidas às relações sexuais mecânicas e despidas de expressões de afeto. Basta pensar na facilidade com que eram infectadas por doenças venéreas, nos múltiplos partos, na vida arriscada de reprodutoras. A obediência da esposa era lei.

"VAMOS DEITAR"

Acrescente-se à rudeza atribuída aos homens o tradicional racismo que campeou por toda a parte. Estudos comprovam que os gestos diretos e a linguagem chula eram destinados às negras escravas e forras ou mulatas; enquanto as brancas reservavam-se galanteios e palavras amorosas. Os convites diretos para a fornicação são feitos predominantemente às negras e pardas, fossem elas escravas ou forras. Afinal, a misoginia racista da sociedade colonial classificava as mulheres não brancas como fáceis, alvos naturais de investidas sexuais, com quem se podia ir direto ao assunto sem causar melindres. Gilberto Freyre chamou a atenção para o papel sexual desempenhado por essas mulheres, reproduzindo o ditado popular: "Branca para casar, mulata para foder e negra para trabalhar".

Degradadas e desejadas ao mesmo tempo, as negras seriam o mesmo que prostitutas, no imaginário de nossos colonos: mulheres "aptas à fornicação", em troca de algum pagamento. E na falta de mulheres brancas, fossem para casar ou fornicar, caberia mesmo às mulheres de cor o papel de meretrizes de ofício ou amantes solteiras, em toda a história da colonização. Nos séculos seguintes, à degradação das índias como objetos sexuais dos lusos somou-se a das mulatas, das africanas, das ladinas e das caboclas – todas inferiorizadas por sua condição feminina, racial e servil no imaginário colonial. Mais desonradas que as "solteiras do Reino", nome que se dava às prostitutas portuguesas, pois aquelas mulheres, além de "putas", eram negras.

Mas nem por isso ficaram as cabrochas do trópico sem a homenagem do poeta. No século XVII, Gregório de Matos dedicou vários de seus poemas a certas mulatas da Bahia, em geral prostitutas: "Córdula da minha vida, mulatinha de minha alma", folgava o Boca do Inferno. O poeta louva o corpo e os encantos da mulata, que, como a índia do século XVI, torna-se objeto sexual dos portugueses. Mas o mesmo poeta não ousa brincar com a honra das brancas às quais só descrevia em tom cortês, ao passo que às negras d'África ou às ladinas refere-se com especial desprezo: "anca de vaca", "peito derribado", "horrível odre", "vaso atroz", "puta canalha". À fornicação e aos pecados sexuais nos trópicos não faltaram pontadas de racismo e desprezo à mulher de origem africana.

Não há dúvidas, por outro lado, que os afro-descendentes tivessem fórmulas para seus rituais de sedução. A receita certa era extraída de falares africanos. Um manuscrito mineiro do século XVIII reconstitui um diálogo de abordagem sexual e negociação amorosa, em língua mina-jeje:

"– UHÁMIHIMELAMHI. Vamos deitar-nos.
– NHIMÁDOMHÃ. Eu não vou lá.
– GUIDÁSUCAM. Tu tens amigos (machos)?
– HUMDÁSUCAM. Eu tenho amigo (macho).
– NHIMÁCÓHINHÍNUM. Eu ainda não sei dos seus negócios.
– NHITIMCAM. Eu tenho hímen.
– SÓHÁ MÁDÉNAUHE. Dê cá que eu to tirarei.
– GUIGÉROUME. Tu me queres?
– GUITIM A SITÓH. Vosmicê tem sua amiga (mulher).
– GUI HINHÓGAMPÈ GUÀSUHÉ. Tu és mais formosa do que ela (minha mulher)."

Uma série de palavras de origem banto e iorubá com sentido erótico engordou nosso vocabulário: *xodó*, que quer dizer, em banto, namorado, amante, paixão; *nozdo*, amor e desejo; *naborodô*, fazer amor; *caxuxa*, termo afetuoso para mulher jovem; *enxodozado*, apaixonado; *indumba*, adultério; *kukungola*, jovem solteira que perdeu a virgindade; *dengue*, *candongo* e *kandonga*, bem-querer, benzinho, amor; *binga*, homem chifrudo; *huhádumi*, venha me comer/foder.

A RECUSA DO PRAZER

Os séculos ditos "modernos" do Renascimento não foram tão modernos assim. Um fosso era então cavado: de um lado, os sentimentos, e do outro, a sexualidade. Mulheres jovens da elite eram vendidas, como qualquer animal, nos mercados matrimoniais. Excluía-se o amor dessas transações. Proibiam-se as relações sexuais antes do casamento. Instituíram-se camisolas de dormir para ambos os sexos. O ascetismo tornava-se o valor supremo. Idolatrava-se a pureza feminina na figura da Virgem Maria. Para as igrejas cristãs, toda relação sexual que não tivesse por finalidade a procriação confundia-se com prostituição. Em toda a Europa, as autoridades religiosas tinham sucesso ao transformar o ato sexual e qualquer atrativo feminino em tentação diabólica. Na Itália, condenava-se à morte os homens que se aventurassem a beijar uma mulher casada. Na Inglaterra, decapitavam-se as adúlteras. E em Portugal, sodomitas eram queimados em praça pública.

A concepção do sexo como pecado, característica do cristianismo, implicava a proibição de tudo o que desse prazer. Desde as carícias que faziam parte dos preparativos do encontro sexual até singelos galanteios. Na verdade, os casamentos contratados pelas famílias, em que pouco contava a existência ou não de atração entre os noivos, submetidos a constante vigilância, deixavam pouco espaço para as práticas galantes, que precisaram se adaptar às proibições. Mensagens e gestos amorosos esgueiravam-se pelas frinchas das janelas ou sobrevoavam o abanar dos leques.

Tanto controle transformava as cerimônias religiosas (uma das únicas ocasiões em que os jovens podiam encontrar-se sem despertar suspeitas e repressões dos pais ou confessores) em palco privilegiado para o namoro. Não foram poucos os amores que começaram num dia de festa do padroeiro ou de procissão, havendo até os que esperavam a Quinta-feira Santa e o momento em que se apagavam as velas, dentro da Igreja, em respeito à Paixão de Cristo, para aproximar-se um do outro. E, no escurinho, choviam beliscões, pisadelas e gestos eróticos.

As igrejas paroquiais foram convertidas, nesse tempo, em espaço para namoricos, marcação de encontros proibidos e traições conjugais. Não foram poucas as ordens dadas por bispos setecentistas exigindo a separação de homens e mulheres no interior das capelas. O clero temia os encontros e suas consequências. Compreende-se, assim, o porquê de uma carta pastoral como a de dom Alexandre Marques, de 1732, proibindo a entrada nas igrejas de "pessoas casadas que estiverem ausentes de seus consortes". Nas igrejas, brotavam romances sem limites. Não por acaso, um manual português de 1681, escrito por dom Cristóvão de Aguirre, continha as seguintes perguntas: "a cópula tida entre os casais na Igreja tem especial malícia de sacrilégio? Ainda que se faça ocultamente?". Lugar de culto, lugar público, a igreja seria, então, também um lugar de sedução e de prazer. Onde, vez por outra, Deus dava licença ao Diabo...

No Brasil, as missas do século XVIII eram animadas por toda sorte de risos, acenos e olhares furtivos, transformando as igrejas, para desgosto dos bispos, em concorridos templos de perdição. Mal iluminadas, suas arcadas e colunas e os múltiplos altares laterais ofereciam recantos, resguardados da curiosidade alheia, onde se podia até mesmo tentar gestos ousados: do beijo ao intercurso sexual. A costumeira reclusão das donzelas de família e a permanente vigilância a que estavam expostos todos os seus passos tornavam missas, procissões, ladainhas e novenas ocasiões sedutoras, para as quais contribuíam os moleques de recado e as alcoviteiras, ajudando a tramar encontros. Abrigo de amantes, a igreja logrou converter-se, em certas circunstâncias, num dos raros espaços privados de conversações amorosas e jogos eróticos, nos quais se envolviam nada menos do que os próprios confessores. E tais jogos eram perpetrados até mesmo no refúgio dos confessionários.

O DIABO NO CONFESSIONÁRIO

Tal foi o sucedido com Marciana Evangelha, moça solteira de 29 anos que, no Maranhão, denunciara o jesuíta José Cardoso ao comissário do Santo Ofício em outubro de 1753. Ela o acusara de pedir-lhe "seu sêmen", de dizer que "a desejava ver nua" e ainda de lhe pegar "nos peitos no confessionário". Sobre as relações do padre e a moça, sabia-se, por exemplo – e é o comissário quem anota –, que "o trazia doido e fora de si e que por ela perdia muitas vezes o sono da noite, o que nunca lhe sucedera com outra mulher alguma", e que "por amor dela havia de sair fora da religião". Seduzida por declarações ardentes e promessas, a moça atrapalhava-se nos depoimentos. Tanto que, passados mais dois dias, voltou novamente à presença do comissário para declarar que o padre lhe garantira que, "se consentisse com ele lhe daria remédio para que ficando corrupta parecesse virgem e que para não conceber lhe daria também remédio".

Românticos não eram raros. E havia alguns como o padre Francisco Xavier Tavares, capaz de uma súplica cavalheiresca a Maria Joaquina da Assunção, mulher casada: "se queria ter com ele uns amores e se consentia que ele fosse a sua casa". Outros confessores chegavam a requintes galantes, ofertando flores às suas escolhidas em pleno confessionário ou fazendo como o padre Custódio Bernardo Fernandes, que, no Recolhimento das Macaúbas, em Minas Gerais, dissera a Catarina Vitória de Jesus que lhe queria bem. Mais, perguntando se ela era sua, meteu na boca um raminho, pedindo a ela que o puxasse com seus dentes.

Mas existia, também, o avesso da história. O confessionário era tido como espaço ideal para abordagem de mulheres diabolicamente sedutoras. Na Bahia, ao receber "um escrito" amoroso da parda Violante Maria, o pároco João Ferreira Ribeiro mandou-lhe um recado "por um mulato seu confidente" para que fosse à igreja de Santo Antônio e, acabada a missa, se encontrasse com ele no confessionário. Marcaram então um encontro no caminho que ia para o lago e "lá entraram ambos no mato e teve ele acesso carnal a ela". Fora dela que partira a iniciativa da conquista.

Essas atitudes parecem surpreendentes, sobretudo por virem de indivíduos que deveriam atuar como agentes da Reforma Católica dos costumes. Chocante? Não. As pesquisas têm demonstrado que as ideias reformadoras de católicos e protestantes só lentamente se traduziram em efetivas mudanças de comportamento por parte da população cristã. O processo variou em seu ritmo conforme as regiões atingidas, mesmo se considerarmos apenas o continente europeu. A exportação da Reforma Católica para o além-mar multiplicou as dificuldades normalmente impostas a uma tarefa dessa natureza. Basta lembrar as grandes distâncias, a falta de clérigos, a precária estrutura paroquial em um imenso território de ocupação populacional dispersa, as peculiaridades culturais de uma sociedade híbrida na qual se despejavam continuamente, através do degredo, elementos desviantes da metrópole, os vícios inerentes à escravidão e ao desmedido poder local concedido aos senhores. Isso tudo atrasou a efetivação da Reforma – entendida como projeto da aculturação – na colônia. Isso tudo retardou a possibilidade de os padres serem homens acima de qualquer suspeita. Como tantos, eram feitos de carne e osso. Mais carne, até.

VIRANDO PÁGINAS

Na América portuguesa, entre os séculos XVI e XVIII, as intimidades foram construindo-se na precariedade e na falta de higiene. Que o diga o poeta Gregório de Matos, que nos seus versos nunca esquece o "fedor de Norte a Sul" das mulheres: "bacalhau para a boca e mau bafo para o vaso". Ou "horrível odre a feder a cousa podre". As relações despidas de erotismo eram comuns. "Fornicar" era um verbo muito conjugado, enquanto "caíam saias e calções". Há poucos registros de uma sensualidade mais elaborada, como vemos na pintura europeia do mesmo período. E a despeito da descoberta de afrodisíacos, tampouco há registros de seu uso ou de sua valorização. O corpo da mulher era diabolizado. Seu útero, visto como um mal. Suas secreções e seus pelos, usados em feitiços. Seu prazer, ignorado pela medicina, por muitos homens e até por muitas mulheres. Para as que quisessem as bênçãos do sacramento do matrimônio, a virgindade era obrigatória. A tradição, dotes, heranças e bens assim obrigavam. Adultério feminino? Passível de ser punido com a morte. Afinal, os homens sentiam-se obrigados a lavar sua honra em sangue. O poder masculino dentro do casamento era total. Traições masculinas? Consideradas normais. A bigamia de homens e mulheres era punida com degredo para a África. Muitos preferiam viver segundo os "usos da terra": em ligações consensuais. E nelas tanto havia estabilidade quanto mudança de parceiros, em razão de abandono ou morte de um dos membros do casal. As concubinas, e elas eram muitas, eram chamadas de "teúdas e manteúdas". E crianças de diferentes pais conviviam sob o mesmo teto.

A perseguição da Igreja Católica às formas de prazer sexual dentro do casamento se enraizou com lentidão, mas de forma definitiva. No confessionário, nas missas dominicais e festas religiosas, pecava-se, é fato. Mas absorviam-se, também, os mandamentos das leis de um Deus severo e casto. A vigilância sobre os corpos e a sexualidade conjugal incentivou a dupla moral dos homens. Em casa, faziam filhos. Era o "trique-trique", como dizia Gregório de Matos:

"O casado de enfadado
por não ter a quem lhe aplique
anda já tão desleixado
que inda depois de deitado
não faz senão trique-trique."

Mas, na rua, eles se divertiam. O sexo masculino ganhava vários nomes: "o Fodedor", "o Frade", "o Estoque". E o mesmo poeta definia o que acontecia nos então chamados "jogos de amor":

"O Amor é finalmente
Um embaraço de pernas
Uma união de barrigas
Um breve temor de artérias.
Uma confusão de bocas
Uma batalha de veias,
Um rebuliço de ancas
Quem diz outra coisa, é besta."

2.

Um século hipócrita

AMANTES: O EXEMPLO QUE VEIO DE CIMA

No céu do século XIX brilhou uma estrela. A do adultério. A história de amantes prolonga, sem dúvida, um movimento que existia há séculos. A diferença é que a simples relação de dominação – como a que houve entre senhor e escravas durante o período colonial – deu lugar a uma relação venal, que o cinismo do século tingiu com as cores da respeitabilidade. Por vezes, até apimentou com sentimentos. E o exemplo vinha de cima.

O período abriu-se com a chegada da Corte portuguesa ao Rio de Janeiro em 1801. Entre os membros da família real, Carlota Joaquina Teresa Caetana de Bourbon y Bourbon já vinha mal falada por viver na Quinta do Ramalhão, palácio distante do marido, d. João. À boca pequena murmurava-se sobre a rainha com o comandante das tropas navais britânicas, Sydney Smith. A ele, ela ofereceu de presente uma espada e um anel de brilhantes. Temperamental e senhora de um projeto político pessoal – queria ser regente de Espanha –, a rainha teve, sim, seus amores. Todos encobertos pela capa da etiqueta e por cartas trocadas com o marido, nas quais, apesar de não viverem juntos, ele era chamado de "meu amor".

A nora, recém-chegada de uma das mais sofisticadas cortes europeias, a Áustria, não deixou de escrever aos familiares, chocada com o comportamento de Carlota Joaquina: "Sua conduta é vergonhosa, e desgraçadamente já se percebem as consequências tristes nas suas filhas mais novas, que têm uma educação péssima e sabem aos dez anos tanto como as outras que são casadas".

Os casos amorosos da rainha eram conhecidos e o mais rumoroso deles resultou no assassinato a facadas – a mando da própria Carlota – da mulher de um funcionário do Banco do Brasil, sua rival. Enquanto isso, comentava-se a solidão de d. João VI, atenuada – dizem biógrafos – graças aos cuidados de seu valete de quarto.

Já o filho d. Pedro não escondia de ninguém seus casos. Tampouco se importava em ser discreto com a própria esposa, a princesa Leopoldina Carolina, com quem casou em 1817. Segundo biógrafos, "seu apetite sexual" era insaciável. Ele não conhecia limites nem diante da família nem diante do marido da mulher desejada. Não importava a condição social: mucamas, estrangeiras, criadas ou damas da corte. Delavat, o cônsul espanhol no Rio, em 1826, acusava-o de ser "variável em suas conexões com o belo sexo". E não hesitava em manter relações com várias mulheres de uma mesma família, como fez com a dançarina Noemi Thierry e sua irmã. Com poucos meses de casado, já estava enamorado de Noemi. Costumava visitar a moça na companhia da própria esposa, na casa de seu camareiro, d. Pedro Cauper. Enquanto as filhas de Cauper entretinham d. Leopoldina, d. Pedro escapava para algum canto com Noemi. Quando a esposa compreendeu a situação e queixou-se ao sogro, esse despachou Cauper e a família para Portugal. Noemi, grávida de seis meses, foi removida junto com o marido, um oficial, para Pernambuco.

O mesmo Delavat dizia sobre d. Pedro que tinha ele "um objeto distinto para cada semana, nenhuma conseguia fixar sua inclinação". Nenhuma até ir a São Paulo, em setembro de 1822, quando proclamou a Independência. Lá encontrou Domitila de Castro Canto e Mello. Tinha d. Pedro 24 anos e Domitila, 25. Belíssima? Não exatamente. Certo pendor para a gordura, três partos, cicatrizes, um rosto fino e comprido, aceso pelo olhar moreno. Domitila, mãe de três filhos e acusada de adultério, tomara uma facada do marido, certa manhã em que voltava, às escondidas, para casa. O fato era conhecido na cidade de São Paulo e manchava o nome da família.

Entre os dias 29 e 30 de agosto de 1822, tinha início uma aventura romanesca que marcaria a vida de d. Pedro. Esse *affair* extravasou a alcova e refletiu-se, mais tarde, na vida política e familiar do príncipe, bem como na imagem que dele se fazia dentro e fora do país.

Passado um ano, a data do primeiro encontro foi registrada pelo punho do próprio d. Pedro: "o dia 29 deste mês em que começaram nossas desgraças e desgostos em consequência de nos ajuntarmos pela primeira vez, então tão contentes, hoje, tão saudosos". E em outra missiva fala do dia 30 como aquele em que "comecei a ter amizade com você". Logo após tornar-se imperador, d. Pedro deixa de lado a discrição, transformando "Titília" numa "teúda e manteúda" que é apresentada à corte e instalada em casa, atual Museu do Primeiro Reinado, ao lado do Palácio de São Cristóvão, no Rio de Janeiro.

Em novembro de 1822, d. Pedro felicitava Domitila por "estar pejada" e anuncia-se "disposto a sacrifícios" para honrar os compromissos de pai. Mas a criança nasceu morta. Em 1824, vem ao mundo Isabel Maria de Alcântara Brasileira, apelidada "Belinha". Em 12 de outubro de 1825, d. Pedro, já imperador, contempla a amante com o título de viscondessa, no mesmo ano em que nasce mais um filho do casal, Pedro de Alcântara Brasileiro. Em 1826, no dia do imperial aniversário, ela tornou-se a marquesa de Santos. Aconteceu então um fato documentado: tendo os diretores do Teatro da Constituição recusado a entrada da marquesa numa das representações, sob pretexto de que sua conduta não era digna da boa sociedade, baixou-se ordem para que fossem fechadas as portas do teatro e presos aqueles diretores. O imperador era um amante zeloso!

Amante, sim, e quanta paixão! Suas cartas não deixam mentir. São recheadas de suspiros e voluptuosidade: "Meu amor, meu tudo", "meu amor, minha Titília", "meu benzinho... vou aos seus pés", "aceite o coração deste que é seu verdadeiro, fiel, constante, desvelado e agradecido amigo e amante", rabiscava. E mais incisivo: "Forte gosto foi o de ontem à noite que tivemos. Ainda me parece que estou na obra. Que prazer!! Que consolação!!!".

E terminava "com votos de amor do coração deste seu amante constante e verdadeiro que se derrete de gosto quando... com mecê". Ou mandava "um beijo para a minha coisa"; "abraços e beijos e fo...". E depois, mortificado de ciúmes e suspeitas, perguntava, "será possível que estimes mais a alguém do que a mim?". E assinava-se "seu Imperador", "seu fogo foguinho", "o Demonão", quando não acrescia eroticamente, como se vê em carta no Museu Imperial, o desenho do real pênis ejaculando em louvor da amante. Tudo cheirando – como disse um biógrafo – a lençóis molhados e em desalinho.

O IMPERADOR LIBERTINO

O amor adúltero desenvolvia-se na frente de todos e dividia a Corte. Os irmãos Andrada, em particular José Bonifácio, reprovavam a atitude do jovem imperador, que consideravam comprometedora da imagem do novo império no exterior. Ainda como viscondessa, Domitila foi elevada a dama camarista de dona Leopoldina e acompanhou o casal numa viagem de dois meses à Bahia. O secretário da imperatriz escreveu, em fevereiro de 1826, ao chanceler austríaco Klemens Wenzel von Metternich para reprovar a "fatal publicidade da ligação" com a marquesa de Santos, debitando-a à "resignação e introspecção" da princesa austríaca.

A possibilidade de d. Pedro I casar-se com a "Pompadour tropical" após a viuvez horrorizou a aristocracia europeia. Multiplicavam-se as murmurações contra a Castro, que reunia em São Cristóvão uma família bastante característica desses tempos: filhos legítimos e ilegítimos, seus sete irmãos, sobrinhos e cunhadas, o tio materno Manuel Alves, a tia-avó dona Flávia e as primas Santana Lopes. O barão de Maréchall anotava em relatório enviado à Áustria: "A família aflui de todos os cantos; uma avó, uma irmã e uns primos acabam de chegar".

A morte de dona Leopoldina, no final de 1826, aos 29 anos, obriga d. Pedro a tomar certos cuidados, pois não faltaram manifestações acusando Domitila de ter envenenado a imperatriz. A própria Leopoldina se queixara, em carta ao pai, que o marido a maltratava "na presença daquela que é causa de todas as minhas desgraças". Insultos, ameaças, proibições de entrar no palácio e mesmo uma tentativa de linchamento revelam a reação dos moradores do Rio à presença da concubina.

Em 1827, já gozando de todas as prerrogativas de marquesa, Domitila recebe ainda a condecoração da Real Ordem de Santa Isabel de Portugal, além de conseguir títulos de nobreza para o restante da família. Tanto agrado deixou marcas e aguçou desafetos, dando munição aos que se batiam pelo fim das honrarias. Os receios de um casamento da amante com o imperador se espalhavam. Metternich não escondia seu horror: "É inconcebível que o imperador pense em se casar com a senhora de Santos, pois seu marido é vivo". Perigo havia, mas, quando se alastraram notícias da busca de uma noiva para o imperador viúvo, as cartas de amor que Domitila recebia mudaram de tom. Agora, d. Pedro falava em "gratidão e afeto particular" e chamava-a de "minha amiga". Grávida pela quarta vez do imperador, percebe suas intenções quando ele pede que se distancie da corte, com a promessa de uma pensão generosa. A "concubina e sua comitiva" – relatava Maréchall aos superiores austríacos – seriam afastadas antes da chegada da nova esposa. A 13 de agosto de 1827, nascia, no Rio de Janeiro, Maria Isabel de Alcântara Brasileira, a quarta filha do casal de amantes.

Assinado em 1829, o contrato de casamento com a princesa alemã Amélia de Leuchtemberg, segunda esposa de d. Pedro, pôs um fim ao caso.

Nessa época, ser libertino não significava apenas seduzir todas. Mas, sobretudo, não se deixar seduzir. E a lista de amantes do imperador é considerável, embora incompleta: Mariquita Cauper, filha do camareiro Pedro Cauper; Ana Rita, mulher de

Plácido de Abreu; Joaquina ou Ludovina Avilez, esposa do general Jorge Avilez; Carmem Garcia, esposa do naturalista Bompland; Maria Joana, filha do capitão Ferreira Sodré; Regina de Satourville, mulher de um ourives da rua do Ouvidor; Carlota Ciríaco da Cunha, filha de um rico industrial; Clémence Saisset, mulher de um comerciante francês; e outras, como Joaninha Mosqueiro, que lhe daria um filho, José, nascido em 1829; Luizinha Meneses, Andresa Santos, Gertrudes Meireles, Ana Sofia Steinhausen e Androsinda Carneiro Leão. Do serralho ainda constaram a viscondessa de Sorocaba, irmã da marquesa de Santos; Maria Benedita Delfim Pereira; Luisa Clara de Meneses, mineira de Paracatu, mulher do general José Severino de Albuquerque; Heloísa Henri, mestra de dança francesa, mulher do dr. Roque Schüh; as mães de Umbelino Alberto de Campo Limpo e de Teotônio Meireles; bem como a atriz Ludovina Soares. Nenhuma se negava a d. Pedro I. Por ser rei e por ser fogoso.

DE "TEÚDAS E MANTEÚDAS" A "LIGAÇÕES PERIGOSAS"

Comecemos pelo pano de fundo: até o período em que se deu a Independência, vivia-se na América portuguesa num cenário com algumas características invariáveis: a família patriarcal era o padrão dominante entre as elites agrárias, enquanto, nas camadas populares rurais e urbanas, os concubinatos, uniões informais e não legalizadas e os filhos ilegítimos eram a marca registrada. A importância das cidades variava de acordo com sua função econômica, política, administrativa e cultural. Alguns números ilustram os contingentes demográficos: São Paulo contava com cerca de 20 mil habitantes, Recife, com 30 mil, Salvador, com 60 mil, e o Rio de Janeiro, graças à vinda de portugueses seguindo d. João VI em seu exílio tropical, era a única a contar com mais de 100 mil residentes. A população urbana, contudo, crescia, alimentando uma forte migração interna (campo-cidade) e externa (tráfico negreiro). Apesar dos problemas de abastecimento, higiene e habitação, as cidades atraíam pela enorme oportunidade que ofereciam de mobilidade social e econômica.

Com todas essas transformações, é bom não perder de vista que, de acordo com vários viajantes estrangeiros que aqui estiveram na primeira metade do século XIX (Saint-Hilaire, Tollenare, Debret, Rugendas, Koster, Luccock, Maria Graham), a paisagem urbana brasileira ainda era bem modesta. Com exceção da capital, Rio de Janeiro, e de alguns centros onde a agricultura exportadora e o ouro tinham deixado marcas – caso de Salvador, São Luís e Ouro Preto –, a maior parte das vilas e cidades não passava de pequenos burgos isolados com casario baixo e discreto, como São Paulo, Curitiba e Porto Alegre.

Mesmo na chamada corte, o Rio de Janeiro, as mudanças eram mais de forma do que de fundo. A requintada presença da Missão Francesa pode ter deixado marcas na pintura, ornamentação e arquitetura. Mas as notícias dos jornais *Gazeta do Rio de Janeiro* (1808-1822) e *Idade de ouro do Brasil* (1811-1823), órgãos da imprensa oficial, ou mesmo a inauguração do Real Teatro de São João, onde se exibiam companhias estrangeiras e onde soltavam seus trinados artistas como a graciosa Baratinha ou as madames Sabini e Toussaint, não eram suficientes para quebrar a monotonia intelectual. Além do popular entrudo e dos saraus familiares, o evento social mais importante continuava a ser a missa dominical.

Os viajantes que por aqui passaram na primeira metade do século XIX concordavam num ponto: "a moralidade reinante no Rio de Janeiro se apresenta bem precária", como dizia o mineralogista inglês Alexander Caldcleugh. Já o francês Freycinet queixava-se dos vícios e da libertinagem. Afinal, tratava-se de um país onde "não é difícil encontrar-se todo o tipo de excessos". E seu conterrâneo Arago cravava: "o Rio era uma cidade onde os vícios da Europa abundavam". Eles tomavam como vícios os concubinatos e adultérios, correntes sobretudo nas camadas mais pobres da população, em que se multiplicavam as "teúdas e manteúdas". Para a chamada "poligamia tropical" não faltaram explicações associadas ao clima quente, como a dada por J. K. Tuckey:

"Entre as mulheres do Brasil, bem como as de outros países da zona tórrida, não há intervalo entre os períodos de perfeição e decadência; como os delicados frutos do solo, o poderoso calor do sol amadurece-as prematuramente e, após um florescimento rápido, deixam-nas apodrecer; aos quatorze anos tornam-se mães, aos dezesseis desabrochou toda a sua beleza, e, aos vinte, estão murchas como as rosas desfolhadas no outono. Assim a vida das três destas filhas do sol difere muito da de uma europeia; naquela, o período de perfeição precede muito o de perfeição mental, e nesta, uma perfeição acompanha a outra. Sem dúvida, esses princípios influenciam os legisladores do Oriente em sua permissão da poligamia; pois na zona tórrida, se o homem ficar circunscrito a uma mulher precisará passar quase dois terços de seus dias unido a uma múmia repugnante e inútil para a sociedade, a não ser que a depravação da natureza humana, ligada à irritação das paixões insatisfeitas os conduzisse a livrar-se do empecilho por meios clandestinos. Essa limitação a uma única mulher, nas povoações europeias da Ásia e das Américas, é uma das principais causas de licenciosidade ilimitada dos homens e do espírito intrigante das mulheres. No Brasil, as relações sexuais licenciosas talvez igualem o que sabemos que predominou no período mais degenerado do Império Romano."

Outra explicação, dessa vez dada pelo conde de Suzanet, em 1825, afirmava que as mulheres brasileiras gozavam de menos privilégios do que as do Oriente. Casavam-se cedo, logo se transformando pelos primeiros partos, perdendo assim os poucos atrativos que podiam ter tido. Os maridos apressavam-se em substituí-las por escravas negras ou mulatas. "O casamento é apenas um jogo de interesses. Causa espanto ver uma moça, ainda jovem, rodeada de oito ou dez crianças; uma ou duas, apenas, são dela, outras são do marido; os filhos naturais são em grande número e recebem a mesma educação dos legítimos. A imoralidade dos brasileiros é favorecida pela escravidão e o casamento é repelido pela maioria, como um laço incômodo e um encargo inútil. Disseram-me que há distritos inteiros em que só se encontram dois ou três lares constituídos. O resto dos habitantes vive em concubinato com mulheres brancas ou mulatas."

"Nascer do outro lado dos lençóis" era o eufemismo empregado para designar bastardia. E não foram poucas as famílias assim constituídas. João Simões Lopes, o visconde da Graça, estancieiro, comerciante e chefe do partido conservador em Rio Grande, tinha uma vida nada convencional na segunda metade do século XIX. Casado, mantinha na mesma rua em que morava, três casas abaixo, sua amante. Quando sua esposa deu à luz um filho, quase na mesma semana nascia-lhe outra da "teúda e manteúda" Vicência Ferreira Lira. Teve, com cada uma delas, dez filhos, sendo pai de doze de um primeiro casamento do qual ficou viúvo. O arranjo não causava discórdia. Nas missas de domingo, a legítima esposa ficava de um lado da igreja e a concubina, do outro. Todos muito devotos!

ENTRE BEATARIA E LIBERTINAGEM

Existia um alto nível de violência nas relações conjugais. Não só violência física, na forma de surras e açoites, mas a violência do abandono, do desprezo, do malquerer. Os fatores econômicos e políticos que estavam envolvidos na escolha matrimonial deixavam pouco espaço para que a afinidade sexual ou o afeto tivessem grande peso nessa decisão. Além disso, mulher casada passava a vestir-se de preto, não se perfumava mais, não mais amarrava seus cabelos com laços ou fitas, nem comprava vestidos novos. Sua função era ser "mulher casada", para ser vista só por seu consorte.

Como esposa, seu valor perante a sociedade estava diretamente ligado à "honestidade" expressa por seu recato, pelo exercício de suas funções no lar e pelos inúmeros filhos que daria ao marido. Muitas mulheres de trinta anos, presas ao ambiente doméstico, sem mais poderem "passear" – "porque lugar de mulher honesta é no lar" –, perdiam rapidamente os traços da beleza, deixando-se ficar obesas e descuidadas, como vários viajantes assinalaram. Mulheres abandonadas por esposos que buscaram companheiras mais jovens sempre houve em todo o mundo, mas fatores específicos, como o desequilíbrio demográfico nas regiões interioranas, ocasionaram um mercado matrimonial desvantajoso para um número muito grande de mulheres cujos maridos deixavam o sertão para ir trabalhar nas cidades litorâneas. Homens de prestígio e de boa situação social sempre tiveram a chance de constituir mais de uma família.

As mulheres jovens sem bens e que não haviam conseguido casamento numa terra de estreito mercado matrimonial encontravam no homem mais velho, mesmo casado, o amparo financeiro ou social de que precisavam. Mesmo sendo "a segunda ou terceira esposa do senhor juiz", por exemplo, o poder e o prestígio dele ajudavam-na a sobreviver. Ser "teúda e manteúda" de um homem importante implicava galgar degraus, ganhar *status* econômico que de outra maneira não existiria. É certo que se exigia dela ser conhecedora "do seu lugar", com comportamentos adequados e comedidos, mas, ainda assim, ela gozava de respeito.

O preconceito racial de estrangeiros não raro misturava-se com a aversão europeia pela "corte amorosa à brasileira". O fato de meninas, muito meninas, passarem da reclusão familiar às mãos dos maridos fazia-os crer num precoce interesse pelo sexo oposto. Interesse, aliás, muito malvisto. Os viajantes criticavam a precocidade com que adquiriam modos e conhecimentos impróprios para a sua idade: "antes de cumprir dez anos, uma menina conhece perfeitamente bem o valor dos homens como marido e o que é o flerte. Quando estiver com quatorze anos, ela saberá tudo a respeito de coisas que se supõe que uma inglesa não saberá até que esteja casada". A percepção desses estrangeiros é de que havia certa antecipação sexual nas moças do Novo Mundo.

Durante o século XIX, continuavam sem punição as infidelidades descontínuas e transitórias por parte dos homens casados, bem como toleravam-se concubinatos de escravas com seus senhores. Muitos destes escondiam suas amásias em lugares afastados para evitar "complicações domésticas". Confiavam-nas à proteção de amigos, concediam-lhes alforria ou, então, instalavam-nas em um pequeno sítio, com um ou dois escravos para servi-las.

As regras do celibato eram abertamente desrespeitadas e não faltaram registros como os do escocês George Gardner, que se choca ao conhecer o filho de um padre, ele próprio possuidor de um título eclesiástico além de senador do Império, que "veio visitar o pai trazendo consigo sua amante, que era sua prima, com oito filhos dos dez que ela lhe dera, tendo além disso cinco filhos com outra mulher, que falecera ao dar a luz ao sexto". Do ponto de vista dos estrangeiros que nessa época chegam em massa ao Brasil, as ligações entre brancos e negros ou mulatos desaguavam sempre no rebaixamento moral dos primeiros e em repercussões insidiosas sobre a vida social, sendo a mais dramática delas o grande número de filhos naturais.

Embora não haja estatísticas sobre o assunto, é de imaginar-se que as relações extraconjugais fossem correntes, depois do casamento. O adultério perpetuava-se como sobrevivência de doutrinas morais tradicionais. Fazia-se amor com a esposa quando se queria descendência; o resto do tempo era com a outra. A fidelidade conjugal era sempre tarefa feminina. A falta de fidelidade masculina, vista como um mal inevitável que se havia de suportar. Era sobre a honra e a fidelidade da esposa que repousava a perenidade do casal. Ela era a responsável pela felicidade dos cônjuges.

A FRAGILIDADE DA CARNE

Mas seriam elas tão santinhas assim? Os amores adúlteros custavam caro para as mulheres da elite. Em 1809, certo João Galvão Freire achou-se preso, no Rio de Janeiro, por ter confessadamente matado sua mulher, d. Maria Eufrásia de Loiola. Alegando legítima "defesa da honra", encaminhou ao Desembargo do Paço uma petição solicitando "seguro real para solto tratar de seu livramento". A resposta dos desembargadores não deixa dúvidas sobre a tolerância que rodeava tal tipo de crime: "a ocasião em que este [o marido] entrou em casa, os achou ambos, esposa e amante, deitados numa rede, o que era bastante suspeitar a perfídia e o adultério e acender a cólera do suplicante que levado de honra e brio cometeu aquela morta em desafronta sua, julgando-se ofendido". Cometido por "paixão e arrebatamento", o crime era desculpável! Não havia castigo maior do que a pecha de corno, pecha que pairava sobre homens públicos casados quando se queria atingi-los na sua probidade.

Já com mulheres de camadas desfavorecidas, a solução era a separação. Cada qual seguia para seu lado. Algumas mais corajosas ou tementes a Deus declararam, em testamento, que "por fragilidade humana" tiveram cópula ilícita durante o matrimônio. Assim, em 1858, uma mulher casada alegava que tinha três filhos legítimos e sete ilegítimos, dois destes nascidos durante o casamento e cinco já na viuvez, conforme depoimento de seu próprio punho: "Declaro que por fragilidade humana tive na constância do matrimônio dois filhos, que são [...] e depois da morte do meu marido tive cinco filhos que são [...] e todos estes foram havidos com homem solteiro e desimpedido, com quem podia casar e por isso são verdadeiramente naturais".

Comportamentos arrojados não faltavam. Nos registros de certo memorialista, não escapou a lembrança de algumas senhoras, “mulheres de altos personagens”, marcadas por certa desenvoltura; e ele explicava: “não se querendo dar nunca por velhas”, tomavam por “afilhados, distintos mancebos provincianos a quem faziam a fortuna”. Houve, conta-nos Afonso d’Albuquerque Melo, sinhás famosas por essa espécie de prestígio: o de namorar jovens. E coube ao médico Pires de Almeida inventariar as traições: “A Marquesa de A... com o Dr. A”; “A Marquesa de O... com seus próprios cocheiros”.

Coches e cocheiros, assim como alcoviteiros, passaram a ter seu papel na vida amorosa das cidades. Sinhás de sobrado não se furtavam a aventuras galantes dentro de vitórias ou carruagens com lanternas douradas, forros em damasco de seda e caixilhos das rodas em prata. Escravos cocheiros encarregavam-se de alcovitar amores proibidos, mas não eram os únicos. Vendedores de flores e doceiras, com entrada franca nos sobrados imponentes das cidades, levavam e traziam mensagens: “as mulheres até casarem quase nunca saem de casa, a não ser quando sob a vigilância da mãe e quando vão à missa; companhia de homens lhes é absolutamente proibida, e este rigor as leva frequentemente a se entregarem a uma negra de sua confiança, que por caridade cristã assume o honrado papel de alcoviteira, com o que é satisfeita a natural inclinação das brasileiras para a aventura, de modo que até as filhas das famílias melhores, mais cultas, apesar de severamente vigiadas, quase sempre encontram oportunidade para desafiar a vigilância dos pais”, conta E. Belman, em 1825.

Barrigas de amores ilícitos eram resolvidas, desde sempre, por conhecidas comadres. Métodos para interromper a gravidez eram, todavia, bem divulgados, conforme reconheciam os doutores da Academia Imperial de Medicina em 1885: chá de alfazema adoçado com mel, ou, quando necessária, coisa mais forte, feijão preto com sal, tomado com o estômago vazio. Se nada funcionasse, as Santas Casas de Misericórdia atraíam os bebês indesejados. A do Rio de Janeiro – para ficar num exemplo – recebeu 17 mil crianças entre 1859 e 1908.

O adultério opunha-se às noções de fidelidade, de vida comum e de ajuda mútua, princípios reguladores do casamento e do equilíbrio familiar interno. O homem ou a mulher, quando adúlteros, violavam a honra conjugal, praticando a "injúria grave", que era razão, nas leis religiosas, para anulação do matrimônio. A quebra da fidelidade era considerada falta grave para ambos os sexos, porém colocava a mulher numa situação inferior do ponto de vista jurídico. Segundo o jurista Clóvis Beviláqua, o antigo direito português punia o adultério com a pena de morte, tanto para a mulher casada quanto para seu cúmplice, mas as infidelidades masculinas, descontínuas e transitórias, não eram consideradas atos puníveis. Só os concubinários com suas amantes eram passíveis de degredo, pena raramente aplicada.

"A dissolução dos costumes parece ter sido uma das notas predominantes do Primeiro Reinado", assinala o autor do *Estudo histórico sobre a polícia da capital federal de 1808 a 1831*, que acrescenta terem os "desregramentos de vida do primeiro imperador, seu proceder altamente censurável com a Marquesa de Santos, os fatos escandalosos sucedidos na Corte, na alta sociedade e no próprio clero", invadido todas as classes sociais, levando "a desmoralização ao lar doméstico com o afrouxamento dos laços de mútuo respeito e estima, que esposos, pais e filhos deviam entre si".

Eram os grandes dando o mau exemplo aos pequenos. Os sobrados promíscuos contagiando os mocambos. Era a dissolução dos costumes até nas gazetas: "Tendo chegado ao conhecimento do público que certas senhoras casadas se querem intitular virgens! sem o já poderem ser, de que é bem constante nesta Corte do Rio de Janeiro [...], mas no caso de quererem ainda parecer ou fingirem que o sejam para certas pessoas, que sejam fáceis de se capacitarem de tais coisas se lhes aplica um novo remédio de cuja aplicação resulta um novo hímen sendo o seu preço, medíocre e o seu uso facílimo, o qual é composto de um emoliente", etc.

O adultério feminino explícito ou disfarçado, somado aos concubinatos masculinos, generalizou-se. A imprensa que se multiplicou a partir da segunda metade do século costumava trazer uma "sessão de boatos" ou crônicas onde as traições eram abertamente comentadas. No jornal *A Regeneração*, de Nossa Senhora do Desterro, na ilha de Santa Catarina, por exemplo, dava-se notícia de paternidades negadas, maridos atraiçoados, padres amasiados e mulheres adúlteras: "O Sr. Genoíno está atacado de uma moléstia conhecida pelo nome de Corno mania". O remédio viria, rapidamente, em consulta com "o Dr. Bovino que cura pelo sistema da relhopatia". Ou informava que, na "festa da padroeira, certo moço de família fazia brincadeiras com a esposa de um amigo. E o dito fingia não perceber". As denúncias nos jornais visavam acirrar a moral pública. Muitas delas, anônimas, acabavam por divulgar a intimidade de vários casais.

Aos 28 anos, escrevendo de Washington, onde servia como adido na delegação diplomática brasileira, o jovem Joaquim Nabuco, verdadeiro Don Juan tropical, escrevia surpreso: "aqui não há *liasons* de forma nenhuma". Ou seja, sem amantes ou adúlteras, teve que se contentar em olhar de longe as belas americanas, pouco interessadas em "fragilizar suas carnes".

ARMAS DA SEDUÇÃO ERÓTICA

Na primeira época do reinado de d. Pedro II, entre 1840 e 1867, até a Guerra do Paraguai, copiavam-se tanto os esplendores do Segundo Império francês quanto os maus costumes. Paris dominava o mundo. O Rio de Janeiro contagiava-se por imitação. Nos diferentes bairros, proliferavam sociedades com títulos preciosos: Vestal, Sílfide, Ulisseia. A dupla piano & charuto torna-se inseparável: a mocidade abandonara o rapé, preferindo olhar a fumaça com volúpia. Rapazes pareciam sonhar com um charuto entre os lábios, enquanto a jovem atacava uma valsa no piano. Lia-se Byron, solfejavam-se óperas como *Nabuco* ou *Otelo*. O Catete, o bairro do bom-tom, da elegância, do espírito, da aristocracia – o *faubourg Saint-Germain* do Rio de Janeiro –, tinha salões onde ecoavam canções em francês. Tudo era pretexto para reuniões e encontros.

Nesse ambiente de mudanças, a aparência, segundo Gilberto Freyre, tinha muito a dizer sobre homens e mulheres no sistema patriarcal em que se vivia. O homem tenta fazer da mulher uma criatura tão diferente dele quanto possível. Ele, o sexo forte, ela, o fraco; ele, o sexo nobre, ela, o belo. O culto pela mulher frágil, que se reflete nessa etiqueta e na literatura e também no erotismo de músicas açucaradas, de pinturas românticas; esse culto pela mulher é, segundo ele, um culto narcisista de homem patriarcal, de sexo dominante que se serve do oprimido – dos pés, das mãos, das tranças, do pescoço, das ancas, das coxas – como de alguma coisa quente e doce que lhe amacie, excite e aumente a voluptuosidade e o gozo. Nele, o homem aprecia a fragilidade feminina para sentir-se mais forte, mais dominador. Seios interessavam? Ainda não. Eram chamados pelos médicos de "aparelhos de lactação".

Todo o jogo de aparências colaborava para acentuar a diferença: a mulher tinha que ser dona de pés minúsculos. Seu cabelo tinha que ser longo e abundante e preso a penteados elaboradíssimos para fazer frente a bigodes e barbas igualmente hirsutos. Homem sem barba era maricas! Brilhante, sob o efeito de pomadas e cremes, presa em coques e tranças, trabalhada com flores artificiais ou naturais, em penas de aves ou seda, a capa capilar também servia de atrativo para os homens. A cabeleira feminina era tão importante nos jogos de sedução que as que não a tinham aumentavam a sua com cabelos de meninas mortas, vendidos em bandejas pela rua.

A cintura feminina era esmagada por poderosos espartilhos, acentuando os seios aprisionados nos decotes – o peito de pomba. Escapulários e medalhões serviam para destacar o colo. E o traseiro era valorizado graças às anquinhas. O "talhe de vespa" ou cintura estreita fazia parte dos padrões de beleza física. Uma tal armadura era responsável, segundo os médicos mais esclarecidos, por problemas respiratórios e hemoptises, ajudando a desenhar a figura da heroína romântica: "a pálida virgem dos sonhos do poeta", doente do pulmão. A complicação das roupas tinha um efeito perverso: ela suscitava um erotismo difuso que se fixava no couro das botinas, no vislumbre de uma panturrilha, num colo disfarçado sob rendas. A aparência desejável e sedutora era fundamental.

A acentuada diferença nos papéis matrimoniais não escapava aos mais observadores, confirmando as impressões do sociólogo pernambucano: "quando o brasileiro volta da rua, reencontra no lar uma esposa submissa, que ele trata como criança mimada, trazendo-lhe vestidos, joias e enfeites de toda espécie; mas essa mulher não é por ele associada nem aos seus negócios, nem às suas preocupações, nem aos seus pensamentos. É uma boneca, que ele enfeita eventualmente e que, na realidade, não passa da primeira escrava da casa, embora o brasileiro do Rio de Janeiro nunca seja brutal e exerça seu despotismo de uma maneira quase branda", dizia a professora francesa Adéle Toussaint-Samson.

O FETICHE MAIS SENSUAL

Não faltavam, na época, critérios de beleza. Partes do corpo sexualmente atrativas designavam, entre tantas jovens casadoiras, as mais desejadas. Esses verdadeiros lugares de desejo, hoje não fazem o menor sucesso. Do corpo inteiramente coberto da mulher, o que sobrava eram as extremidades. Mãos e pés eram os que mais atraíam olhares e atenções masculinas. Grandes romances do século XIX, como *A pata da gazela* ou *A mão e a luva* revelam, em metáforas, o caráter erótico dessas partes do corpo. As mãos tinham que ser longas e possuidoras de dedos finos, acabando em unhas arredondadas e transparentes. Os pulsos, quanto mais finos melhor. Vejamos José de Alencar descrevendo uma de suas personagens, Emília: “Na contradança as pontas de seus dedos afilados, sempre calçados nas luvas, apenas roçavam a palma do cavalheiro: o mesmo era quando aceitava o braço de alguém”. Não apenas os dedos eram alvo de interesse, mas seu toque e os gestos daí derivados eram reveladores da pudicícia de uma mulher. O ideal é que estivessem sempre no limite do nojo ou da repugnância por qualquer contato físico.

Pequenos, os pés tinham que ser finos, terminando em ponta; a ponta era a linha de mais alta tensão sensual. “*Faire petit pied*” era uma exigência nos salões franceses; as carnes e os ossos dobrados e amoldados às dimensões do sapato deviam revelar pertencer a um determinado grupo social, do interior do qual as mulheres pouco saíam, pouco caminhavam e, portanto, pouco tinham em comum com escravas ou trabalhadoras do campo ou da cidade, donas de pés grandes e largos. Os pés pequenos, finos e de boa curvatura, eram modelados pela vida de ócio, emblema de “uma raça”, expressão anatômica do sangue puro, sem mancha de raça infecta, como se dizia no século XVIII.

Circunscrita, cuidadosamente embrulhada no tecido do sapato, essa região significou, muitas vezes, o primeiro passo na conquista amorosa. Enquanto o príncipe do conto de fadas europeu curvava-se ao sapatinho de cristal da Borralheira, entre nós, os namoros começavam por uma “pisadela”, forma de pressionar ou de deixar marcas em lugar tão ambicionado pelos homens. Tirar gentilmente o chinelo ou descalçar a “*mule*” era o início de um ritual no qual o sedutor podia ter uma vista do longo percurso a conquistar. Conquista que tinha seu ponto alto na “bolina dos pés”, afagos que se trocavam nessa zona tremendamente sensível.

Os pés enlouqueciam os homens. Eram o "fetiche" da época. Corruptela do português "feitiço", a palavra designava a operação que consistia em focar uma parte do corpo – o pé, a nuca – ou uma coisa – meia, liga, *soutien* – do ser desejado. O pé, ou outra zona ou objeto, eram sentidos como uma promessa de gozo ou de posse do corpo inteiro. Paixões originais, excêntricas e conturbadas nasceram em torno dessa extremidade, inspirando a crônica da época. Nas suas *Memórias da rua do Ouvidor*, Joaquim Manuel de Macedo relembra a paixão do ruivo comerciante inglês, Mister Williams, pela provocante costureira francesa, Mademoiselle Lucy, no início do século XIX. O herói da história é, pois, o pé. Depois de alguns arrufos capazes de apimentar o romance, Manuel de Macedo nos informa: "O inglês estava furioso; mas apesar da fúria, na lembrança lhe ficara o pé de Mlle. Lucy. Não era pé verdadeiramente francês, era-o antes de espanhola, ou melhor, de brasileira: pé delgado, pequenino e de suaves proporções. Realmente Williams não tinha sapatinhos para aquele pé mimoso na sua loja de calçado inglês. E a convicção de que não havia *miss*, nem *lady*, que não havia, enfim, inglesa que tivesse pé como aquele que Mlle. Lucy mostrara, exarcebava a cólera de Williams. Mas o lindo pé da costureira francesa ficara na memória, e encantadora e infelizmente representado nu, branco, delgado, pequenino e delicado na imaginação do pudico e severo inglês...".

O culto ao pé era uma devoção poética e erótica naqueles tempos. Álvares de Azevedo descia de sapateiro a sapato: "meu desejo era ser o sapatinho que o teu mimoso pé no baile encerra". José de Alencar, em *A pata da gazela*, datado de 1855, devaneava embevecido depois de ver num baile certa dama que dançava "roçando apenas a terra com a ponta de um pezinho mimoso, calçado com o mais feiticeiro sapatinho de cetim branco": "um bonito pé é o verdadeiro condão de uma bela mulher! Nem me falem em mãos, em olhos, em cabelos, à vista de um lindo pezinho que brinca sob a orla de um elegante vestido, que coqueteia voluptuosamente, ora escondendo-se, ora mostrando-se a furto. Se eu me quisesse estender sobre a superioridade de um pé, ia longe; não haveria papel que me bastasse".

O pé significaria a substituição da genitália, como proporia Karl Abraham, cinquenta anos depois, em estudo sobre o fetichismo do pé e da roupa de baixo? Sabedoras de que seus pés atraíam olhares, as mulheres esmeravam-se em exibir seus sapatos: coloridos, bordados ou em seda. Saber mover a ponta da saia ou da capa com graça era uma arte. Que o diga a condessa de Barral, paixão de d. Pedro II. Quando a senhora de engenhos baianos adiantou-se para cumprimentar o par imperial pela primeira vez, reza a lenda que chegou perto da perfeição. O imperador, que vira tantas reverências na vida, as desajeitadas, as esbaforidas, as pernósticas, encantou-se com a obra de arte de Luísa de Barral. Ela deu ao seu caminhar um movimento concêntrico e harmonioso como uma serpente sobre a grama. Anjo ou demônio? Nessa ondulação graciosa, difundia um perfume conhecido como Brisa de Paris e avançava o pezinho, modelando o vestido com tanta precisão que excitava admiração e desejo, comprimidos pelo mais absoluto respeito. Era a "genialidade do andar francês". E o imperador d. Pedro II se enamorou perdidamente.

As evoluções com o corpo e a roupa eram formas eficientes de atrair olhares masculinos. As esposas dos comerciantes ricos, além de usarem sempre meias de seda e sapatos, "mostravam-se particularmente hábeis e cuidadosas na decoração de suas pernas e pés, que são geralmente pequenos e de bonita forma", diz, em 1829, o reverendo Walsh com ar de entendido. Cobertas de cima a baixo, as mulheres tiravam partido do olhar, dos gestos com as mãos e do ondular do corpo, numa linguagem muda que falava mais do que as palavras.

No século XIX, surge também o culto à beleza da mulata. Alexandre Mello Moraes Filho, nacionalista e compilador da poesia brasileira, escreveu um poema em que se explicita a visão do homem branco sobre a mulata: seu orgulho, seu senso de superioridade frente às brancas ciumentas, seus atrativos e inclinações amorosas. "Linda", "faceira", "dona de um seio moreno"; "como o jambo cheiroso que pende do galho frondoso, "dança num bamboleio", tem "pulsos delicados", é princesa e rainha cujo único senhor é o "Senhor do Bonfim". A atração do branco pela mulata inspira-se nas lendas das princesas mouriscas, para consolidar-se na intimidade proporcionada pela servidão de escravas. Os atrativos do corpo da mulata vão ganhar força ao longo do século XIX. Como veremos mais adiante, o maxixe, bailado surgido no início do século XX, irá projetar as coreografias exóticas das quais o corpo negro ou mulato é o suporte.

Hedonismo, sensualidade e liberdade irão, enfim, confundir-se. A melhor representação desses atrativos está no quadro *A carioca*, famosa tela pintada entre 1862 e 1863 por Pedro Américo. O que deveria ser uma alegoria do Rio revela uma náiade despida e, sobretudo, "trigueira". Para se ter uma ideia, o mordomo-mor da Casa Imperial, Paulo Barbosa, recusa o quadro por considerá-lo licencioso. A ninfa nua, longe de aproximar a pátria brasileira da tradição europeia, caminhando na direção oposta à selvageria, remetia à pobreza e bestialidade de que já falamos. A mulher de sangue misto, símbolo do hibridismo racial na moda, nua como Deus a pôs no mundo, remetia não a "ordem e progresso", mas ao desregramento sexual. Os longos cabelos escuros, os olhos negros e a pele morena nada tinham a ver com a beleza greco-romana que encheu de nus depilados os salões de artes na Europa. Desejável? Sim. Mas a *Carioca* era a imagem do atraso e do não civilizado. E sua nudez continuava sinônimo de pobreza.

GOZAR? NÃO, OBRIGADO...

O historiador pouco sabe sobre como se comportavam, na cama, homens e mulheres. Mas sabe que os médicos, sobretudo os do século XIX, eram fascinados por sexo. A ciência permitia contrariar sutilmente certos interditos. Só ela autorizava olhar para a intimidade dos corpos. Desde os anos 1830, o espéculo era usado. O gesto suscitava controvérsias: muitos maridos consideravam sua utilização uma forma de estupro médico. O álibi científico servia, muitas vezes, para mascarar certas necessidades do desejo. Comentava-se sobre médicos que aliviavam, não sem prazer, suas pacientes histéricas, conduzindo-as a orgasmos repetidos graças a carícias. Isso até que o apetite pelo remédio começasse a escandalizar a família das pacientes. Em tempos de linguagem censurada, as teorias médicas eram as únicas autorizadas a falar sobre prazer e sexualidade.

Médicos e doutores não se contentaram em perseguir os desvios das relações conjugais: masturbação, histeria, ninfomania. Eles também debruçaram-se sobre questões como o coito e os embates conjugais. Aqui? Não. Na Europa. Mas com faculdades de medicina a pleno vapor no Rio de Janeiro, Bahia e Pernambuco, tais teses acabaram chegando até praias tropicais. Não faltaram livros do dr. Monlau ou Garnier em nossas bibliotecas.

Mas falar em sexo era pisar em ovos. Basicamente, era preciso caracterizar todos os desvios para se criar uma estratégia justificada. Tudo o que não resultasse do coito disciplinado era errado! E ficava subentendido que os casais tinham que jurar fidelidade acima de tudo. Para falar do assunto, os médicos usavam a desculpa da "higiene sexual". Assim, o escabroso tornava-se asséptico.

A leitura dos capítulos consagrados ao coito conduz, por exemplo, a uma constatação que não deixa de surpreender: os médicos exaltavam o orgasmo. Todos concordavam que era o maior dos prazeres. Porque igualava o homem a Deus, ou pelo menos à natureza. O prazer residia na criação que assegurava a sobrevida da espécie. E o médico não era mais do que o maestro dessa grandiosa dramaturgia. Um funesto destino, porém, aguardava os esposos muito generosos. Pois o mais intenso dos prazeres acompanhava-se do exercício da mais perigosa das funções orgânicas. O espasmo masculino, voluptuosidade suprema, necessitava, segundo os médicos, de uma gestão severa e atenta. Pois a emissão do líquido seminal extraía o que havia de mais puro no sangue, impondo um esforço intenso. Certo doutor Alexandre Meyer chegava a comparar a perda de 30 gramas dessa substância à hemorragia de 1200 gramas de sangue. Era urgente evitar o desperdício. Saber economizar prolongava a vida.

As obras médicas funcionavam como manuais de gestão espermática. Em cada página encontrava-se o temor do desperdício. Se a termodinâmica ensinava que o calor se transformava em energia, da mesma forma, o prazer levava à perda da vitalidade. Daí os inúmeros debates na época consagrados aos efeitos benéficos ou maléficos da continência masculina. Ou ainda a gritaria contra a masturbação e a devassidão pré-nupcial. Chamava-se de "fraude nupcial" os "ignóbeis serviços" que podiam sujar a higiene da relação sexual: coito interrompido, masturbação recíproca, carícias buco-genitais, coito anal. Esposas estéreis ou na menopausa deviam ser evitadas. Nada de amores inúteis. Tais "messalinas" costumavam esgotar seus parceiros.

Os médicos do período também acreditavam que as mulheres tinham uma capacidade para gozar muito maior que a dos homens. Essa superioridade engendrava uma aritmética ansiosa. Vários especialistas tentam calcular as potencialidades respectivas dos dois sexos, na esperança de exorcizar a angústia em torno de uma mulher insaciável. Um deles dizia que, nesse particular, uma mulher equivalia dois homens e meio. Nas hordas masculinas, a ansiedade só fazia crescer. Jamais se chorou tanto a perda da virilidade quanto nas últimas décadas do século XIX. Daí a preocupação em construir uma escala numérica de performances, graduada de acordo com a idade dos esposos. Jovens: dois ou três coitos semanais. Aos cinquenta anos, o marido tinha que se contentar com um a cada três semanas. E depois dessa idade, segundo os mesmos doutores, fim de linha; a proibição impunha-se.

Mas, ao passo que o marido pródigo se estafava e consumia, o "excesso" causava danos terríveis aos nervos delicados da esposa que recebesse mais do que sua cota exata de semente masculina. Para isso, era preciso ser rápido. Nada de manobras voluptuosas, pois o importante era o poder da fecundação. O sucesso da relação sexual dependia do vigor do esposo e da rapidez do ato. Caso um marido bêbado demorasse fazendo amor, é porque ele perdera a força de fertilizar. Manobras eróticas também comprometiam o cronômetro. Daí não haver queixas sobre a ejaculação precoce, e o coito matinal ser o mais recomendado pelos médicos em relação aos outros horários. Quem quisesse honrar sua esposa depois do jantar, que tivesse cuidado com a digestão! Nos países quentes, tal exercício era um perigo.

Se a boa gestão espermática e a fecundação constituíam aos olhos dos médicos o objetivo principal das relações sexuais, o prazer da esposa preocupava-os. Sim, pois era exagerado. Seu orgasmo incentivava interpretações contraditórias. Acreditava-se que a emissão da semente feminina era importante para a fecundação, mas, por outro lado, o prazer podia levar a excessos. Coisa que não ficava bem numa mulher. Mulher era, então, sinônimo de pudor. Obcecados pelos riscos que o sexo feminino representava, os médicos recusavam à mulher qualquer iniciativa. Mais. Negavam as manifestações e até mesmo a existência do desejo feminino. Cabia ao marido, portanto, regular a "enervação" da esposa, aplicando-lhe as doses homeopáticas do santo remédio da cópula.

Assim, o homem era responsável por uma tripla função: combinar a reserva espermática, a fecundação vigorosa e evitar a volúpia da parceira. O risco? Sem esse coquetel, o coito podia detonar "furores uterinos" – forças adormecidas nas mulheres normais, mas que eram reveladas por ninfômanas e histéricas.

Nos anos 1840-1850, dois médicos franceses, Pouchet e Négrier, descobrem os mecanismos da ovulação. A mulher deixou de ser considerada uma simples portadora de ovos para fazer parte da Criação. Mas ela pagou um alto preço por isso. A espontaneidade da ovulação tornava inútil o orgasmo. Só a ejaculação masculina era indispensável. Por décadas, os homens puderam esquecer as reações de suas parceiras. A necessidade de prazer lhes era oficialmente negada. Um ou outro doutor mais sensível invocava a possibilidade de as esposas gozarem. Mas apenas como garantia contra a infidelidade. Era o medo do adultério que permitia um número maior de carícias.

Nesse quadro, tudo indica que a noite de núpcias era uma prova. Era o rude momento da iniciação feminina por um marido que só conhecia a sexualidade venal. Daí a prática da viagem de lua de mel, para poupar a família de uma ocasião constrangedora. Para diminuir o chocante da situação, o quarto do casal devia funcionar como um santuário da maternidade; a cama, como o altar onde se celebrava a reprodução.

"Uma cama de casados" – registrava o padre Lopes Gama, jornalista pernambucano – "era uma bizarma com tantos ramos entalhados, com tantos calungas, pássaros e anjos que era um pasmar"! Por cima dela, velava, triste, um crucifixo. Os corpos estavam sempre cobertos e há registros orais de camisolas e calçolas com furos na altura do pênis e da vagina. A nudez completa só começou a ser praticada em meados do século XX; antes estava associada ao sexo no bordel. Tudo era proibido. Fazia-se amor no escuro, sem que o homem se importasse com o prazer da mulher. Usava-se tanto a posição de papai e mamãe, quanto a da mulher ajoelhada e de costas, recomendada para a procriação. E qualquer dúvida sobre a matéria era esclarecida pelo livro *Felicidade do amor e himeneu*, do dr. Mayer, que dava conselhos sobre "a arte de procriar filhos bonitos, sadios e espirituosos e conselhos úteis nas relações sexuais".

Sim, porque em épocas de "darwinismo social" e higienismo, o terror inspirado pela degenerescência da prole era imenso. Ter filhos sadios implicava algumas regras que cabia ao médico explicar. E elas sempre se baseavam na "economia" do ato. Daí uma preocupação enorme com a iniciação da mulher. Nada de assaltos ferozes por parte do homem nem de conhecimentos por parte da mulher. A importância da virgindade da jovem esposa se "explica" aqui – ela obedeceria melhor a quem a iniciasse. Se ela se excitasse muito rapidamente, explicava certo dr. Montalban, o melhor era virar de lado, para acalmá-la. "Posturas ilegítimas" também eram proibidas. O ideal é que o médico determinasse a melhor posição para a fecundação.

Mulheres queixando-se da falta de sexo? Nem pensar... E tudo se misturava à valorização da vida espiritual que fazia do sexo, entre as mulheres, um verdadeiro sacrifício. A valorização extrema da virgindade feminina, a iniciação sexual pelo homem experiente, a responsabilidade imposta pela medicina ao esposo faziam parte do horizonte de aflição que os casais precisavam enfrentar. Do lado delas, o risco era de sofrer acusações: de histérica, de estéril, de estar na menopausa, de ninfômana, de lésbica! Não faltavam anátemas para controlar o perigo da mulher não pacificada por uma gravidez.

O culto da pureza que idealizava as mulheres reforçava a distância entre os casais. E não faltavam "conselhos" em toda parte: "Lembrai-vos também que ainda quando no quarto e leito conjugal se dispense o pudor, a castidade, contudo, é de rigoroso dever e conveniência, porque a mulher que se abandona a todos os caprichos e fantasias se faz desprezível aos olhos de sua própria consciência e aos de seu marido se ele não é um libertino e debochado".

Assim sendo, os homens não procuravam ter prazer com a mãe dos próprios filhos. Considerava-se que a familiaridade excessiva entre os pares provocava desprezo. Um sistema de ritos aprisionava o corpo da mulher. Corpo que, frente aos homens, devia mostrar-se corsetado, protegido por todo tipo de nós, botões e laços. O resultado é que as mulheres tornavam-se beatas ou pudicas azedas, cumpridoras de seus deveres. E os homens, bastiões de um respeitoso egoísmo, abstinham-se de toda e qualquer demonstração afetivo-erótica em relação às suas esposas. A tradição religiosa acentuava a divisão de papéis. Para a Igreja, o marido tinha necessidades sexuais e a mulher tinha que se submeter ao papel de reprodutora. Ideais eram os casais que se inspirassem em Maria e José, vivendo na maior castidade. Uma vez realizada a concepção, a continência mútua era desejável. É muito provável que as mulheres não tivessem nenhuma educação sexual, educação que era substituída pela exortação à castidade, à piedade e à autorrepressão. As mulheres, desejosas de passar de noivas a casadas e mães, submetiam-se às restrições. Mesmo que documentos revelem apenas imagens sobre o passado, não sabemos se todos os jovens esposos as incorporavam, pois delas nos afastamos muito rapidamente nos últimos vinte anos.

AS CORTESÃS

Nesse quadro onde se misturavam casamentos por interesse e concubinatos, a prostituta tornou-se necessária. O adultério masculino era, nessa lógica, necessário ao bom funcionamento do sistema. As mulheres ocupavam-se da casa e iam à igreja; os homens bebiam, fumavam charutos e se divertiam com as prostitutas. Mas quem eram essas mulheres? É José de Alencar, em seu romance *Lucíola,* de 1862, quem nos mostra como identificá-las. A cena se passa no adro de uma igreja onde Paulo, recém-chegado à Corte é apresentado a Lúcia por um amigo comum, o Sá. Vamos ouvi-los:

"– Quem é esta senhora? Perguntei a Sá.

A resposta foi um sorriso inexprimível, mistura de sarcasmo, de bonomia e de fatuidade, que desperta nos elegantes da

Corte a ignorância de um amigo, profano na difícil ciência das banalidades sociais.

– Não é uma senhora, Paulo! É uma mulher bonita. Queres conhecê-la?...

Compreendi e corei de minha simplicidade provinciana que confundira a máscara hipócrita do vício com o modesto recato da inocência. Só então notei que aquela moça estava só, e que a ausência de um pai, de um marido ou de um irmão, deviam-me ter feito suspeitar a verdade."

O diálogo reproduz com nitidez fotográfica as discrepâncias do período. Ao afirmar que Lúcia não é uma senhora, Sá a desqualifica moral e socialmente; mas, ao dizer que é uma mulher bonita, está sugerindo que beleza, erotismo e prazer encontram-se apenas em mulheres perdidas. Prazer e instituição não podem ser encontrados juntos nesse universo de convenções e repressões que se chama a "boa sociedade". A beleza vista na prostituta era a das mulheres dos salões. Ela reforça o preconceito e o cinismo dos jovens aristocratas e burgueses: com moças pobres canalizavam desejos, divertiam-se e davam escapadelas rápidas. Com sinhás de salão, postavam-se de joelhos, recitavam versos de amor cortês e respeitoso até que se consolidasse um bom casamento. A representação é típica de um período em que se coage a vida conjugal e se promove o bordel; em que se persegue a nudez das "senhoras" e se olha pelo buraco da fechadura as "mulheres bonitas". As mulheres estrangeiras, notadamente as francesas, representavam certa libertinagem, fossem elas desfrutáveis ou não. Na mentalidade da época, as chamadas "madames" faziam parte dos tais "maus hábitos" exportados para os trópicos, junto com costureiros e cabeleireiros, entre outros modismos trazidos pelo tráfico de mercadorias.

Bordel era sinônimo de "rendez-vous", "maison-close", lupanar. Ali, o deboche era espetáculo e o prazer, efêmero e pago. O bordel era o teatro onde se encenava o simulacro do eterno desejo, o espetáculo de uma transgressão protegida e controlada. Considerado por uns uma fábrica de fantasias eróticas e por outros uma cloaca onde se despejavam imundícies, o bordel foi o espaço em que os prazeres menos confessáveis afloravam escondidos de toda publicidade.

No início do século XIX, o número de mulheres públicas aumentaria, no entender de estudiosos. E, para esse aumento, a presença de imigrantes açorianas colaboraria decisivamente. Em 1845, num estudo intitulado *A prostituição, em particular na cidade do Rio de Janeiro*, o médico dr. Lassance Cunha afirmava que a capital do Império tinha três classes de meretrizes: as aristocráticas ou de sobrado, as de "sobradinho" ou de rótula, e as da escória. As primeiras ficavam instaladas em bonitas casas, forradas de reposteiros e cortinas, espelhos e o indefectível piano, símbolo burguês do negócio. Verdadeiras cortesãs, como Lúcia, não esperavam clientes sentadas no sofá de veludo vermelho da "maison close" ou do "rendez-vous", mas eram mantidas por ricos políticos e fazendeiros. Uma cortesã famosa era signo de poder para quem a entretivesse. Conhecidas como *demi-mondaines*, muitas delas eram estrangeiras que tinham arribado no Império brasileiro depois de fracassadas carreiras na Europa. As cidades portuárias mais importantes tornaram-se abrigo para cáftens internacionais, fundadores de bordéis e cabarés. As francesas, sucedidas pelas polacas, começam a chegar com a inauguração do Alcazar Francês, em 1862. Elas trazem na bagagem a palavra "trottoir". Ao traçar o roteiro dessas viajantes, o português Thomas Lino d'Assumpção bem observou que outras tantas formosas desembarcavam em grupos de dez ou doze, nas praias do Rio, vindas "das margens do Vístula, das ruas de Budapeste ou de Viena, dos montes da Geórgia, dos desfiladeiros da Albânia, dos portos de Trieste e dos plainos da Itália".

Entre os dois grupos, as diferenças se estabeleceram rapidamente. Havia as *cocottes* e as polacas. As primeiras, representavam o luxo e a ostentação. As segundas, substituindo mulatas e portuguesas, representavam a miséria. "Ser francesa" significava não necessariamente ter nascido na França, mas frequentar espaços e clientes ricos. Ser polaca significava ser produto de exportação do tráfico internacional do sexo que abastecia os prostíbulos das capitais importantes e... pobre. Dentre as primeiras, algumas se imortalizaram no Rio de Janeiro: Rabelotte, Suzi, Fonsecote, Marinette, Margot, Táti, Lyson, entre outras; dançarinas de *can-can* – as *cancaneuses* – animavam a vida noturna e exibiam-se em joias e presentes que valorizavam a generosidade de seus amantes e protetores. Deixavam-se retratar – como as pintou, na época, Henrique Alvim Correa – com chapéus de plumas, ligas, meias, luvas e... como vieram ao mundo. Tal como em Paris, exibiam-se em "quadros vivos", oferecendo aos homens o prazer de vê-las desnudas ou em cenas de safismo. Frequentá-las era sinônimo de poder e modernidade.

"Quando os teatros fecham, o movimento da praça referve. São as atrizes que chegam em cupês particulares e descem atravessando a sala do café que vai dar no restaurante, num halo de importância e de perfume; são as grandes *cocottes* – cafetinas – que moram pela Richard ou pela Valery, acompanhadas de velhos abrilhantados, de polainas brancas, e monóculos [...] são diretores de jornais, banqueiros, senadores e deputados, *brasseurs d'affaires* – homens de negócios. As gargalhadas das *cocottes* transbordam como *champagne* em taças de cristal", conta um cronista.

As segundas, meretrizes de sobradinho, também trabalhavam em hotéis, localizados em Botafogo ou Jardim Botânico, no Rio de Janeiro. Aí o roceiro rico, o filho do senhor de engenho, o rapaz de fortuna encontravam não só estrangeiras como mucamas ou mulatinhas, ainda de vestido curto, meninotas ou meninas. À noite, esperavam clientes ao longo das paredes nas avenidas mais importantes, mercados e praças.

NAS CASAS DE PASSE

A escória era formada por mulheres de casebres ou mucambos, as chamadas "casas de passe" e os zungus. Segundo o doutor Lassance Cunha, tratava-se de "nauseabundas habitações pertencentes a negros quitandeiros" ou os "fundos de barbearias, que por módico preço eram alugados". Graças aos prostíbulos, começa a surgir certa remota noção de prazer sexual. As francesas eram renomadas por introduzir homens maduros e adolescentes às sutilezas do amor, por revelar delicadezas eróticas aos mais velhos. Só que, ao frequentar o bordel, o homem corria o risco de aprender práticas que ele não poderia, de forma alguma, transmitir à sua legítima esposa. Afinal, uma mulher de princípios nada devia saber sobre sexo. Pais endinheirados pagavam cortesãs para iniciar seus filhos, Mário de Andrade escreveu um belo romance sobre uma governante alemã que é contratada para, entre outras coisas, ensinar aos jovens fazendeiros de café que a linguagem do amor era diferente daquela do sexo. Esta outra, mundana, não era só uma prostituta; mas uma preguiçosa, possuidora de predestinação hereditária ao deboche. Enfim, nas capitais onde a burguesia começa a tomar forma, preguiça, luxo e prazer irão se opor aos valores familiares de trabalho, poupança e felicidade.

A prostituição ameaçava as mulheres "de famílias puras", trabalhadoras e preocupadas com a saúde dos filhos e do marido. Tal ameaça à rainha do lar era feita de duas maneiras – todo desvio de ação, pensamento ou movimento poderia aproximar e confundir o espaço privado da casa com o espaço público da rua. A janela como fronteira entre a casa e a rua foi sempre lugar suspeito e perigoso, havendo muita referência na literatura do século XIX às janeleiras ou aos namoros de janela. A outra ameaça, tão séria quanto a anterior, era a de ser substituída pela mulher pública e não desempenhar a contento as tarefas e funções impostas. Existindo como o negativo atraente e ameaçador da família, as mulheres públicas foram descritas com todos os vícios, pecados e excessos que se atribui a uma profissão exercida e até explorada por algumas chefes de família.

Uma análise classificatória de 1873 desce a minúcias espantosas ao traçar o perfil das diferentes prostitutas. Ainda que se ativessem a uma perspectiva higienista duvidosa, os médicos colocam-se contra a prostituição clandestina, exercida quase exclusivamente por escravas dentro das casas e criando famílias paralelas debaixo do mesmo teto.

O nosso já conhecido Thomas Lino d'Assumpção, em seu livro *Narrativas do Brasil* (1876-1880), concentrou em quatro páginas suas impressões sobre o assunto: "Se a miséria, porém, quase não existe no Rio de Janeiro, se a prostituição não é hedionda, nenhuma, porém, se encontra que mais descarada seja e mais atrevida. Vive no coração da cidade, e rara é a rua onde não tenha assentado os seus arraiais. O último degrau vindo de cima é ocupado pela francesa, quase sempre atriz, cantora, no Alcazar. E digo o último, porque na escala da prostituição não sei quem tenha direito de figurar como primeiro termo da série – se a mulher do capitalista que tem casa nos subúrbios e se prostitui com o tenor por *chic* e com o ministro por um fornecimento importante para a firma da razão social do marido, se a desgraçada moradora na rua Senhor dos Passos dando entrada ao caixeiro da venda que lhe leva a meia quarta de toucinho. A francesa vive em casa própria, tem carro e criados, insulta a polícia, desautoriza os magistrados, fica impune graças à proteção do conselheiro tal... do deputado F... ou do juiz P... É esta, por via de regra, quem serve de protetora às outras, que vivem dispersas pelos hotéis explorando ceias, jantares, passeios de carro a Botafogo e os anéis de brilhantes dos fazendeiros incautos. Esta gente aparece sempre em todos os espetáculos, ocupando os melhores lugares. Frequentadoras assíduas de botequins, não é raro vê-las cercadas de homens casados, de deputados, senadores, advogados distintos e vadios de profissão. Desta vida descuidada, acorda-se uma bela manhã, o dono do hotel obrigando-a a sair com a roupa do corpo e sem joias, que ficam penhoradas à conta de maior quantia. O Brasil, acostumado a importar todos os gêneros de primeira necessidade, aplica o mesmo processo à prostituição. Nas ruas da crápula encontram-se poucas negras, algumas mulatas, grande número de nossas mulheres do Minho e Douro, e abundância das ilhas. Vivem acocoradas às janelas das casas baixas e insalubres, alumiadas pela luz vermelha de um mau candeeiro que satura a atmosfera de uma fumaça pesada e sufocante, no torpor da embriaguez da cachaça, de cigarro no canto da boca e chamando aos que passam com voz cava. Quantas vezes não desembarcam, nas praias do Rio, grupos de dez e doze mulheres formosas, brancas de neve, os tipos perfeitos das raças do Oriente, saídas, com promessa do gozo de vida honesta e trabalhadeira, das margens do Vístula, das ruas de Peste ou Viena, dos montes da Geórgia, dos desfiladeiros da Albânia, dos portos de Trieste ou dos plantios da Itália que apenas chegadas ali, em vez do trabalho honesto para que foram contratadas, são levadas à força, sem dó nem piedade, para os alcouces pelo cáften! [...] É a classe das mulheres em que as sociedades carnavalescas vão buscar o elemento feminino para as suas festas. [...] Os moradores das ruas por onde passam decretam-lhes coroas e proclamam-lhes em triunfos!".

Na tradição cristã que vinha desde os tempos da Colônia, a prostituta estava associada à sujeira, ao fedor, à doença, ao corpo putrefato. Esse sistema de correlação estruturava a sua imagem; ele desenhava o destino da mulher votada à miséria e à morte precoce. O retrato colaborava para estigmatizar como venal tudo o que a sexualidade feminina tivesse de livre. Ou de orgíaco. A mulher que se deixasse conduzir por excessos, guiar por suas necessidades, só podia terminar na sarjeta, espreitada pela doença e a miséria profunda. Ameaça para os homens e mau exemplo para as esposas, a prostituta agia por dinheiro. E, por dinheiro, colocava em perigo as grandes fortunas, a honra das famílias. Enfim, era o inimigo ideal para se atirar pedras.

NINFOMANIA: O MEDO DA MULHER INSACIÁVEL

E o domínio da sexualidade feminina? Ah! Este era sempre da "outra", da "mulher bonita", da cortesã ou... da louca, da histérica. Os estudos sobre a doença mental, monopólio dos alienistas, e a criação da cadeira de Clínica Psiquiátrica nos cursos da Faculdade de Medicina, desde 1879, acabaram por consagrar a ética do bom e do mau comportamento sexual. Esses eram tempos em que médicos importantes como o dr. Vicente Maia examinavam mulheres cujas infidelidades ou amores múltiplos se distanciavam da ordem e da higiene desejada pela ordem burguesa que se instalara nos centros urbanos. Fichas médicas abundam em informações sobre o ciclo menstrual, a vivacidade precoce, a linguagem livre de certas pacientes associando tais "sintomas" a distúrbios psiquiátricos. Distúrbios uterinos podiam estar relacionados com ataques epiléticos e mesmo crimes de morte. Os médicos começavam a delinear o perfil do que chamavam de "mulher histérica", tendo se tornado moda, entre as de elite, "ataques" quando da saída de um enterro ou da chegada de notícia ruim.

A mulher tinha que ser naturalmente frágil, bonita, sedutora, boa mãe, submissa e doce. As que revelassem atributos opostos seriam consideradas seres antinaturais. Partia-se do princípio de que, graças à natureza feminina, o instinto materno anulava o instinto sexual e, consequentemente, aquela que sentisse desejo ou prazer sexual seria inevitavelmente anormal. "Aquilo que os homens sentiam", no entender do dr. William Acton, defensor da anestesia sexual feminina, só raras vezes atingiria as mulheres, transformando-as em ninfomaníacas. Ou, na opinião do renomado Esquirol, que tanto influenciou nossos doutores: "Toda a mulher é feita para sentir, e sentir é quase histeria". O destino de tais aberrações? O hospício. Direto!

Entre os alienistas brasileiros associava-se diretamente a sexualidade e a afetividade. O médico dr. Rodrigo José Maurício Júnior, na primeira tese sobre o tema, apresentada na Faculdade de Medicina do Rio de Janeiro, em 1838, não hesitava em afirmar: "As mulheres nas quais predominar uma superabundância vital, um sistema sanguíneo ou nervoso muito pronunciado, uma cor escura ou vermelha, olhos vivos e negros, lábios de um vermelho escarlate, boca grande, dentes alvos, abundância de pelos e de cor negra, desenvolvimento das partes sexuais estão também sujeitas a sofrer desta neurose". E ele não estava só.

Muitos mais pensavam que a histeria era decorrente do fato de que o cérebro feminino podia ser dominado pelo útero. Júlio Ribeiro, em seu romance naturalista *A carne*, de 1888, põe na boca de um dos protagonistas, Barbosa, a certeza de que fora deixado por sua amante, Lenita, porque esta, possuidora de um cérebro fraco e escravizado pela carne, tornara-se histérica. Na versão de outro médico, o dr. Henrique Roxo, a excessiva voluptuosidade da mulher era facilmente detectável por um sintoma óbvio: "eram péssimas donas de casa".

Das teses de medicina aos romances e destes para as realidades nuas e cruas do Hospício Nacional dos Alienados, a verdade era uma só: a sexualidade feminina era terreno perigosíssimo e era de bom tom não a confundir com sentimentos honestos. A iniciação a práticas sexuais seguida do abandono do amante levava à degeneração. Acreditava-se que, uma vez conhecedora de atividades sexuais, as mulheres não podiam deixar de exercê-la, como vemos no romance de Aluísio de Azevedo, *Casa de pensão*: viúva, Nini passa a ter sintomas de histeria. A não satisfação do desejo sexual cobrava um preço alto. A paixão por outros homens que não o marido, ou seja, o adultério, também aparecia aos olhos dos médicos como manifestação histérica. Os remédios eram os mesmos há duzentos anos: banho frio, exercícios, passeios a pé. Em casos extremos, recomendava-se – pelo menos em tratados médicos – a ablação do clitóris ou a cauterização da uretra.

Perseguiam-se as histéricas e ninfômanas. Debruçados sobre a sexualidade alheia, examinando-a em detalhes, os médicos, por sua vez, acabam por transformar seus tratados sobre a matéria no melhor da literatura pornográfica do período.

LIVROS PARA SE LER SÓ COM UMA DAS MÃOS

Por falar em literatura pornográfica, o que dizer desses livros que – como já disse alguém – se liam com uma mão só. A outra? Bem... A outra estava ocupada onde se pode imaginar. Estudos recentes demonstram que no extenso universo de leituras da segunda metade do século XIX não faltaram os chamados "romances para homens". Na forma de brochuras com inúmeras gravuras e estampas, os textos eram um sem-fim de prazeres e gozos.

No entender de um médico, o problema era evitar que tais leituras, capazes de despertar "curiosidades terríveis", caíssem nas mãos das mulheres. Era lendo essas estórias e comentando com as amigas, prevenia o jurista Viveiros de Castro, que o espírito de Safo cooptava adeptas. Tais livros "sujos", imorais e torpes inspiravam-se em toda a sorte de temas. A vida amorosa dos grandes homens era um dos preferidos: *Cartas pornográficas de d. Pedro I*, *Lopes e a Lynch nas matas do Paraguai*, *Os amores secretos de Pio IX*. Os amores conventuais continuavam na moda, como se pode ver pelos *Serões do convento*, *Suspiros de um padre ou a crioula debaixo da cama*, *A mulher e o padre*. Não faltavam títulos picantes como *Amar, gozar, morrer*, *Os prazeres do vício*, *Gritos da carne*, *História secreta de todas as orgias*, entre outros. O assunto da mulher adúltera, virgem, devassa ou pertencente às altas rodas de prostituição também figurava entre os *best-sellers*: *Eva*, *Carmem*, *Isaura*,

Júlia de Milo, A divorciada, A mulher do doutor, eram das tantas que não deixavam a imaginação dormir.

Havia também muitos que se limitavam a descrever uma sucessão de cópulas. Palavras chulas traduzidas de estórias francesas tentos como "pica", "caralho" e "porra", eram cuidadosamente substituídas por autores portugueses e viravam "varinha de condão", "lança", "instrumento", "furão" ou um nada sensual "apêndice varonil", que na descrição de um deles ficava assim: "a língua de Joana tocando ao de leve, os apêndices do querido cetro, causava-lhe um prazer que se traduzia na rapidez dos movimentos e nos suspiros que soltava". O excesso de cenas libidinosas não dava lugar para mais nada. Desejos secretos e fantasias femininas, depois de realizadas, eram seguidas de cruéis castigos. Embora não fizesse parte da safra pornográfica, *O primo Basílio*, de Eça de Queiroz, publicado em 1878, por descrever um encontro de Luíza com Basílio, foi considerado escandaloso e incluído na lista das "leituras para homens". O fato de a personagem sentir "um luxo radiante de novas sensações" – leia-se, ter um orgasmo – foi o bastante!

Em qualquer situação de leitura, trair o aconchego amoroso da vida conjugal para se prodigalizar, solitariamente, prazeres proibidos não podia terminar se não com um fim trágico. Emblemática é a estória *Amar, gozar, morrer*, vendida a três mil-réis na Livraria Cruz Coutinho, da capital. Nela, a jovem Amélia, um primor de *voyeurismo*, tem sua iniciação sexual com a mãe adotiva, uma bela e jovem condessa. As várias passagens homossexuais eram indicadas por subtítulos do tipo "O que faziam duas mulheres novas e belas em uma noite de primavera". Apesar da sucessão de "noites de lubricidade", o texto não deixa dúvidas: o "verdadeiro idílio" só ocorre com a penetração do membro masculino. Mas, enquanto ele não chega, eis o que vivia a jovem Amélia:

"Oh! Deuses imortais, o meu desejo realizara-se. Os seus lábios tocavam-me pela primeira vez, a mais sensível parte do meu ser. Junto da minha boca tinha a condessa sabido colocar idêntico lugar. Os lábios rosados, semiabertos, pareciam sorrir-me unindo-se-lhe aos meus [...] Então sucederam-se as convulsões, os suspiros, os êxtases. Então não podendo articular uma só palavra, sob pena de nos privarmos de tanto gozo, concentrávamos toda a nossa atenção naquele ponto. Sentia-me desfalecer, a língua da condessa matava-me [...] O prazer era superior às nossas forças e caímos desfalecidas sem poder articular o mais breve som."

Ora, a gentil condessa, apesar de ter apenas 25 anos, por força de tantos prazeres, vê os cabelos ficarem brancos, o peito, mirrado, os braços, descarnados. Estava perto do "sopro da morte". E para evitar o mesmo fim trágico para Amélia, avisa-lhe: "Os combates do amor foram criados para indivíduos de sexo contrário. Esses cansam, fatigam, mas não matam... Foge das mulheres, minha filha, tens em mim um terrível exemplo, sofro muito... muito". A lição de moral, como vê o leitor, tardava, mas não faltava. E podiam ter como alvo as recém-internadas nos colégios elegantes para moças, sob a direção de religiosas francesas e belgas, palco para amizades amorosas que começavam com a proteção das mais velhas às novatas.

Aconselhadas para dias de "impotência e fraqueza" masculina, tais leituras foram certamente de grande utilidade para o contingente maciço de imigrantes que chegou aos portos brasileiros, na segunda metade do século. Encontraram aí um quadro desproporcional entre homens e mulheres, tendo que se satisfazer com os livros e... a mão mesmo.

HOMOSSEXUALIDADE & DOENÇA

Amélia não era um caso isolado. Na mesma época, a medicina legal começava a desenhar o perfil do "antifísico": um tipo humano relacionado a determinadas formas de animalidade, dentre as quais as relações homoeróticas. Imediatamente, a homossexualidade se tornava alvo de estudos clínicos. O homossexual não era mais um pecador, mas um doente, a quem era preciso tratar. Tudo podia começar com uma "amigação" num colégio para rapazes. Aí, alguns tipos dengosos, quase sinhazinhas, na descrição de Gilberto Freyre, faziam-se notar pelos trajes de veludo, pelas sobrecasacas à Luís XV com rendas nos punhos, pelas golas de pelúcia dos casacos, muita brilhantina no cabelo, o extrato excessivo no lenço, adereços que os tornavam objeto de escárnio por parte dos colegas.

Em seu livro *Atentados ao pudor: estudos sobre as aberrações do instinto sexual*, de 1894, José Viveiros de Castro, professor de criminologia na Faculdade de Direito do Rio de Janeiro, empregou, pela primeira vez, um termo pejorativo: "fresco". No capítulo intitulado "Pederastia", ele descreveu os frescos cariocas, referindo-se a homens que, em 1880, nos últimos bailes do Império, invadiram o baile de máscaras do carnaval no Teatro São Pedro, localizado no largo do Rossio. Tal como outros intelectuais da época – médicos, políticos, advogados, intelectuais e artistas –, ele retratava os sodomitas modernos como homens efeminados que praticavam sexo anal como elementos passivos e ganhavam a vida com a prostituição das ruas.

"Um destes frescos, como eram eles conhecidos na gíria popular, tornou-se célebre pelo nome Panela de Bronze. Vestia-se admiravelmente de mulher, a ponto de enganar os mais perspicazes. Dizem que chegou a adquirir alguma fortuna por meio de sua torpe indústria e que era tão grande o número de seus frequentadores, pessoas de posição social, que era necessário pedir com antecedência a entrevista."

Membros da classe médica, como o conhecido Ferraz de Macedo, ocasionalmente escreveram sobre o tema, combinando a tradicional aversão moral e religiosa ao homoerotismo com teorias como: a homossexualidade se devia a distúrbios psicológicos; originava-se da falta de "escapes normais"; atribuía-se à "criação moral imprópria". Listavam-se as diferentes características dos "penetradores" e dos "penetrados". Era a moralidade e não a medicina o remédio para lutar contra essa "aberração da natureza".

Segundo Ferraz de Macedo, esses homens possuíam vocabulário próprio e sinais para efetuar suas "cantadas". Identificavam-se por conversas, gestos das mãos e "pouca serenidade e circunspeção". Gostavam de ficar à toa em lugares públicos, especialmente nas ruas mais movimentadas, em procissões religiosas – eles, tanto quanto os casais heterossexuais –, em frente a teatros e durante romarias. Possuíam elegância, faziam questão de estar bem vestidos, portando camisas bordadas, lenços vermelhos ou azuis e gravatas de seda. Perfumavam os cabelos, usavam ruge e maquilagem pérola, portavam berloques e correntes de ouro. Enfim, signos de "um mundo depravado". A malícia da época e o antilusitanismo atribuíam aos comerciantes portugueses fazer dos seus caixeiros suas próprias mulheres, e não faltavam notícias de jornais, como a publicada no *O Periquito*, de Recife, sobre os "tarugos", como eram chamados lá: "um moço de 16 anos, pardo", com uma cabeleira que se desprendia em grande trança. "Vestia camisa de mulher, meias compridas e sandálias bordadas. Em seu baú foram encontrados retratos de alguns empregados do comércio, cartas amorosas e etc." Foi a época, também, de um famoso Herotides, que dançava em pastoril, ou de Atanásio, que na rua dos Ciganos, na então capital, acolhia desde o caixeiro ao senador do Império.

Novidade? Nenhuma. Ontem como hoje, no Brasil e em toda a parte, a homossexualidade era o espaço privilegiado da mistura social. Nesse pequeno mundo, como acontece entre outras minorias oprimidas, faz-se pouco caso das diferenças sociais: cada qual procura o seu prazer, sem preocupar-se com a posição social do outro.

SÍFILIS, ONANISMO E "PICA MOLE": O PESADELO

Com o bordel, vem um grande problema: a sífilis. Há quem fale até em sifilização das grandes capitais. Multiplicam-se os manuais de venereologia, e descobertas feitas na primeira metade do século XIX permitiam diferenciar os cancros simples dos infectantes. Descreviam-se obsessivamente os desdobramentos da doença nos rins, no fígado e no sistema nervoso, criando uma angústia surda em torno do assunto. Usava-se e abusava-se de mercúrio para sanar as chagas fétidas, assim como de negrinhas virgens a quem se creditava limpar o sangue. Os jornais estampavam anúncios de remédios milagrosos e não foram poucos os homens públicos, senadores e poetas que morreram desse mal.

As observações sobre a hereditariedade da doença mal eram guiadas por observações clínicas. A moral social – que dava toda a liberdade ao sexo masculino e nenhuma ao feminino – tornava difícil a confissão da mulher sifilítica. Exageravam-se as responsabilidades dos pais, enquanto as mães gozavam de certa imunidade sobre a falta cometida. Inocentavam-se as esposas até prova em contrário. Os sintomas da sífilis primária, sendo difíceis de reconhecer na gestante, aumentavam a culpa do homem. A crença de que a mulher ficava durante muito tempo impregnada pelo sêmen do primeiro parceiro justificava segundos e terceiros filhos infectados.

A doença desfigurava, transformando belas em feras, homens em monstros. O famoso *Elixir de Nogueira* estampava em seu rótulo a imagem de uma dessas criaturas coberta de cancros. O machismo era tanto que poucos pensavam na hipótese de infidelidade feminina. Embora os historiadores só falem nos sofrimentos da mulher, esse foi um século de muito sofrimento para homens também.

Numa sociedade patriarcal não faltaram indicações, na literatura e na poesia, a insistir no sonho das ereções permanentes, infatigáveis, perpétuas, apesar dos cuidados, entre uma pequena elite, com os desperdícios de sêmen. Haja vista um trecho do célebre poema de Bernardo Guimarães intitulado *Elixir do pajé*, retrato de um Viagra *avant-la-lettre* e publicado clandestinamente em 1875:

> "Que tens, caralho, que pesar te oprime
> que assim te vejo murcho e cabisbaixo
> sumido entre essa basta pentelheira,
> mole, caindo pela perna abaixo?
>
> Nessa postura merencória e triste
> para trás tanto vergas o focinho,
> que eu cuido vais beijar, lá no traseiro,
> teu sórdido vizinho!
>
> Que é feito desses tempos gloriosos
> em que erguias as guelras inflamadas,
> na barriga me dando de contínuo
> tremendas cabeçadas?"

Já a palavra "onanismo" – de Onã, personagem bíblico que praticava coitos interrompidos – pairava como um medonho fantasma sobre homens e mulheres jovens ou adultos na segunda metade do século. Antes, então, só os padres confessores falavam disso. Estudos médico-legais vindos da Europa introduziram o tema entre nós. As crianças poderiam transformar-se em cadáveres ambulantes. Ao menino que se masturbava, fazia-se medo com o Mão de Cabelo e outros monstros de folclore. As flores vermelhas do mandacaru, os ocos de bananeira, as simples galinhas ou as ancas largas das vacas, tão úteis na iniciação de jovens de Norte a Sul, passam a ser alvo de perseguições. A masturbação destruía lares, casamentos e famílias. Ela não só fazia mal à saúde como esgotava as forças, prejudicando o trabalho.

O livro do dr. Tissot circulava nas bibliotecas médicas e seu título não deixava dúvidas: *Onanismo, dissertação sobre as doenças produzidas pela masturbação,* com páginas aterradoras sobre a condenação científica das práticas solitárias. Proibia-se dormir de dorso. Antes pecadores, agora doentes ou ambos, os masturbadores sofriam de febres, magreza, suores, surdez, estupidez e imbecilidade. Suprimiam-se os bolsos das calças. Usar luvas era obrigatório. Reconhecia-se o mau hábito pelo "cheiro do esperma", segundo alguns doutores. Casernas e colégios internos eram a seara dos viciosos. O medo das "latrinas", crescente. Portas cortadas na parte superior atuavam como uma forma de vigiar a garotada. Os "doentes" usavam camisolas ou cuecas de couro e sofriam aplicações "refrigerantes" *in loco.* Gelo e sal de cozinha eram muito eficientes. A cauterização com nitrato de prata na porção prostática do canal da uretra, indicada em casos "perdidos". Bandagens sob medida podiam ser encomendadas nas boas casas do ramo. Era uma luta fanática!

Ameaçavam-se meninas bonitas de ficarem feias. Corcundas, vertigens, epilepsia, câimbras, gordura, a lista de consequências da "mão amiga" não acaba. Eram proibidas as leituras picantes – as "pestilenciais novelas" ou a poesia erótica –, assim como a ingestão de chá e vinho. A masturbação era o vício em estado puro. O fato de que a mulher pudesse ter prazer sem o homem parecia absolutamente intolerável. O dr. Pires de Almeida era incansável em admoestar sobre as consequências do "clitorismo": hálito forte, gengivas e lábios descorados, sardas e espinhas, perda de memória e, para culminar, morte lenta e dolorosa. Na Inglaterra, combatia-se o vício queimando o clitóris com ferro quente. Operava-se com bisturi, tesouras ou galvanocáustica – ou seja, correntes elétricas. Queimar com uma caneta de nitrato de prata toda a superfície da vulva era outra saída. A Igreja, por sua vez, debruçou-se com toda a atenção sobre o que se considerava o "onanismo conjugal". Ou seja, ela perseguia todas as manobras que, no seio do casal, se fizessem para obter prazer sem que houvesse risco de gravidez.

Mas esse não era o único problema. Outra "mancha" era a esterilidade. Em 1872, um estudo pioneiro realizado por Guilherme Augusto M. Guimarães, denominado *Da esterilidade*, era apresentado na forma de tese à Faculdade de Medicina do Rio de Janeiro. Suas impressões consolidavam a visão de profundo mal-estar que ainda se tinha sobre o assunto. Segundo ele, "a esterilidade nos apresenta uma imagem seca e árida do nada, [...] o triste celibatário só oferece a nossos olhos um coração frio e vazio, devotado ao amor de si próprio".

A descrição minuciosa da constituição dos impotentes figurava em vários manuais, e os médicos davam algumas pistas para que fossem reconhecidos: poucos cabelos ou cabelos finos, tez pálida e sem cor, carnes moles e sem pelos, voz aguda, olhos tristes, ombros estreitos, cheiro adocicado, testículos pouco volumosos e enrugados, cordões espermáticos sem consistência, apatia moral e pusilanimidade.

O tema da reprodução se encontra presente em muitos trabalhos científicos e debates intelectuais do século XIX. E, de acordo com cientistas, a inação dos órgãos sexuais podia trazer uma série de doenças como a ninfomania, a erotomania, a catalepsia e a insônia. Só o casamento saudável e ordenado pode pôr fim a todos os riscos e garantir que a espécie se reproduza de maneira adequada. Na virada do século XIX para o XX, o tema da infecundidade se atrela ao debate sobre o povoamento da pátria e a sobrevivência da espécie. Médicos martelavam a ideia de que a esterilidade era um problema grave que tinha consequências para a ordem social e para a nação. Mudavam as razões e as explicações, mas o tema era sempre o mesmo: reprodução acima de tudo!

Tempo de desejos contidos ou frustrados, o século XIX se abriu com as libertinagens de um jovem imperador e se fechou com o higienismo frio de médicos. Século hipócrita que reprimiu o sexo, mas foi por ele obcecado. Que vigiava a nudez, mas olhava pelos buracos da fechadura. Que impunha regras ao casal, mas liberava os bordéis. A burguesia emergente, nas grandes capitais, somada aos senhores de terras e entre eles a aristocracia rural, distinguia dois tipos de mulher: a respeitável, feita para o casamento, que não se amava, forçosamente, mas em quem se fazia filhos. E a prostituta, com quem tudo era permitido e com quem se dividiam as alegrias eróticas vedadas, por educação, às esposas.

No século XIX, a sexualidade se dividiu. De um lado, o sexo legítimo da união legal. De outro, o sexo ilegítimo e clandestino das relações adúlteras e da prostituição que se desenvolvem com o crescimento das cidades. Tal sexo ilícito, herdeiro da libertinagem dos séculos precedentes, se consolidou graças ao bordel. Bordel que tinha, então, duas funções: a iniciação dos jovens e o estímulo das pulsões na idade adulta, idade carente de um acréscimo de excitação. A moda das anquinhas, por sua vez, valorizou um signo visual arcaico: o do posterior feminino, referência essencial para a excitação dos machos inscrita na memória ancestral.

Por outro lado, o fetiche dos pés, das nucas e dos cabelos abria a frente para certa fixação na qual jogos sensuais deslocavam o interesse das realidades concretas – a cópula – para a celebração da mulher idealizada, entrevista apenas em pedaços. Graças ao romantismo, a realidade cotidiana se transfigurava num "saber-sonhar" que substituía o "saber-gozar". A dissimulação do corpo feminino inaugurava o prazer perverso de olhar pela porta entreaberta. O jogo de esconde-esconde e as proibições que se abatiam sobre a sociedade se tornaram um trampolim para todo tipo de fantasia erótica. Enquanto isso, o espaço doméstico da casa burguesa se via invadido por objetos manufaturados. Conforto rimava com felicidade. O sexo varrido para baixo dos tapetes era substituído pelo espírito de consumo que emergia no final do século XIX.

3.

Primeiras rachaduras no muro da repressão

A partir das mudanças políticas, sociais e culturais que chegaram depois da República, o que os homens – pelo menos na elite – passaram a desejar não era mais a mulher elegante, dona de um corpo-ampulheta, verdadeira construção erguida com a ajuda de espartilhos e anquinhas, projetando seios e nádegas. Não mais a Cinderela, senhora de um pezinho minúsculo, capaz de condensar fantasias sexuais. Por sua vez, as mulheres começaram a abandonar a couraça que as tinha simbolicamente protegido do desejo masculino. Desejo alimentado pela voluptuosidade da espera, do mistério, do jogo de esconde-esconde que elas traduziam com seus corpos.

Era o começo do fim da excitação provocada pela mão na luva; pelos cabelos com véus e chapéus; por pés recobertos com sapatos finos; pelo corpo submerso por toneladas de tecidos, só despido por ocasião de bailes, quando os decotes revelavam o verdadeiro desenho de pescoços e ombros.

Tudo isso ficava para trás... Pois, desde o início do século XX, multiplicavam-se os ginásios, os professores de ginástica, os manuais de medicina que chamavam atenção para as vantagens físicas e morais dos exercícios. O trabalho nas ruas, o motor a explosão, o movimento das cidades exigia velocidade e agilidade. O corpo deixou de ter um papel secundário e ganhou em animação, em movimento. O lazer, graças aos teatros, festas públicas, feriados com sol e mar, incentivou outros jeitos de exibir as formas.

O esporte, o cinema e a dança foram manifestações primordiais no nascimento da sociedade do espetáculo, diretamente articuladas com o imaginário da modernidade por estarem plenamente adequadas aos significados de um novo *modus vivendi*. Moda, cartazes e luminosos de propaganda já anunciavam a moderna linguagem da publicidade e da comunicação. A fotografia permitiu a contemplação da própria imagem, e a multiplicação dos espelhos, antes restritos às salas de jantar ou aos bordéis, também. As páginas de revistas e jornais turbinavam informações no imaginário dos leitores. "Ser moderno" devia significar "ser brasileiro", e para isso a imprensa não poupava esforços de divulgação de um novo ideário por meio de imagens, crônicas e comentários.

Esse novo modo de vida incluía a exposição física, a busca do prazer e da agitação, a crença na ciência e no progresso, a ideia de multidão, um processo de formação de uma cultura construída no hibridismo urbano do gosto das camadas médias e populares. E também uma abordagem mais sensual das paisagens que permitiu a invenção de formas de "se dar a ver": o banho de mar, de sol ou de lama nas estações de águas.

Há quem diga que o século XX inventou o corpo! Corpo novo e exibido. Mas, também, um corpo íntimo e sexuado que, lentamente, veria afrouxar as disciplinas do passado em benefício do prazer.

LINGERIE: CAEM ALGUNS VÉUS

Com o afrouxamento dos controles, o corpo feminino apto para o prazer descobriu-se. As mulheres começam a se despir para praticar esportes, para dançar, para atuar nos palcos ou para vender-se.

Um dos seus aliados foi a *lingerie*. O campo do erotismo ganhou muito com o desenvolvimento da indústria têxtil no início do século XX. A expressão "roupa de baixo" ou *lingerie* apareceu a cavaleiro de uma indústria que aproveitava rendas e bordados para sua ornamentação. A adoção da calçola fendida para as senhoras, não para as senhoritas, mas sobretudo guarnecida de fitas, frufrus e babados, desviou o olhar masculino para outras partes do corpo da mulher. Foi o momento do canto do cisne para o espartilho. Considerados insalubres, eles se acomodavam mal às liberdades das mulheres nos anos 1920. Grandes costureiros franceses, copiados no Brasil, como Paul Poiret, o baniram. Eles concebiam roupas para corpos livres, leves e soltos.

A revista *Fon-Fon*, em seu número de março de 1909, fazia a apologia do *sans-dessous*, ou seja, de combinações leves que valorizavam a "toilete esguia, gênero colante em que se exibia a linha esbelta de um corpo", evidenciando "os encantos femininos":

"Ah! A *robe collante* – o vestido colante! Ah! O *sans-dessous*! Faziam tanto bem aos nossos pobres olhos ávidos de celibatários...", suspirava o jornalista.

A pá de cal chegou com a I Guerra Mundial, na Europa. Enquanto os homens se enfrentavam nas trincheiras, as mulheres faziam o trabalho nas indústrias e no campo. Para isso, precisavam dos braços livres, sem contar que o aço das antigas barbatanas passou a servir para a fabricação de armas. A descoberta da borracha permitiu a confecção de uma espécie de cinta, mais fácil de enfiar do que os espartilhos. Da cinta para o sutiã, inventado nos Estados Unidos em 1913, foi um passo. Mais magras, pois assim ditava a moda, as mulheres recorriam a faixas apertadas para disfarçar os seios. Com a diminuição das saias, anáguas e calçolas foram substituídas. E as meias, antes em fio grosso, foram suplantadas por meias de seda que ao mesmo tempo velavam e revelavam a nudez das pernas.

Na intimidade das brasileiras, certo apuro no consumo das chamadas "roupas brancas" ou "de baixo" incentivou a exibição discreta dos encantos femininos. Catálogos oferecendo camisolas, anáguas, "corpinhos" que valorizassem as "graças naturais" corriam as cidades. Espartilhos, meias de seda 7/8 e ligas avulsas presas às cintas continuaram sendo usadas por muitas mulheres. Mas não mais por imposição ou falta de opções, e sim por questão de estilo ou fetiche, já que esses acessórios se tornaram símbolos de erotismo e sensualidade na sociedade ocidental. A vida conjugal tinha que ganhar poesia, graças a tais preocupações, que garantiam a "harmonia do lar". Nada de mulheres desgrenhadas, arrastando-se de roupão dentro de casa.

Ao contrário, o corpo feminino passa a ser o suporte de um erotismo constante. Nas revistas femininas, multiplicaram-se anúncios de produtos de incentivo ao narcisismo, antes esmagado pelo pudor. A mulher ousava olhar-se no espelho. Ela constatava suas imperfeições e corria para corrigi-las. O colete Phrynêa dava "soberana perfeição às linhas", as pílulas Orientales "aformoseavam os seios", o vibrador Veedee dava ao corpo uma forma arredondada, sinônimo de "belleza". O Mammigene do Dr. Polacek endurecia peitos caídos. A Pérola de Barcelona deixava as mulheres "deliciosas" e o sabão Aristolino amaciava a pele.

Longe do cheiro de bacalhau cantado pelo poeta colonial, a higiene íntima também entrou na moda: a água oxigenada de Custer servia para lavagens internas e externas, e as "doenças uterinas" saíram do armário para serem tratadas com o milagroso tônico A Saúde da Mulher. A higiene bucal, porta aberta para beijos, mas ainda de boca fechada, começava com Odol, "dentifrício refrigerante". Décadas antes e sem Odol, o "beijo na boca" era perseguido pela Igreja por levar à polução. Era pecado mortal!

A percepção sobre o sangue menstrual, outrora considerado poderoso veneno capaz de azedar o leite e solar bolo, também mudou. Começava a cair o tabu da menstruação. Antes "doença", noticiada sob sussurros, agora tratada com "artigos sanitários". O ciclo menstrual passou a ser uma ocasião – nem sempre aproveitada – para aprender mais sobre os mistérios da reprodução. Era o momento em que a jovem passava de menina a mulher, despertando mais cuidados e vigilância por parte das mães. Foi, também, o fim de paninhos avermelhados, lavados às escondidas, no fundo do quintal. As vitrines das boas casas do ramo passaram a exibir os "*serviets* higiênicos", "os panos higiênicos de cretone", as "toalhas higiênicas felpudas e franjadas", o "protetor em borracha e *marquisette*", a "calça sanitária em borracha", todos, avós de nossos Modess, vendidos nas lojas Mappin de São Paulo a 9$5.

Graças à *lingerie*, o corpo passou a ser um objeto estético, fonte de desejo e contemplação, não só o santuário de virtudes vitorianas e hipocrisia. O pudor começava a recuar. Inculcado desde a primeira infância e reforçado nas meninas durante a adolescência, doravante ele iria se articular com as exigências do casamento. Casais se escolhiam cada vez menos para atender aos interesses familiares e cada vez mais por amor. O trunfo do encanto físico e da sedução passava a contar. E o refinamento da sugestão introduzia-se na intimidade de homens e mulheres.

O CORPO FEMININO SE DESPE... ONDE? NO TEATRO

No início do século XX, ao expor com prazer seus corpos bem delineados, as *girls* fizeram recuar as fronteiras do pudor feminino. Para entender quem eram tais garotas, é preciso voltar um pouquinho. No período que vai dos anos 1880 aos 1910, a força do palco estava centrada na figura masculina. Dominava a revista do ano, trocadilho de alusão sexual, que punha em cena a palavra sexualizada. Nem gestos, nem corpos. Muito menos corpos nus. Mas sim comediantes contando piadas alusivas a sexo e no limite do que a moral permitia. A insinuação era o mote do riso. Olhares maliciosos, gestos e inflexões alimentavam os subentendidos.

Na primeira fase do teatro de revista, as *girls*, que ainda se denominavam coristas, usavam meias grossas cor da pele. Os decotes eram discretos e os adornos, pouco apelativos. O corpo cobria-se de fantasias e não se expunha. A partir da primeira década do século, a revista do ano foi substituída pelas revistas e o enredo começou a ficar para trás. Em vez da piada, a música e a dança ganhavam espaço, logo, as coristas. Multiplicavam-se as chamadas revistas carnavalescas em que o corpo balançava de forma diferenciada embalado por marchinhas destinadas à folia do Carnaval. A cadência acentuava o movimento das cadeiras no rebolado feminino.

A presença de companhias estrangeiras em *tournée* pelo Brasil – a francesa de Madame Rasimi e a espanhola Velasco – introduziu a valorização em cena de mulheres sedutoras, com braços e seios de fora, sem meias grossas. A fronteira entre a cena e os espectadores diminuía. Por meio das revistas, muita coisa vai mudar. No início do século, as fotografias exibiam coristas gordinhas, envoltas em indumentária farfalhante, que pipocavam na introdução ou conclusão da peça emoldurando o desempenho de astros e estrelas. As "gorduchinhas" simbolizavam o corpo feminino desejado, longe da estética de magreza que virá depois. Vestidas? Sim, pois um corpo sem roupas ainda representava mais anseios do que prazer. Eis por que se mostravam apenas algumas partes nuas. Tais partes despertavam desejos ocultos e aceleravam a imaginação: o corpo da corista era vestido exclusivamente para ser despido pelo olhar do espectador.

Já o teatro de revista antecipou o corpo que apareceria com sua vestimenta original: a pele. O silêncio que antes recobria a sexualidade, rotulada como coisa suja e pecaminosa, começou a ser quebrado. As revistas assumiram, a partir de 1920, um ritmo carnavalesco, adotando marchinhas e músicas da folia. O maxixe invadiu os palcos com requebrados e rebolados que colavam as coxas das mulheres às dos homens. Explorava-se uma transformação visível e visual da silhueta. Por suas posturas e adereços, as coristas manifestavam um profissionalismo antes inexistente. Maquilagem, penteados e unhas vermelhas anunciavam a chegada de um novo corpo sexualizado. Nada a ver com o charme ou a sedução das senhoras casadas e burguesas, que, certamente, não frequentavam as revistas.

Apesar do tom de brincadeira, nada mais se improvisava. Coreógrafos e artistas importados ensinavam as coristas a dançar. Vedetes como Otília Amorim, Margarida Max, Aracy Cortes e outras *girls* abandonavam as gorduras e mostravam corpos trabalhados pela dança que enchiam os olhos gulosos do público. Em meio às nuvens de fumaça e cascatas d'água, eles amontoavam-se, cada vez mais esculturais. Propagava-se um imaginário influenciado pela modernidade: pernas de fora, jogos de sedução em cada gesto ou olhar, enfim, a quebra de tabus que anunciava a mulher moderna.

No Rio de Janeiro, capital da República, Walter Pinto, produtor de teatro que iria revelar Carmem Miranda e Dercy Gonçalves, inventou uma escada em meio ao palco. Enquanto a plateia delirava, podendo examinar cada centímetro de carne exibida entre adereços apelativos, vedetes e *girls* desciam os degraus com majestade e de cabeça erguida. Apelando para o olhar masculino, a nudez feminina erigia-se numa forma de poder: o de dar prazer a alguns homens, membros de uma sociedade profundamente moralista. Um pouco mais tarde, as "certinhas" de Stanislau Ponte Preta, mulheres curvilíneas com biquínis minúsculos, as vedetes do teatro rebolado, protagonistas de comédias como *Tem bububu no bobobó* e *Vem de ré que eu tô em primeira*, ou as "jambetes" desenhadas por Lan, fariam delirar a imaginação masculina.

Os limites da tolerância evoluíram rapidamente, durante os anos 1950. A revista passou a explorar cada centímetro de carne em toda a sua nudez. A tentação era de atingir o realismo cru. De ver mais e de mais perto até chegar à vertigem. Curiosamente, esse desnudamento acelerado de vedetes e *girls* levou ao desmoronamento do gênero. Surgiu o *striptease* teatralizado. O palavrão e o sexo quase explícito invadiram o palco, onde antes a revista deleitava, mas também divertia. O público mais contido fugiu. Não à toa, nessa época, para a maior parte das pessoas, atriz e meretriz rimavam.

O DESEJO MASCULINO: MAIS OU MENOS CARNE?

As ideias de teóricos importantes como Sabbathier, Tissot ou Pestalozzi corriam o mundo. Mulheres começaram a pedalar ou a jogar tênis, voga importada da Europa. Não faltou quem achasse a novidade imoral, uma degenerescência e até mesmo pecado. Perseguia-se tudo o que pudesse macular o papel de mãe dedicada exclusivamente ao lar. Algumas vozes, todavia, se levantaram contra a satanização da mulher esportiva. Médicos e higienistas faziam a ligação entre histeria e melancolia – as grandes vilãs do final do século – e a falta de exercícios físicos.

Confinadas em casa, diziam, as mulheres só podiam fenecer, estiolar, murchar. O esporte seria mesmo uma forma de combater os adultérios incentivados pelo romantismo. Afinal, encerradas ou aprisionadas, só restava às mulheres sonhar com amores impossíveis ou tentar seduzir o melhor amigo do marido. Por isso, a sensualidade feminina começou a rimar com saúde. Se a mudança ainda se revelava hesitante, não demorou muito a se instalar e a tornar-se inexorável. Na Europa, de onde vinham todas as modas, a entrada da mulher no mundo do exercício físico, do exercício sobre bicicletas, nas quadras de tênis, nas piscinas e praias trouxe também a aprovação de corpos esbeltos, leves e delicados. Tinha início a perseguição ao chamado *enbonpoint* – os quilinhos a mais –, mesmo que discretamente. O grande romancista francês, Emile Zola, se alarmava: "A ideia de beleza varia. Ela agora reside na esterilidade de mulheres alongadas, donas de flancos pequenos". Era o eclipse do ventre.

Alguns médicos rebelavam-se contra a moda de tendência masculina, que associavam às ideias feministas e ao desprezo pela maternidade. Os cabelos curtos, as pernas finas, os seios pequenos eram percebidos por muitos homens como uma negação da feminilidade. O movimento, contudo, estava lançado. Regime e musculação começavam a modelar as compleições longilíneas que passam a caracterizar a mulher moderna, desembaraçada ao mesmo tempo do espartilho e de sua gordura decorativa. As pesadas matronas de Renoir eram substituídas pelas mulheres esbeltas de Degas. Insidiosamente, a norma estética emagrecia, endurecia, masculinizava o corpo feminino, deixando a "ampulheta" para trás.

O discurso higienista, tão ativo entre os anos 1920 e 1930, estimulava a vida das mulheres ao ar livre, menos cobertas e mais fortificadas. O hábito dos esportes, a fundação de clubes, a ênfase na dança instigada pela recém-inventada indústria fonográfica acirravam a exposição dos corpos. Instalou-se a busca da aparência sã. A medicina começava a sublinhar a importância de exercícios e vida saudável para preservar não somente a saúde, mas a frescura da tez, a pele saudável, o corpo firme e jovem. Acreditava-se que os defeitos físicos poderiam ser corrigidos, não à custa de toneladas de maquilagem ou qualquer outro artifício, mas por meios salutares, como a vida higiênica, disciplinada e moderada.

Vejamos o conselho *da Revista Feminina*, de outubro de 1920: "As feias [...] não devem fingir-se belas. Contentem-se em ser feias, tratem de educar seu espírito, de viver higienicamente para adquirir saúde, de nutrir-se convenientemente, de ser simples, bem-educadas e meigas. A vida higiênica, a boa nutrição, os esportes garantir-lhes-ão a saúde, a boa pele, os bons dentes, a harmonia das formas, o desembaraço dos gestos e a graça das atitudes; a leitura sã, o cultivo do espírito, dar-lhes-ão inteligência e à fronte; a bondade, a simplicidade, a meiguice torná-las-ão perturbadoramente simpáticas. Deixarão, pois, de ser feias; ou, se continuam feias, valerão mais do que as belas, terão mais prestígio pessoal, impor-se-ão às simpatias gerais".

Mas ser feia, nas primeiras décadas do século XX, tinha seus pontos negativos. Todas sabiam que a fotografia, o cinema e a imprensa divulgavam padrões que deviam ser seguidos, excluindo aquelas que deles não se aproximassem. Tipos femininos criados por Clara Bow, Alice White, Colleen Moore incentivavam imagens sobre "garotas modernas", misto de alegria, mocidade, *jazz* e *cocktails*! Um controle mais rígido sobre a apresentação pessoal era exigido até nos empregos ocupados por mulheres. A chamada "boa aparência" impunha-se. Os bons casamentos, sobretudo, dependiam dela. Olhos e boca, agora, graças ao batom industrial, passam a ser o centro de todas as atenções. Theda Bara e Greta Garbo arrasavam com sua malícia singular; eram o símbolo da mulher-mistério, das *vamps*. O aparato colocado a serviço da beleza corporal, nessa época, feito de receitas de fabrico doméstico, de produtos farmacêuticos ou de artifícios de maquilagem, parecia prometer à mulher a possibilidade de, em não sendo bela, tornar-se bela. Havia salvação!

Às palavras francesas como *coquetterie*, literalmente a preocupação de se valorizar para agradar, e *allure*, distinção de porte, somam-se outras, em inglês, por influência do cinema: *sex appeal* e *it*. A primeira dispensa tradução; a segunda, referia-se ao "quê" de sedutora que havia em cada mulher. "*It* é um dom de atração [...] uma qualidade passiva, que atrai a atenção e desperta o desejo. A mulher deve possuir o *it* para atrair o homem", explicava o articulista de *Cinearte*, em 1928. Já o *sex appeal*, segundo o mesmo cronista, definia-se pelo físico "atraente e perfeito, pelas atitudes provocantes, o olhar liquefeito e perigoso, no andar lento e sensual, nos lábios contornados e convidativos. As que têm (isso) os homens seus escravos são". A "malícia", outro ingrediente indispensável ao sucesso feminino, era sugerida por subentendidos na estética cinematográfica.

Graças ao cinema americano, novas imagens femininas começam a multiplicar-se e, novidade: a beleza passava a ser o motor do desejo. A moda tornou-se uma das principais articuladoras do novo ideal estético imposto pela indústria cinematográfica americana. Não era mais Paris quem a ditava, mas os estúdios de Hollywood. Nas páginas de revistas como *Cinearte* podiam encontrar-se, às dezenas, artigos com títulos sugestivos como: "O que as estrelas vestem?", "Cabelos curtos ou compridos", "As moças devem ou não usar meias?", "Por que as estrelas fumam?", etc.

O que estava em jogo em todo esse discurso da aparência é a transformação do corpo feminino em objeto de um desejo fetichista. Se, por um lado, a estética cinematográfica era sinônimo de mentalidade moderna e um domínio em que a mulher podia tomar iniciativas, por outro, a sensualidade que emanava de sua representação a transformava em objeto passivo de consumo. Ora, o poder de sedução de estrelas do cinema marcou toda uma geração de mulheres, servindo de modelo para a imagem que elas queriam delas mesmas.

Ao aparecimento desses rostos na tela – jovens, maliciosos e sensuais – somaram-se outros fatores cruciais para a construção de um modelo de beleza. Data dessa época o banimento de cena da mulher velha. Se, até o século XIX, matronas pesadas e vestidas de negro enfeitavam álbuns de família e retratos a óleo, nas salas de jantar, no século XX, elas tendem a desaparecer da vida pública. Envelhecer começa a ser associado à perda de prestígio e ao afastamento do convívio social. Associa-se gordura diretamente à velhice.

Era a emergência da lipofobia. Não se associava mais o redondo das formas – as "cheinhas" – à saúde, ao prazer, à pacífica prosperidade burguesa que lhes permitia comer muito, do bom e do melhor. A obesidade começa a tornar-se um critério determinante de feiura, representando o universo do vulgar, em oposição ao elegante, fino e raro. Curiosamente, esbeltez e juventude se sobrepõem. Velhice e gordura, idem. "É feio, é triste mesmo ver-se uma pessoa obesa, principalmente se tratar-se de uma senhora; toca às vezes as raias da repugnância", advertia a *Revista Feminina*, em 1923. A gordura opunha-se aos novos tempos, que exigiam corpos ágeis e rápidos. A magreza tinha mesmo algo de libertário: leves, as mulheres moviam-se mais e mais rapidamente, cobriam-se menos, com vestidos mais curtos e estreitos, estavam nas ruas. O rosto rosado pelo ar livre, pela atividade não se coadunava com o semblante amarelo das mulheres confinadas em casa.

Vitória da silhueta reta? Não! Ilustrações e charges dão a pista para o gosto masculino em relação às formas femininas. Elas seguiam arredondadas, valorizando quadris e nádegas, seios pequenos e pouco salientes. Resumindo: quatrocentos anos de morenas e mulatas sinuosas, da consagrada "morenidade" descrita por Gilberto Freyre, resistiam bravamente aos modelos importados e aos avanços das beldades escandinavas ditadas pelo higienismo ou hollywodianas impostas pelo cinema!

SEGREDOS DE ALCOVA

Mas a sofisticação no corpo, que lentamente se valorizava, não diminuía a falta de informação das mulheres sobre o sexo. A inocência e ignorância de muitas era contrabalançada pela violência e a brutalidade de outros tantos. Os tabus eram vários: não se falava a palavra "menstruação"; só se usavam metáforas: "estou de chico" ou "naqueles dias". Falava-se menos ainda do que aconteceria na noite de núpcias, quando a noiva deveria ser obrigatoriamente virgem. O primeiro contato sexual podia ser desastroso para o resto da vida de um casal. Eis por que os médicos aconselhavam o "defloramento com especial cuidado". Por seu lado, a virgindade feminina que exigia tantos cuidados continuava obrigatória. E o assunto era tratado com rigor por médicos como o dr. Jaf, famoso por seu *O casamento: amor e higiene*, preocupado com a "fraude do hímem".

"Na classe ignorante d'alguns povos, a efusão de sangue, no primeiro coito, é olhada como a prova mais evidente da virgindade: expõe-se aos olhos do público a camisa ensanguentada da jovem desposada, pois guardam-na numa caixa para ser conservada como relíquia. A jovem desposada que não fornecesse esse sinal palpável da sua virgindade seria despedida vergonhosamente para a casa de seus pais. Mas essa expulsão quase nunca se realizava, atendendo a que as mães tinham tido cuidado de o evitar por precauções tomadas previamente.

"A mãe, dias antes do casamento, examina as partes genitais de sua filha e, se a largura da entrada vaginal lhe faz julgar que a introdução do membro viril possa ter lugar sem rasgão nem sangue derramado, ela prepara uma bexiga de peixe ou uma pequena bexiga de película de tripa de boi, de forma oblonga, semelhante a uma amêndoa; depois de a ter enchido de sangue de pombo, entrega-a à filha com a recomendação de introduzir clandestinamente no canal vulvo-uterino antes de se dirigir para o leito nupcial. Essa fraude dá às jovens desposadas a certeza de que as provas sangrentas da virgindade não deixarão de se manifestar."

Doutores se queixavam do excessivo pudor das verdadeiras virgens, pois a "sorte de um casamento", dizia um deles, o dr. Van de Velde, autor de *Matrimônio perfeito*, "depende da noite de núpcias". Entre a "violação legal" e certo "estado amável", iniciavam-se as jovens pela leitura de literatura científica, capaz de "aparelhá-las para o desempenho conjugal". Não foram poucas as que se viram acuadas pelos "instintos bestiais" do jovem marido, longe do carinho e das delicadezas de um amor sublime, tal como era descrito nos romances açucarados. Para essas moças, "aprender a ser feliz" significava literalmente aprender a ter relações sexuais regradas e contidas.

Já o dr. Olvarrieta, sensível ao universo feminino, afirmava que os homens deviam desfazer-se de referências sexuais aprendidas no bordel. Insistia, ainda, que muitos casamentos acabavam porque os maridos acreditavam que deveriam evitar "com sua mulher toda a classe de refinamentos durante o ato sexual, crendo deste modo cumprir mais fielmente suas obrigações, já que a alegria, a satisfação, a recreação ficaram nos braços de suas amigas anteriores". Repeti-las com sua própria mulher, com a que vai ser "mãe dos seus filhos", seria insensato. Equivaleria a insultá-la, ofendê-la, até mesmo, prostituí-la.

A escritora Clotilde do Carmo Dias registrou que na sua noite de núpcias ficou durante um bom tempo no quarto, sem coragem de deitar-se, enquanto seu marido esperava ansioso. Sua apreensão era premonitória: "Meu marido nesta noite deu largas aos seus instintos bestiais, cheios de luxúria indecente e insaciáveis, que em vez de gerar em mim amor, faziam-me sentir repugnância por ele. Eu desejava um carinho todo especial, delicado, respeitoso e moderado". O marido não leu o dr. Olvarrieta e optou pelo corpo a corpo brutal!

A repressão sexual era profunda entre mulheres e estava relacionada com a moral tradicional. A palavra "sexo" não era nunca pronunciada, e saber alguma coisa ou ter conhecimentos sobre a matéria fazia com que elas se sentissem culpadas. Um tal distanciamento da vida real criava um abismo entre fantasia e realidade. Obrigadas a ostentar valores ligados à castidade e à pureza, identificadas pelo comportamento recatado e passivo, as mulheres, quando confrontadas com o marido na cama, viam o clima de conto de fadas se desvanescer: "Éramos tão inocentes, mal informadas que quando se ficava sabendo de alguma coisa era como uma pedra que caía na cabeça e começavam os escrúpulos", diz uma dessas antepassadas. "Éramos completamente ignorantes em matéria da vida, para ser pura tinha-se que ser ignorante", explica outra.

Médicos tentavam codificar o papel das mulheres no "eterno rito" que justificava apenas a "duração das espécies", no qual o orgasmo feminino recebia o nome de "espasmo venéreo". O dr. Jaf explicava: "O espasmo voluptuoso é menos violento na mulher do que no homem, mas em compensação dura mais tempo. Há mulheres que, ao menor contacto, deliram de prazer, enquanto que a maioria exige carícias muito prolongadas para chegar ao espasmo venéreo. As primeiras são mulheres nervosas, d'imaginação ardente; as segundas linfáticas, gordas e dotadas d'um sistema nervoso menos impressionável. Excessivo ardor ou excessiva indiferença nos prazeres do amor são dois extremos igualmente prejudiciais à fecundação".

Os resultados para a "família humana" dependiam da "conduta higiênica" de pais e mães. E tal conduta amarrava-se às prescrições do século anterior. Economizar, poupar, guardar esperma: as lições não tinham mudado.

Médicos e fisiologistas que se ocuparam da questão higiênica dos órgãos genitais e da função genética, como o dr. Jaf, estabeleceram as regras seguintes: "Dos vinte aos trinta anos, o homem casado pode exercer seus direitos duas a quatro vezes por semana deixando um dia d'intervalo de cada vez. Esgotar por um coito repetido cinco e seis vezes por dia, assim como o fazem os rapazes, é preparar arrependimentos para mais tarde. Dos trinta aos quarenta anos, o homem deve limitar-se a duas vezes por semana. Dos quarenta aos cinquenta, uma vez todos os quinze dias e menos ainda se não sentir necessidade. A continência é uma necessidade para a segunda velhice; o sexagenário não deve ir levar ao altar de Vênus senão raríssimas vezes, porque, n'esta época da vida, o licor seminal leva muito tempo a reproduzir-se. O septuagenário deveria abster-se do coito: o enorme desperdício de fluido nervoso daí resultante mergulha-o num esgotamento sempre prejudicial à sua constituição".

A mulher também tinha seus "preceitos" a seguir: "deve ser sóbria com os prazeres do casamento porque essa sobriedade lhe conservará a frescura dos seus encantos que os excessos depressa murchariam. Os prazeres solitários a que se entregam muitas mulheres descontentes com os seus maridos são uma manobra perigosa, que as torna nervosas e as predispõe às flores brancas, às irritações dos órgãos genitais e às neuropatias dos seus órgãos. Uma mulher prudente deve contentar-se sempre com aquilo que o marido lhe dá e nunca exigir mais. No caso em que o marido excessivamente vigoroso abusasse da sua atividade genital, o dever d'uma mulher prudente é empregar todo o império que tem sobre ele para moderar o seu ardor, abrandar o seu entusiasmo e fazer-lhe compreender que os excessos venéreos são prejudiciais não só à conservação das suas faculdades viris, mas que também são funestos aos filhos procriados num estado de esgotamento".

Preocupado com a higiene no casamento, o dr. Jaf metralhava os casais com uma longa lista de recomendações: limpeza das partes para manter "a frescura de sua saúde" com abluções. Tranquilidade do local da cópula, pois ela requeria "segredo".

"O receio, o barulho, assim como a falta d'asseio e a repugnância são outros tantos obstáculos para esse ato. O homem deve pedir o prazer à esposa com palavras amáveis; deve arrastá-la delicadamente a satisfazer os seus desejos e nunca deve exigir à força. Os transportes d'uma imaginação erótica, os desejos imoderados de gozo sensual são os mais perigosos inimigos da virilidade. Longe de se excitar por ideias lúbricas, o homem razoável deve esperar que o despertar do órgão lhe anuncie a necessidade e o instante de o satisfazer."

Pudor e recato, sobretudo no quarto, eram sinônimos de distinção. Só mulheres de reputação duvidosa tomavam iniciativa. Quanto às centenas de milhares de relações vividas fora do casamento, estas passaram a ser consideradas "imorais". Membros das camadas mais baixas da população, como ex-escravos, operários, imigrantes pobres, negros e mulatos que vivessem em amancebamentos, concubinatos ou ligações consensuais, eram acusados de "conduta indecente". Em 1913, a obra anônima *O problema sexual* esclarecia que "no concubinato dissipam-se sensações de que temos necessidade para o casamento, para as grandes ações de nossa existência, para reacender a chama da vida", em razão de que "todas as forças das nossas faculdades amatoriais" devem ser reservadas para "aquele amor", pois é muito longa a vida "para ser suportada com um amor valetudinário", ou seja, enfermo, débil.

Durante o Estado Novo, Getúlio Vargas selou um "pacto moral" com a Igreja. Esta se tornaria uma grande aliada na consolidação de uma ética cristã baseada na valorização da família, do bom comportamento, do trabalho e da obediência ao Estado. Essa nova aliança se deu graças ao apoio de cardeais como d. Leme às preocupações varguistas com as classes trabalhadoras. E o operoso bispo aproveitou para valorizar o sacramento do matrimônio entre a gente que vivia em ligações consensuais. O movimento do "casa ou larga" incentivava as classes subalternas, nas cidades ou no interior, a contrair matrimônio na igreja. Virgindade, contudo, seguia assunto sério. Os homens conheciam uma "donzela pelo andar". Ser "furada", "cair no mundo" ou "não prestar mais" era coisa que definia o destino de uma mulher. Sua reputação social se media exclusivamente pela capacidade de resistir aos avanços masculinos.

No outro lado da moeda, avesso das "puras", as "mundanas" e "artificiais" eram sinal de problema. Festas e bailes sem medidas, a frequentação de lugares fechados, a promiscuidade de contatos físicos ou a excessiva coqueteria feminina horrorizavam até os médicos higienistas preocupados, então, com uma nova percepção dos corpos, voltada para a vida ao ar livre, natural e saudável. É deles a ideia de perseguir os "artifícios", especialmente os cosméticos, utilizados para esconder "defeitos físicos" que pudessem interferir no momento da escolha de uma parceira. As "mundanas", que faziam o possível e o impossível para atrair atenções, eram alvo de reprimendas vindas de todos os lados. Eram consideradas "artificiais" as que usavam recursos externos como trajes da moda e cosméticos, mas também as que tinham um comportamento corporal – poses e gestos – considerado excessivamente estudado. A hostilidade contra os abusos dos artifícios vinha, certamente, da vontade de limitar os apelos sexuais da aparência.

O "SUPERMATRIMÔNIO": DA POSSE À UNIÃO

Nas primeiras décadas do século XX, enquanto uma parte da sexologia classificava patologias e o lado obscuro da sexualidade, uma segunda onda proclamava os aspectos positivos do sexo dentro do casamento. Entre alguns poucos, sexo não era visto apenas como instinto de reprodução, mas como reflexo do sentimento entre esposos. Sexólogos dos mais reputados, como o australiano Havellock Ellis, intérpretes do autoerotismo e críticos da repressão eram traduzidos no mundo inteiro. Tais obras científicas modelaram manuais de sexologia para um público "não científico", muitas delas inspiradas em cartas endereçadas por homens e mulheres aos especialistas.

Porém, a problemática desses pioneiros continuava presa aos modelos do século anterior. Tudo os fazia raciocinar em termos de binômios: feminino/masculino, ativo/passivo, iniciada/iniciador, conquistada/conquistador. A sexualidade feminina era a principal vítima desse tipo de leitura. O clitóris, percebido como uma anomalia "viril", via-se, assim, desvalorizado, sobretudo entre os adeptos da psicanálise. Sigmund Freud, seu fundador, definia a libido como masculina e concluiu que moças e rapazes deviam organizar sua sexualidade em torno do pênis. A princípio, na ausência do pênis, a menina, pela masturbação clitoridiana, adotava o mesmo comportamento do garoto. Na idade adulta, contudo, a mulher devia recusar esse prazer infantil, interpretado por muitos como sinal de frigidez, optando pelo coito vaginal. Com linguagem renovada, a psicanálise acabava por justificar os papéis prescritos pela sociedade para as mulheres. Só Wilhelm Reich rompeu com esse esquema e foi pioneiro em apontar a força da "potência orgástica". Mas sua pesquisa, realizada entre 1927 e 1935, *A revolução sexual*, seguiu como assunto confidencial e só foi traduzida para o português nos anos 1940.

Se não se conhecem os efeitos dos primeiros discursos sexológicos, sabe-se, porém, que eles contribuíram para tirar o assunto do silêncio e da vergonha. Compartilhado por uma pequena minoria, educada e moradora dos grandes centros, o tema da sexualidade incentivou as primeiras questões sobre o prazer feminino e as técnicas para incrementá-lo antes, durante e depois do coito por meio de beijos, gestos, carícias e palavras.

O campeão de vendas na época foi um ginecologista holandês: o dr. Theodore van de Velde, publicado em 1925 na Europa e traduzido para o português no mesmo ano. Escrito com linguagem acessível e rico em detalhes espalhados por suas oitocentas páginas, seu livro ensinava os casais a atingir o orgasmo juntos, pelo coito vaginal. Mas, atenção: o marido era o responsável direto pelo gozo da esposa. Ele, o professor sabe-tudo. Ela, a aluna aplicada. Apesar da relação assimétrica, característica da época, o importante era "chegar juntos".

"Nas uniões ideais participariam de modo igual o homem e a mulher. Nestas uniões, as mais íntimas que podem existir, se transformam ambos em um só ser, física e animicamente. Não obstante seja o homem o dispensador e a mulher a receptora, sendo como é o marido a parte ativa, de modo algum o papel da esposa é unicamente passivo. A conjugação sexual, em realidade, não segue as leis fisiológicas, não tem verdadeiramente seu profundo sentido, não alcança inteiramente seu objetivo, senão quando ambos participam dela plenamente, quando gozam conscientemente, sem restrições, toda a alegria, toda a satisfação da união sexual. Se existe um postulado de igualdade dos direitos e dos deveres de dois seres, ele é, sobretudo, verdadeiro e irrefutável na copulação. Assim, pois no supermatrimônio não é o marido que realiza o coito, mas ambos os cônjuges. O homem não possui a mulher, mas une-se a ela."

Van de Velde levava a sério a questão da igualdade na cama e incentivava os homens – mais rápidos e mais "aptos"

– a esperar por sua companheira. Quando a mulher não tinha suficiente experiência – e o médico lembrava que, entre elas, havia muitas que não se interessavam pelo assunto, "as pouco passionais" –, o homem deveria dar-lhe algumas "vantagens".

E insistia: "é absolutamente necessário que o orgasmo dos dois seja simultâneo".

Segundo o médico holandês, toda excitação sexual de certa importância, que na mulher não terminasse pelo orgasmo, representava uma lesão, um trauma. E a soma deles podia conduzir a transtornos crônicos, físicos e psíquicos, dificilmente emendados.

A obra descreve com gráficos e curvas os processos, ou melhor, as categorias de atos sexuais em que os cônjuges conseguiam chegar ao orgasmo juntos. O "coito ideal" era aquele onde havia a "existência de certa conformidade entre os órgãos sexuais de ambos os copartícipes". Ou seja, além de combinar em tamanho, o par tinha que combinar em grau de excitação. Seguia o "coito de mulher experiente sem preparação", isto é, "relações de um casal, em que a esposa, apesar da suficiente experiência amorosa, começava o coito sem preparação alguma", ou seja, sem estar excitada. Depois, vinha o "coito de mulher inexperiente, depois do prévio jogo de excitação", ou seja, o homem concedera as "vantagens" à mulher "ao retardar a manifestação do reflexo de ejaculação, desviando-se desses pensamentos". A penúltima curva apontava a falta de orgasmo simultâneo defendido pelo autor, devido "à conduta estúpida e egoísta, mas tão frequente que alguns maridos observam, pensando apenas na própria satisfação".

Para o autor, "semelhante coito, de modo algum pode se chamar cópula", mais parecendo masturbação. A última e pior ficava por conta do "coito interrompido", muito usado no controle da natalidade desde a noite dos tempos: "Para os seres humanos sexualmente perfeitos, o *coitus interruptus* significa o exercício sistemático de uma degeneração e, por sua vez, a morte do matrimônio. Constitui um perigo para a saúde do marido e um crime para a esposa".

Sem igualdade no prazer, pregava Van de Velde, não havia supermatrimônio. Resta descobrir quem lia ou seguia as "curvas" do ginecologista holandês. Poucos, provavelmente. Afinal, tais avanços eram moderados por outros autores que também circulavam. É o caso do livro *A esposa feliz no lar*, de Manuel Alves. Na direção oposta de Van de Velde, e com uma visão bastante religiosa do matrimônio, o autor recomendava que as esposas seguissem o exemplo da Virgem Maria, fossem diligentes e cuidadosas nos afazeres domésticos, obedientes e submissas aos maridos. Sobre sexo, pouco ou nada. E sobre adultério, encerrava com uma pérola: "Não se pode, todavia, negar que existem, de fato, esposos adúlteros e esposas adúlteras. Existem-nos, sim, e infelizmente são bastante numerosos; porque a esses criminosos desavergonhados não lhes toca a pena que lhes cabia antigamente, de serem publicamente apedrejados". É mole?

Esse foi o momento em que os comportamentos sexuais ligados à reprodução e à sexualidade começavam a separar-se. Até então, o que se conhecia como sexualidade não tinha existência própria. As relações sexuais dividiam-se entre as voltadas para a renovação das gerações e aquelas, mais erotizadas, voltadas para o prazer. E essa divisão coincidia matematicamente com aquela que separava as mulheres puras das impuras. Mas tal maneira de pensar era, sobretudo, um alívio para os homens. Ao colocar o orgasmo do casal, em especial o da esposa, em primeiro plano, os médicos abriam o flanco para outro problema: seria o marido capaz de proporcionar prazer à sua mulher?

EDUCAÇÃO SEXUAL: MAS O QUE ENSINAR?

Até então, sexo era um segredo. A sexualidade individual era vivida em silêncio e com culpa. Por isso, crescia entre os médicos

– afinal essa é a época de ouro dos higienistas, os especialistas em sanitarismo – a conscientização sobre a necessidade de educação sexual entre os jovens. Os anos 1930 foram o cenário para os primeiros trabalhos sobre o tema. Mais e mais jovens adquiriam seus conhecimentos de forma autônoma, pois sua curiosidade esbarrava no sigilo dos pais. Na cidade grande, longe das galinhas, vacas e bananeiras, a iniciação dos meninos se fazia de outra maneira. Se a Igreja continuava insistindo na "pureza" de crianças e adolescentes – o termo já era empregado, então – para preservá-los dos "vícios", uma corrente dentro dela procurava combater a dupla moral. Como funcionariam os casamentos de forma saudável se as jovens continuassem educadas "para nada saber" e os rapazes indo ao bordel? Resposta: explicando tudo direitinho, mas treinando a castidade. Fundamental era que eles não contraíssem moléstias venéreas e elas aprendessem mais sobre a maternidade.

Na Europa, as escolas laicas e, sobretudo, as associações de médicos, entraram na campanha. A primeira preocupação era menos de liberalizar a sexualidade e mais de lutar contra abortos e doenças venéreas. As diretrizes, porém, eram conservadoras. O bordão era: "a vida sexual normal" como sinônimo de "amor, união, paternidade, maternidade e família". Propondo explicações sobre o "amor na ordem física e sentimental", as obras tinham edições diferentes para os diferentes gêneros. As meninas só podiam ter acesso aos livros estando para casar ou depois de ter completado dezoito anos. Neles, os desenhos dos órgãos genitais masculinos desapareciam e a referência à polução noturna ou à masturbação ficava reduzida a uma linha. No caso dos rapazes, os assuntos eram amplamente explorados. Para elas, acenava-se com os riscos da gravidez pré-nupcial. Para eles, com cuidados com doenças sexualmente transmissíveis. Explicações para as relações sexuais? Sempre vagas: quando chegasse a hora, ou seja, depois de casados, os dois parceiros tinham que estar deitados, o marido deveria mostrar-se paciente e a esposa, "verdadeira guardiã do amor", controlar "seu nojo". Os órgãos sexuais tinham que atingir "certa simultaneidade" e "a natureza faria o resto". Havia quem se chocasse com tais propósitos e jogasse o livro fora sem ler.

A repressão era forte e a ênfase no pudor, uma obsessão. E havia quem fosse contra ou a favor. "A nossa educação está errada. Todo o domínio sexual está envolto em um mistério que não é natural, entre véus de excessivo pudor", dizia um manual intitulado *Leitura reservada*, em 1913. Já congressos e trabalhos científicos sobre a importância dos anos "púberes" multiplicavam-se, preocupados em impor à família "uma reação doméstica coletiva, no sentido de combater o despudor". O assunto era tão sério que deveria passar por uma política de Estado, segundo o jurista José Gabriel de Lemos Brito.

"A puberdade acarreta para os jovens de ambos os sexos perigos não só de ordem física, mas ainda de ordem moral, cumprindo ao Estado preservá-los o mais possível de tais perigos. A revelação dos segredos da procriação deve ser feita de modo elevado, e paulatinamente, aos menores, sendo o silêncio até hoje adotado no caso, prejudicial. Este silêncio, da parte dos pais e dos mestres, não impede o conhecimento do que se pretende encobrir, sendo que a aprendizagem feita por intermédio de companheiras ou companheiros viciados leva o cunho da imoralidade e degrada o caráter dos jovens, os quais, ainda na mais tenra idade, se fazem obscenos e se entregam geralmente à prática de atos condenáveis. O ensino deve orientar-se de modo que aos impúberes se ministrem noções de História Natural, fisiologia e higiene, e aos púberes se alarguem gradativamente os conhecimentos de molde a evitar-lhes as surpresas desta perigosa fase da vida."

Martelava-se uma só mensagem: era preciso envergonhar-se diante das coisas de natureza sexual. Estampar decência nos gestos, olhares, palavras. Lutar contra quem dissesse o contrário: "O pudor é o perfume da virtude: pudor é um recato físico ou moral, pejo de mostrar certas partes do corpo, desagrado em proferir ou ouvir expressões sobre misérias materiais ou morais da vida. É produto do meio, de preconceitos, de convenções, de hábitos adquiridos [...] o pudor é consequência da civilização, um atestado moral dos tempos, uma fórmula de consideração e respeito para consigo mesmo e para com os outros, útil, portanto é necessário. É o perfume da virtude, o encanto do amor, a beleza da educação".

Na época, o que mais preocupava era a difusão do nu. Fotografia, cinema e imprensa encontraram um nicho de mercado na venda de material pornográfico. As imagens, sobretudo, enchiam os olhos e a cabeça da rapaziada.

"Por tudo isso o nu e as expressões obscenas não devem ser empregadas na educação sexual." O artístico ou o científico, sim. "Esses nada têm de imoral. O primeiro prende a atenção para a harmonia das formas, o seu dispositivo, o capricho da natureza e a habilidade do artista. O segundo desperta as noções de ciência, o desvendar dos segredos da criação." E a explicação: "Tudo vai da feição psicológica do nu. Ver um homem ou uma mulher em maiô no banho de mar não é o mesmo que assim encontrá-los numa sala de visitas: as duas situações despertam ideias muito diversas: na praia o intuito é o banho, na casa, a exibição tendenciosa".

Em 1935, Sebastião Mascarenhas Barroso lançava *Educação sexual, guia para os pais e professores, o que precisam saber, como devem ensinar*. O sumário do livro explicava os "intuitos" necessários e úteis do mesmo: higiene e resguardo dos órgãos sexuais. Para evitar "atos errôneos e inconvenientes à saúde e à moral", até doze anos. Para preparar sem surpresas nem desmandos para a puberdade. Dos doze aos dezoito anos, para evitar ao rapaz e à rapariga vícios e aberrações da genitalidade. Para precaver-se contra doenças venéreas. Para observar as "regras da eugenia na união dos procriadores" e, finalmente, para que os velhos se conformassem com a perda da genitalidade.

Quando a América ainda era portuguesa, cochichos, piscadelas e sinais com os dedos: sedução pela janela.
[Hunt, G/ Chamberlain, Henry. *Huma historia.* 1822.]

Seios desnudos não inspiravam erotismo nem eram lugar de desejo. E a escassez de roupa remetia a pobreza. Nudez não rimava com erotismo.

[Laderer. *Danse de la Battuca à St. Paul = Battuca - Tanz zu St. Paul.* In: Denis, Ferdinand. *Brésil; Colombie et Guyanes.* 1846.]

Adultério é coisa antiga. E as mulheres contavam com a ajuda de amigas alcoviteiras. [Rugendas, J. M. *Costumes de Rio Janeiro*. In: *Viagem pitoresca através do Brasil*, 1835.]

Lundu: com a sensualidade de gatas, as mulheres enfeitiçavam. A dança era considerada pornográfica. A imperatriz Leopoldina, por exemplo, recusava-se a assisti-la.
[Rugendas, J. M. *Danse landu.*
In: *Viagem pitoresca através do Brasil,* 1835.]

Afro-descendentes tinham linguagem própria para escolher companheiras e enriqueceram o vocabulário erótico.

[Rugendas, J. M. *Nègre et negrèsse dans une plantation.* In: *Viagem pitoresca através do Brasil,* 1835.]

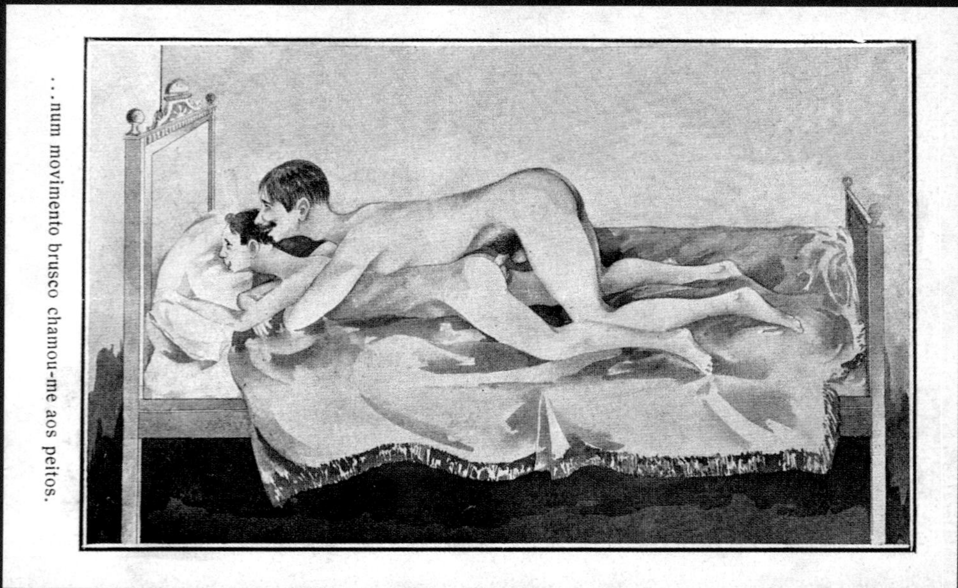

...num movimento brusco chamou-me aos peitos.

Amor entre iguais e a iniciação dos jovens.
[MALUCO, Capadócio. *O menino do Gouveia.* Rio de Janeiro, Casa Editora Cupido & Comp., (19 - -). Contos Rápidos nº 6.]

ao lado
O Rio Nu: ancestral da *Playboy*.
[*O Rio Nu*, 1/1/1910, nº 1197, ano XIII, p. 1.]

ANNO XIII | RIO DE JANEIRO, 1 DE JANEIRO DE 1910 | NUM. 1197

O RIO NU

Periodico humoristico
Illustrado, bi-semanal

Redacção e Escriptorio:
183 — Rua da Alfandega — 183

BÔAS ENTRADAS

Meu querido, neste dia,
E' costume muito antigo.
A todo e qualquer amigo
Fazer votos de alegria.

E' dos habitos humanos
Que, neste dia da vida,
Na dura estrada, comprida,
Se encontrem ditosos annos.

Pois é o que te offereço.
Porque sei, perfeitamente
Que tens com volupia ardente
Pelos annos quando appreço.

Por essas razões provadas
Eu aproveito este ensejo
E te offereço e desejo,
Bôas entradas.

AS TOILETTES DE NELITA

Conforme o amigo, a visita
Que de amor lhe dá a prova
A encantadora Nelita
Exhibe *toilette* nova.

Para os amigos burguezes,
E um roceiro seu amante,
Ella veste a mais das vezes
Uma calça bem collante.

Para os amigos simplorios,
Mais moços e mais valentes,
Rapazes vivos, ardentes,
Sem lyrismos merencorios,

Ella simplifica mais
A *toilette* e se apresenta,
Com um espartilho dos taes,
Droit devant que mais nos tenta.

Para um rapaz elegante,
Smart e de grande luxo,
Muito embora como amante
Não aguente bem repuxo,

Ella recebe em camisa
De seda, tão fina e bella,
Que para o fim que se visa,
E' o mesmo que estar sem ella.

Para os amigos do peito,
Perante os quaes não precisa
Guardar do luxo o respeito,
Ella nem veste a camisa.

E os recebe simplesmente,
Com carinho, com desvello,
E graça a mais sorridente,
Núa em pello.

Manchetes e textos tinham dupla função: fazer rir e excitar a imaginação.
[*O Rio Nu*, 12/1/1910, nº 1200, ano XIII, p. 1.]

Formas opulentas femininas tinham por objetivo "encher a cama".
[*O Rio Nu*, 26/1/1910, nº 1204, ano XIII, p. 1.]

ao lado
A *lingerie* entra em cena para a mulher despir-se com mais sensualidade.
[*O Rio Nu*, 12/1/1910, nº 1200, ano XIII, p. 8.]

PESO LIQUIDO

1) — Tenho vontade de saber quantos kilos estou pesando.
— Pois é facil. Trepa naquella balança.

2) — Mas olha que só o teu chapéo vae dar grande augmento no peso.
— Então vou tiral-o...

3) — Ahi o tens.
— Não é bastante: convém que tires tambem o vestido e as botinas...

4) — Prompto.
— Ainda assim não obterás o teu peso liquido. Convém tirar o resto...

5) — Agora sim: a camisa nada pesa.
O GUARDA. — Estejam presos. Não podem offender a moral!

6) — Mas, *seu* guarda, eu estava tomando o peso liquido...
Nao se póde tomar... nada offendendo a moral publica! Sigam?

ANNO XIII — RIO DE JANEIRO, 9 DE MARÇO DE 1910 — NUM. 1215

O RIO NU

Periodico humoristico illustrado, bi-semanal

185 — Rua da Alfandega — 185

Boro Boracica

Pomada milagrosa para darthros eczemas, empingens, etc.

O CUMULO DA DELICADEZA

ELIXIR DE NOGUEIRA

JOÃO DA SILVA SILVEIRA

Grande Depurativo do Sangue — Unico que cura a Syphilis

Vende-se em todas as Pharmacias e Drogarias — Fabrica — PELOTAS — Rio Grande do Sul

Uma imagem já valia mil palavras.
[*O Rio Nu*, 9/3/1910, nº 1215, ano XIII, p. 1.]

8 — O RIO NU — 15 DE OUTUBRO DE 1910

PERSEGUIÇÃO AO NÚ

Uma Vida Amorosa

ACHA-SE A' VENDA

Preço............ 1$000 — Pelo correio..... 1$500

A proibição do nu frontal.
[*O Rio Nu*, 15/10/1910, nº 1278, ano XIII, p. 8.]

ao lado
A indumentária feminina protegia a inocência, mas, sobretudo, incentivava o erotismo. Quanto mais para tirar, melhor...
[*O Rio Nu*, 23/9/1910, nº 1219, ano XIII, p. 8.]

Anno XIII RIO DE JANEIRO, 9 DE NOVEMBRO DE 1910 Num. 1.285

O RIO NU

Periodico humoristico illustrado, bi-semanal

Redacção e Escriptorio
Rua da Carioca N. 53 — sobrado
Telephone N. 3.515

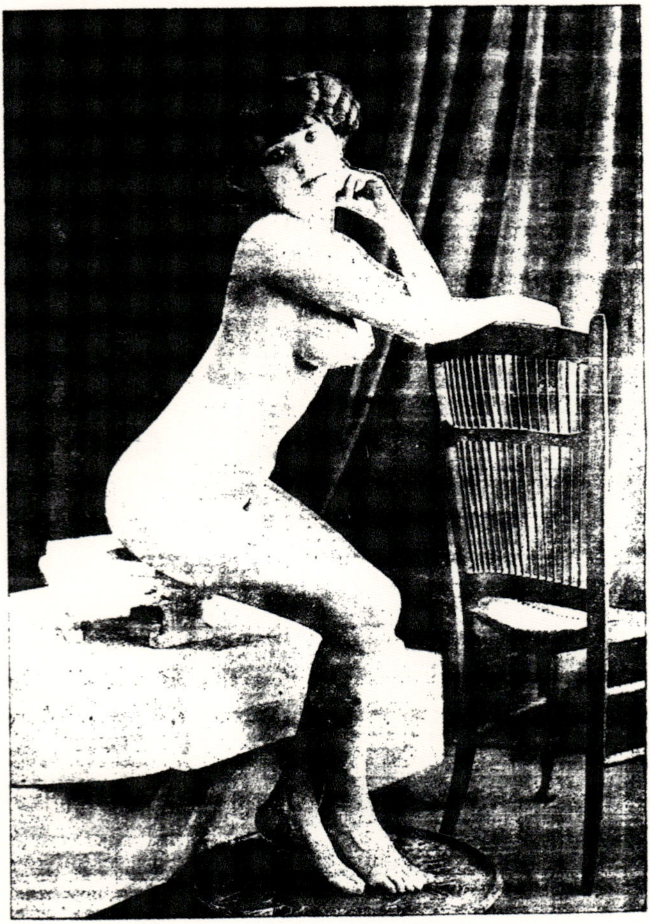

(Da revista franceza *En costume d'Eve.*)

EXQUISITICES

Abandonando a cadeira,
Cujo calor já não quer,
Essa divina mulher
Decide-se á grande asneira

De sentar sobre o granito,
Por ser mais duro e mais frio...
E' um prazer exquisito
Que lhe causa um arrepio...

Aliás, é natural
Que ella prefira a dureza
Do granito glacial
A qualquer uma molleza...

Eu conheço uma mulher
Que diz com desenvoltura:
«P'ra mim o maior prazer
E' sentar em coisa dura!»...

PIF.

ao lado
A chegada de fotografias importadas
da França vai substituir os sugestivos desenhos.
A crueza do texto era equilibrada pela delicadeza da imagem.
[*O Rio Nu*, 25/7/1914, nº 1605, ano XVII, p. 5.
Galeria Artística (2ª série nº 11).]

acima
O corpo nu da prostituta sinalizava a preocupação
permanente com doenças sexualmente transmissíveis.
[*O Rio Nu*, 9/11/1910, nº 1285, ano XIII, p. 1.]

GALERIA ARTISTICA

(2ª Série)

N. 18

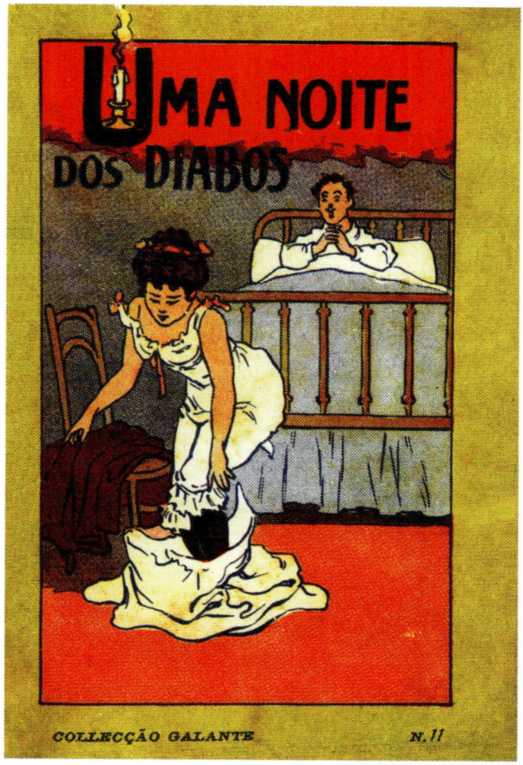

Títulos sugestivos para
acender a imaginação.
[*Uma noite dos diabos.* Rio de Janeiro,
Emp. d'Edições modernas (19 - -).]

Um problema sério na sociedade
patriarcal: maridos traídos.
Mas rir ainda era o melhor remédio
contra esse mal.
[*O marido enganado.* Rio de Janeiro,
Emp. d'Edições modernas (19 - -).]

página ao lado
O modelo ideal.
[*O Rio Nu*, 12/7/1914, nº 1612,
ano XVII, p. 5. Galeria Artística
(2ª série, nº 18).]

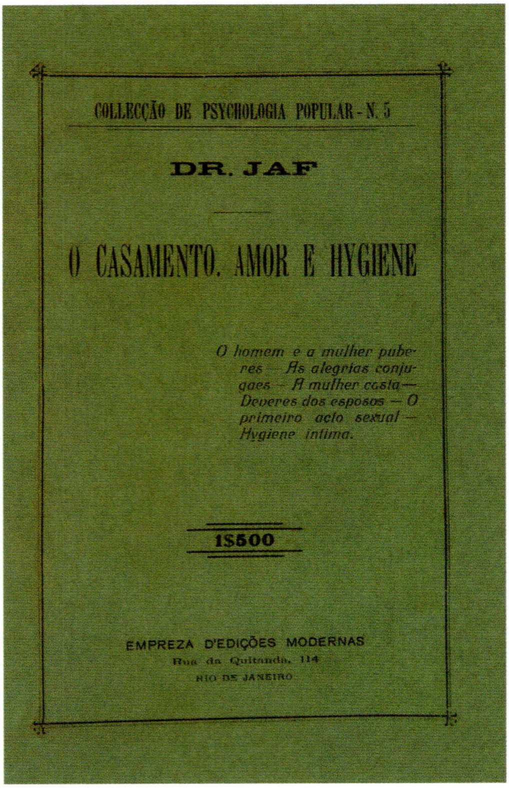

Quanta sensualidade em tirar meias...
[L., B. A. *O passaro de Cornelio.* Rio de Janeiro, Emp. d'Edições modernas (19--).]

Ao ouvir a corneta, a jovem se anima e reage... Normalmente, mulheres eram apresentadas em atitude de total submissão, considerada uma característica exclusivamente feminina. Aos homens, e só a eles, cabia a ação.
[GANTE, Emilio. *A corneta do official.* Rio de Janeiro: Edições Modernas (19--).]

Manuais sobre sexo no casamento começaram a se multiplicar a partir dos anos 30 e 40. Conselhos para "melhorar" o ato eram frequentes.
[Docteur Jaf. *O casamento: amor e hygiene.* ("Le Mariage et son hygiene"). Rio de Janeiro: Edições Modernas (19--).]

Quem e quando se passariam tais noções? Logo que as próprias crianças começassem a fazer perguntas aos pais. "Sempre em tom de conversa, nunca com ares de lição." Menos ainda dando ares de mistério, mas sempre mostrando a importância do assunto. Na ausência dos pais, a tarefa cabia aos professores. Para tal, no primário ou no ginásio, os alunos passavam por uma bateria de testes de higiene. Seus órgãos genitais podiam ser examinados em "gabinete reservado". "Uma ou outra vez, no recreio, no meio de uma lição, a um pretexto qualquer, será abordada a questão dos sexos de modo rudimentar", explicava o manual. Alunos mais velhos tinham direito a palestra com médico escolar: prevenção de doenças era o bordão. Das meninas com mais de dezoito anos se encarregavam as professoras ou as "guardiãs da saúde". No ensino secundário e no colégio normal, o assunto ficava a cargo de professores de História Natural e Higiene. Nos internatos, mereciam a maior atenção vícios e anormalidades sexuais – "masturbação, pederastia, etc". "Na Universidade, nos Clubs, nos Desportos" a anotação vinha assim: "Cabem aqui conferências em que o assunto seja tratado com a maior amplitude, com projeções luminosas, fitas cinematográficas e todos os meios de prender a atenção e impressionar a imaginação".

Para os jovens, até os anos 1940, sexo era sinônimo de higiene. Não era pouca coisa romper seus tabus e segredos. As consequências disso? É o que veremos a seguir...

MULHERES *IN NATURA*

O desenvolvimento tecnológico da impressão, no final do século XIX, permitiu a reprodução em grande escala da fotografia. No início do século XX, essa invenção incentivou a pornografia e o erotismo a tomarem novos caminhos. Métodos modernos possibilitaram uma reprodução fácil de imagens fotográficas em preto e branco, ao passo que, antes, os impressores limitavam-se à gravura, à estampa ou ao desenho para a ilustração. Graças a esse procedimento de impressão e de reprodução, a pornografia passou, pela primeira vez, a ser consumida pelo grande público, mais acessível quantitativa e financeiramente do que jamais o fora.

As primeiras revistas de nus femininos apareceram na França e continham imagens de artistas – em sua maioria saídas do teatro burlesco e de bordéis – que eram usadas como modelos. Elas posavam nuas ou seminuas no interior das páginas ou nas capas. Embora nos dias de hoje possam parecer ingênuas, tais fotos faziam escândalo na época. A invenção da câmara de 35 milímetros, a Leica compacta, permitiu reduzir os negativos para ampliá-los depois. Para os amadores de imagens eróticas, isso significou toda uma série de fotos tiradas em parques ou ao ar livre. E os fotógrafos tinham a vantagem de tirar instantâneos sem carregar nas costas equipamentos pesados.

Acusadas de oferecer uma forma de pornografia individual e despida de sentimentos, as revistas "para homens" tinham funções: descoberta ou ativação da sexualidade para aqueles inibidos ou inexperientes. Reativação, para os entediados. E substituição, graças ao *voyeurismo* e à masturbação, para aqueles que se encontrassem abandonados ou desejosos de satisfazer desejos mantendo-se fiéis às companheiras.

Nessa época, sobressaiu-se o fotógrafo E. J. Bellocq, cujas fotos mais significativas foram tiradas no bairro de prostituição Storyville, em Nova Orléans, Estados Unidos. Em vez de exibir nus em cenários decorados com drapeados, véus e colunas clássicas, Bellocq revelava mulheres *in natura*: totalmente à vontade, relaxadas e confortáveis. Sentadas na janela ou numa cadeira de balanço, adormecidas ou tendo ao fundo um varal de roupas, as mulheres davam a impressão de estar se divertindo ao posar.

O sucesso dos nus em revistas foi total. Rapidamente choveram publicações em formato de revistas artísticas. Mas também publicações sobre o naturismo, como foi o caso da britânica *Health and Efficiency*, lançada em 1900. Os adeptos do naturismo defendiam que as pessoas verdadeiramente educadas não se excitariam jamais com a vista de uma parte do corpo humano desnuda. Nascido na França com o nome de *Gymnosophie*, em torno do geógrafo Élysée Reclus, o naturismo via no nu uma forma de revitalizar o físico e de respeitar o planeta. A ideia era a de dessexualizar o nu, pois, realizando pelado todas as atividades cotidianas, o naturista banalizava a nudez, instaurando igualdade e simplicidade na relação com os outros.

O nascimento do movimento tinha a ver com uma reação à industrialização. O higienista Heirich Pudor escreveu um livro intitulado *Cultura do nu* e pregava os aspectos positivos da nudez social como reflexão sobre outras maneiras de viver. Logo encontrou adeptos entre jovens alemães, os *wanderwogel*, ou pássaros migratórios, que tinham na ginástica e em outras atividades que realizavam, nus em pelo, uma agenda contra a poluição das grandes cidades. As fotos naturistas iam na contramão do que se fazia na pornografia: eram totalmente despossuídas de erotismo. A partir de 1918, o *Frei-Körper-Kultur*, ou cultura do corpo livre, se difundiu nos países germânicos, Áustria, Suíça, Holanda, até ganhar, em 1950, os Estados Unidos.

Em 1920, surgiram os quadrinhos pornográficos de grande circulação nos EUA. Eram chamados de *dirty comics* ou quadrinhos sujos. Neles, não faltava humor e muitos dos principais atores eram conhecidos, não dos papais, mas da criançada: Mickey Mouse, Betty Boop ou Popeye.

No início do século XX, na Inglaterra, surgiu o mutescope, uma forma de projetor com manivela. Tais máquinas podiam produzir pequenas animações graças a um sistema de rotação cilíndrica de imagens, retiradas de pedaços de películas. As maquinetas exibiam curtas sequências de mulheres tirando as roupas ou cenas em que elas simulavam posar para um artista. Ganharam o apelido de "O que o mordomo viu", nome de um dos primeiros filmes pornográficos rodados na Grã-Bretanha.

Assim que, em 1895, Robert Paul e Louis e Auguste Lumière realizaram as primeiras projeções públicas sobre uma grande tela, fizeram-se filmes pornográficos. Já em 1900, eles foram rodados, introduzindo uma ruptura nas representações sobre a sexualidade. Pela primeira vez, reproduziam-se atos sexuais não simulados, realizados por profissionais de maneira estereotipada e sem relação afetiva ou pessoal. Também pela primeira vez, colocava-se em imagem & movimento um jogo de corpos desnudos e oferecidos à observação de terceiros. Os diretores pioneiros foram Eugène Pirou e Albert Kirchner. Em *Maria vai deitar-se*, apresentavam a "senhorita Louise Willy" fazendo um *striptease*. Essa realização inspirou outras tantas, em que mulheres atuavam em cenas picantes. Tal como na fotografia, os estereótipos estavam sempre presentes: a ninfeta, a mulher madura, a sofisticada, a camponesa, a exótica. As primeiras atrizes eram recrutadas nos bordéis. A elas se juntavam alguns modestos figurantes atraídos pelos baixos salários. Houve muitos realizadores anônimos e atores mais desconhecidos ainda.

O filme pornográfico mais antigo de que se tem notícia é *O escudo de ouro ou o bom albergue*, realizado na França em 1908: história de um soldado com uma doméstica. Em 1910, o alemão *Ao entardecer* mostrava uma mulher masturbando-se no quarto e a seguir cenas de felação e penetração anal com um parceiro. Considerados ilegais, tais filmes, distribuídos discretamente, eram vistos de forma ainda mais discreta. Sua posse ou visualização eram passíveis de prisão.

Esse conjunto de imagens sobre o sexo vai introduzir uma palavra no vocabulário das pessoas: "proibido". O adjetivo fixava os limites além dos quais os comportamentos se tornavam "ilícitos". Mas sabia-se que transgredir proibições era exorcizar o tédio das realidades biológicas. Imagens licenciosas em quadrinhos, filmes e fotos demonstravam a lenta, mas inevitável liberação dos espíritos pela prática do prazer físico. Vagarosamente, ficariam para trás higienistas e moralistas. Pois a maioria queria comer do fruto proibido. Mal sabiam que teriam que esperar mais de setenta anos até ouvir o grito: "É proibido proibir!".

O RIO NU

Se há uma publicação que reuniu a "pornografia" das primeiras décadas do século XX, essa foi o *Rio Nu.* Repleto de piadas maliciosas, canções e poemas de duplo sentido, o jornal foi fundado em 1900 e durou até 1916, circulando na capital da República. Nele, charges misturavam-se a folhetins com histórias "apimentadas" e uma grande participação dos leitores que, no lugar de jornalistas, abasteciam a revista de "causos" recheados de passagens provocantes e títulos que seguiam a mesma linha: "A mulher de fogo", "Faz tudo...", "A pulga", "Roçando", "O consolador", etc. Segundo o redator, os contos, escritos em "linguagem ultralivre, contendo uma gravura cada um, narram as mais pitorescas cenas de amor para todos os paladares". Caricaturas não faltavam: duas mulheres seminuas conversando e a legenda:

> "– Eu não gosto do Edmundo que é rapaz muito interesseiro; não mete prego sem estopa.
>
> – Deveras? Eu não sabia. Garanto-te que comigo ele nunca falou em estopa. Só mete com vaselina."

Além de artiguetes, a folha era animada por concursos de perguntas e respostas num máximo de oito versos, formuladas e respondidas também por leitores, podendo ser "em quadras, sextilhas, ou oitava, à vontade", explicava a redação. Um exemplo:

"Para a pergunta:
Se agradar quer n'esta vida,
Se nua agrada a qualquer,
– Por que razão a mulher
Há de sempre andar vestida?

Recebemos a resposta seguinte:

É que estando a mulher bem coberta
Nunca mostra o seu corpo roliço
E não deixa sequer, greta aberta
Onde possa meter-se o... feitiço."

Assinava a pérola, certo "Nicocles".

A revista trazia uma seção chamada "Nas zonas", que tratava apenas de histórias passadas nas zonas de prostituição, não se sabe se reais ou fictícias, mas sempre contadas pela clientela. Jornalistas? Nunca, por isso mesmo o editor anunciava: "O *Rio Nu* não tem repórter algum nas zonas para dar ou não dar notas nesta secção; todo aquele que se apresentar como tal é um intrujão e deve ser tratado como merece". A revista era a coqueluche dos homens, então. Sua periodicidade era alimentada por concursos como "Concurso das zonas", que buscava eleger a mais bela prostituta. As vencedoras eram eleitas pelo voto dos leitores, que deveriam recortar o cupom impresso no jornal, preenchendo-o e enviando-o à redação.

Num deles, o prêmio oferecido à vencedora foi uma pulseira de ouro 18 quilates, que ficou em exposição na "Casa Cruz, à Travessa de S. Francisco de Paula, n. 20". A mais bela foi Judith R. Silva, nome de guerra Mignon, com 6125 votos. Em seguida vieram Eponina (5176), Marieta Meleca (4621), Maria "500 réis" (3008) e Bugrinha (1882), entre as muitas votadas.

O *Rio Nu* difundia, também, muitas propagandas de remédios contra doenças sexualmente transmissíveis, em especial gonorreia e sífilis. Ou daqueles que garantiriam infatigáveis ereções, como "A Saúde do Homem – o único que cura a impotência". Entre as novidades encontravam-se as seções "Pelos teatros" e "Crônica teatral", dedicadas ao mundo e aos protagonistas do palco, além do disputado suplemento "O Bichinho", dedicado ao jogo do bicho, dando dicas e apresentando estatísticas dos últimos resultados.

O sucesso do *Rio Nu* era garantido por imagens de nudez feminina. Nudez que não era mais sinônimo de pobreza, mas de lubricidade, insistentemente sugerida em fotos e palavras. A partir de 1910, tais imagens se multiplicam e revelam o que até então não se via. Logo na capa da primeira edição do ano, um cartum enorme reproduzia uma mulher totalmente nua, de costas, levemente inclinada e olhando para trás sorrindo para um jovem que a observa. O título convidava: "Boas entradas".

Apareciam também quadrinhos – antes mesmo dos *dirty comics* americanos e cerca de quarenta anos antes de Carlos Zéfiro. Em seis imagens, contavam histórias cheias de insinuações sexuais e vivacidade: "Esperteza de marido", "Um *interview* complicado", "As toaletes de Nelita", etc. Não só os quadrinhos acendiam a imaginação masculina, mas suas páginas ofereciam um variado número de propagandas de livros com temas "sugestivos". A própria publicação vendia em seu escritório muitas obras que integravam a "Bibliotheca d'O Rio Nu":

> "Acham-se à venda em nosso escritório os seguintes romances:
>
> *Uma vida amorosa* – História de uma mulher de sangue quente, em que são descritas cenas da mais requintada luxúria, acompanhadas de sugestivas gravuras. Preço 1$000. Pelo correio 1$500."

Em *Uma noite dos diabos*, a cobertura trazia uma mulher se despindo, sendo observada por um homem deitado na cama.

Mas se a imagem levava a melhor, o conteúdo apenas sugeria. As capas tendiam a ser provocantes. O recheio, contudo, hoje seria considerado inocente. Nele, até a prostituta é casta.

"O comandante fechou a porta sem tirar a chave, aproximou da sua amante, beijou-a demoradamente e acariciou o seu ouvido com estas palavras ditas em tom carinhoso e suplicante:

– Despe-te.

– Já sabes o meu costume: apaga a luz.

– Não, não, com luz é melhor.

– É pecado.

– Não digas crendices. Para o amor não há pecados.

– E o pudor?

– O pudor nos é uma necessidade e uma hipocrisia. Por que te hás de deliciar com o sentido do tacto e ser privada do gozo da vista? Necessito ver esse corpo que tanto adoro; quero extasiar-me na muda e egoísta contemplação da beleza que em ti reuniu a natureza; não me contento com a posse brutal do macho, quero também a entusiástica contemplação do artista. Despe-te.

– Não, n'outro dia te farei a vontade, mas hoje tens d'apagar a luz.

O Trifão tornou a suplicar e como a força das palavras ia acompanhada pela das carícias, a amante acabou por dizer:

– Tiranete! Fazes de mim o que queres.

– Acedes?

– Como negar-te um capricho pedido como pedes as coisas?

– Agradecido.

E o Trifão premiou a condescendente fêmea beijando-lhe nos lábios ardentes."

O Rio Nu pagou um alto preço pela ousadia. No dia 30 de março de 1910, saiu matéria intitulada "*O Rio Nu* e o Correio Nacional". Nele, escandalizados, os redatores se posicionavam contra a decisão do diretor-geral dos Correios, sr. Joaquim Ignácio Tosta, que proibiu o trânsito do *Rio Nu* e outras “publicações obscenas” na repartição. Nada de atentar contra os bons costumes. Essa medida não enfureceu apenas o pessoal do *Rio Nu*, mas também outros jornalistas. A matéria trazia a transcrição de artigos publicados pelo *Correio da Manhã* e da *Gazeta de Notícias*, solidários contra a medida, chamada de “censura postal”. Era um atentado à liberdade da imprensa! Tachado de carola, religioso militante e de pertencer ao Círculo Católico, o diretor dos Correios era atacado por tentar abafar a circulação do jornal que fazia as delícias masculinas.

Iniciava-se aí uma campanha que seguiria pelos meses seguintes. Os leitores seguiam ávidos todos os lances: ora mais nus, ora menos. Uma charge publicada em outubro do mesmo ano ilustrava bem a questão. Ela mostrava um nu frontal. Só que nada se via: seios, coxas e etc. O título em letras garrafais explicava: “Perseguição ao nu”. E na legenda, os seguintes versos:

“Sem medo, podem olhar
Os homens os mais pudicos
Sem receios de fanicos
Sem terem do que corar...
Preferia os meus encantos
Mostrar em plena nudez
Mas agora há tantos santos
Que querem matar de vez
O bom gosto dos rapazes,
Que a gente mesmo receia
Apresentar-se aos sequazes
Metida em roupa de meia
Eu sou capaz de fazer
Ainda assim, uma aposta
Que em *maillot* me vendo, o Tosta
Há de ainda enrubescer...”

A partir de novembro de 1910, a batalha parecia ganha para os leitores. Em vez de charges, publicavam-se fotografias e cartões-postais de mulheres despidas. Retiradas da revista francesa *En Costume d'Eve* e da coleção francesa *La Venus Moderne*, vinham acompanhadas de versos que as descreviam poeticamente. Tais fotografias continuaram; agora sob o nome de "Galeria Artística", eram numeradas e colecionáveis. Um anúncio advertia também que, apesar do sucesso, "o preço não subia".

E *O Rio Nu* não oferecia só fotos isoladas. Havia as coleções de cartões-postais.

"Temos à venda uma interessante coleção de cartões-postais alegres, nitidamente impressos, representando cenas admiráveis de gosto e variedade. Custa cada coleção, que se compõe de 10 postais, apenas 2$000, pelo correio 2$500."

"Uma aventura – Lindíssima coleção de vistas em que se conta a aventura do Zé Nabo com uma 'senhora' de nome sugestivo" ou a Coleção colorida, em papel couché com nove fotografias "tiradas ao natural, representando uma mulher que dois apaches obrigam a executar, com eles, diferentes cenas de amor [...] é uma delícia para os olhos e para o espírito, pela nitidez e verdade das cenas".

O Rio Nu garantiu aos nossos avós o acesso às imagens e textos pornográficos, acompanhando a tendência em curso na Europa. E os fotógrafos das primeiras décadas do século XX davam conta da vida íntima, inspirados nos nus clássicos ou mitológicos. Para capturar imagens, tinham um estilo alegre e bonachão que mais tarde desapareceu. Fotos ditas "licenciosas" demonstram uma liberdade de expressão e comportamento de maneira direta e sem artifícios estéticos. Era o olhar do fotógrafo e não o mercado que definia o desejo. E esse olhar só via a carne, nada mais do que a carne. E carne de mulheres *in natura*: gordas, suculentas, peitudas, magrelas, era o "vale-tudo", contanto que houvesse nudez.

O sucessor dessa literatura foi Carlos Zéfiro, *nom de plume* do pacato funcionário público Alcides Caminha. Conhecidos por "catecismos", pois cabiam no bolso da calça, comprados às escondidas ou disputados à tapa, tais quadrinhos feitos a bico de pena continham todo o universo erótico masculino. Os títulos ambíguos só faziam aumentar a curiosidade: *Aventuras de João Cavalo, A pagadora de promessas,* entre outros. Nas posições mais escabrosas, "boazudas" com o corpo de violão se responsabilizavam pelos prazeres solitários de adolescentes, que, no mais das vezes, acabavam no banheiro, melando páginas e combatendo espinhas.

4.

Olhares indiscretos

UM VELHO FANTASMA: ABORTO

Além da nudez e da prostituição, um velho fantasma assustava nossos avós: o aborto. Textos de cronistas e médicos entre os séculos XVI e XVIII já comentavam o fato. Ingerir ervas, carregar fardos ou dar pulos eram manobras conhecidas para fazer o fruto renunciar. Em caso de desespero, recorria-se a todo tipo de objeto pontudo: de agulhas a canivetes, de colheres a tesouras de costura ou espetos de cozinha. Temia-se mais a gravidez indesejada do que a morte por infecção. Viajantes de passagem pelo Brasil observaram a venda de ervas abortivas, como a arruda, pelas ruas das cidades. Em tabuleiros, as escravas costumavam oferecê-las de porta em porta. Entre mulheres murmuravam-se, baixinho, fórmulas para dar fim ao problema: provocar vômitos e diarreias violentos era uma delas. Todas as mulheres conheciam alguma solução.

Até o século XIX, a Igreja tinha certa tolerância em relação ao aborto. Acreditando que a alma só passava a existir no feto masculino após quarenta dias da concepção, e, no feminino, depois de oitenta, o que acontecesse antes da "entrada da alma" não era considerado crime nem pecado. Tudo se complicava, porém, se pairassem dúvidas sobre o aborto ser resultado de uma ligação extraconjugal.

Diante do Estado, leis discutiam se o aborto fora voluntário ou involuntário. Surgiram normas contra as abortadeiras, a partir de 1830. Uma delas condenava a cinco anos de trabalho forçado quem praticasse o aborto, ainda que com o consentimento da gestante. Esta escapava impune.

O Código Penal da República, promulgado em 1890, passou a punir a mãe que arrancasse o filho do ventre: cinco anos de reclusão com pena reduzida a um terço em caso de "defesa da honra". Ficavam isentos os abortos realizados para salvar a vida da gestante.

A partir de 1894, a medicina legal deu sua contribuição ao assunto. Introduziu-se o "exame de corpo de delito", antes feito por boticários, e, depois do Código da República, por "peritos oficiais" médicos. Exames químico-toxicológicos permitiam identificar se o aborto fora provocado e qual o tempo de gestação do feto. Um deles consistia em injetar a urina da acusada numa coelha. Se houvesse alterações nos ovários do animal, o aborto estaria confirmado.

No início do século XX, o controle da natalidade se converteu em questão de interesse público: o problema "populacional" era importante para pensar-se o desenvolvimento nacional, articulando-se com os debates que animavam os homens públicos na época. A natalidade era fundamental não só para a continuação da espécie – argumento secular –, mas para a sociedade. Medicina e política davam-se as mãos, prescrevendo normas para o comportamento reprodutivo. O aborto entrou na mira das autoridades. Passou a regular-se a diferença entre contracepção e aborto. Isso foi importante, pois, até poucas décadas atrás, contraceptivos e abortivos eram anunciados em jornais e revistas, vendidos em farmácias ou em domicílio. Muitos "medicamentos para mulheres" disfarçavam abortivos. E o que dizer de sua adoção, sem maiores dramas de consciência? A vida burguesa e urbana conduziu a um controle individual das mulheres sobre sua sexualidade. E há quem diga que a contracepção foi um aspecto fundamental da formação da sexualidade burguesa.

Isso porque, durante o Estado Novo, valorizou-se a ideia de coesão social necessária para fortalecer a pátria. Esse apelo implicava a definição de um modelo de família que expurgaria todas as ameaças à ordem: imoralidade, sensualidade e indolência. A população suspeita de incorrer nesses "delitos" sofria repreensões. O papel da mulher não era na rua, trabalhando, mas em casa, cuidando dos filhos. E de todos. Nada de controlar o tamanho das famílias, mas de cuidar dela para não produzir casamentos desfeitos com suas consequências: alcoolismo, delinquência, marginalidade.

A questão da reprodução atravessava essa agenda e cabia à medicina legal e ao médico tratar os delitos relacionados ao sexo. Num dos mais completos trabalhos apresentados à Faculdade de Medicina do Rio de Janeiro, Antonio F. da Costa Júnior diagnosticava: "As proporções a que, em nossos tempos, tem atingido esse crime, tão clara e perfeitamente previsto no nosso Código Penal, nos incita, ainda mais revoltados pela sua vergonhosa impunidade, a pôr em evidência a sua brutalidade e hediondez, e a procurar um meio de saná-lo, quer com medidas de ordem moral, quer com medidas de ordem legislativa".

Oswaldo Povoa, médico em Campos, no sul fluminense, em 1936, dizia ser o aborto um dos problemas principais da cidade onde clinicava. Seu número seria "infinito". Uma vez a maternidade local inaugurada, a sala de "infectadas" não esvaziava jamais. "Muitas procuram o profissional, ainda com a sonda criminosa introduzida no canal cervical", queixava-se, chocado. O preço do serviço era de dez a vinte mil-réis. E, numa época em que população grande rimava com desenvolvimento, concluía pesaroso: "A expressão 'a riqueza do pobre são os filhos' só existe de memória".

As causas de tanta "depravação"?

"A mulher casada que engravida na ausência do marido, a mulher frequentadora do meio chique e cuja gravidez lhe impede de continuar a comparecer a festas e reuniões, etc. A *demi-mondaine*, perturbada no exercício de sua profissão por uma gravidez inoportuna, a amásia que se vê surpreendida por uma gravidez inesperada, e finalmente a representante da classe burguesa, cujo modesto orçamento seria desequilibrado pela vinda de uma criança, que tem achado como único recurso para sua situação, a prática do aborto."

E martelando a tese de que o produto de uma gravidez pertencia ao Estado: "O produto da concepção normal não pertence só a mãe, ele pertence também ao Estado [...] a prática do aborto criminoso suprime o indivíduo, membro da família, de que se compõe o Estado".

Apesar do controle, os "fazedores de anjos" estavam em toda parte. Impunidade e hediondez são palavras que se associavam à prática exercida por profissionais ou curiosos. Sobretudo porque havia ali uma indústria rendosa. Nos jornais da capital publicavam-se, sem cerimônias, anúncios: "Mme. P... parteira e massagista, com doze anos de prática, possui uma descoberta para senhoras doentes, que não possam ter filhos, assim como tem outros segredos particulares; garante-se ser infalível; aceita parturientes em pensão". Ofereciam-se, também, "consultas grátis" e "cura radical sem dor, nem operação" para "evitar a gravidez", um eufemismo para abortar.

Em 1940, o novo Código Penal definia prisão de um a três anos para a gestante que abortasse, sem qualquer facilidade. Acrescia, contudo, que, em caso de estupro ou de risco de vida, admitia-se a operação. Eram os chamados casos "permissivos". Apesar dos cuidados legais, poucas mulheres foram punidas por aborto voluntário. A maioria tinha que enfrentar a repreensão social: polícia em casa, depoimentos de parentes e vizinhos, fofocas e humilhações. Acusadas de "amantes" de alguém, esse "alguém", contudo, raramente dava as caras.

Pesquisas sobre quem abortava indicam que eram poucas as amantes e muitas as mães de família: mulheres casadas, com vários filhos, tentavam a todo o custo impedir o crescimento da já numerosa família. Sabiam que mais rebentos seriam sinônimo de maior pobreza. Receitas para "fazer descer as regras" à base de artemijo, cipó-mil-homens ou casca de romã foram eficientes fatores de controle familiar, por décadas. Hoje, calcula-se em torno de 750.000 a 1,4 milhão de abortos no Brasil. O método clandestino ainda é responsável pela morte de muitas mães.

"BACANAIS" DE OUTRORA

Há autores que sublinham a esquizofrenia do brasileiro, um povo que adora e, ao mesmo tempo, repudia a sua vocação mais escancarada e libertina. Povo irreverente que tanto adora sexo quanto falar dele, mas que também não consegue se desvencilhar de um ranço moralista e extremamente conservador que ainda insiste em afirmar que tudo o que se refere a sexo é sujo e pecaminoso, e valoriza o sofrimento em detrimento do prazer. Mas, com uma história de tanta repressão, não é difícil entender as razões para o moralismo. E o outro lado?

Vamos observá-lo, sobretudo em determinados momentos: festas populares, danças e músicas. Estrangeiros sempre olharam tais manifestações com desprezo. Em especial quando as mulheres se mostravam fora do comportamento pudico exigido na época: braços para o alto, pernas e bocas abertas. "Dança obscena", feita de "volúpias asquerosas" ou "febres libertinas", era como se identificavam tais momentos em que a sensualidade levava a melhor. Não escapava o gingado de mulatas e negras capazes de atrair os homens, brancos ou negros, "com suas formas sedutoras e o cheiro de suas axilas". Tais cenas afastavam o "povo" do caminho de moralidade exigido pelo comportamento burguês, já sacramentado na primeira metade do século XX. É óbvio que nem todos os segmentos achavam que dançar, suar e brincar eram manifestações de atraso. E passavam longe do projeto de tornar o Brasil uma outra Europa.

Tanto o carnaval quanto as festas religiosas convidavam a excessos em que a sexualidade não se escondia. Por exemplo, a festa de Nossa Senhora da Penha, no Rio de Janeiro, segundo o capelão da irmandade, "transformava-se todos os anos em bacanal vergonhoso aviltado por crimes hediondos e desordens abomináveis". Era nas faldas do morro escarpado, sobre o qual repousa o templo, que as pessoas iam, "não levadas pela fé", queixa-se o padre, "mas para dar livre e impudica expansão ao libertinismo repugnante". Sexo e fé não rimavam. A imprensa criticava o que se considerava "verdadeira bacanal da Grécia ou Roma antiga".

O carnaval também colocava em cena a sexualidade posta de lado no restante do ano. A praça Onze, no Rio de Janeiro, ponto alto do encontro de camadas populares, promovia uma festa de "gritos e urros", segundo observadores, ao som de cuícas e pandeiros, onde morenas requebravam "como gatas, felinas e maliciosas, tentando branco e preto, louro e moreno, dançando e rodopiando", descrevia o jornal *O Radical* em 1933. Não escapou a Graça Aranha, escritor e diplomata, idealizador da Semana de 22 em São Paulo, as diferenças entre o carnaval de rua e aquele dos clubes fechados. No primeiro, triunfavam a negra e a mulata: "Fura a imobilidade um grupo de baianas, dançando, cantando, saracoteando a grossa luxúria negra, seguidas por gorilas assanhados de beiços compridos, tocando pandeiros, pulando lascivos".

Já nos bailes fechados, atos abomináveis se multiplicavam. Éter e cocaína rolavam livremente. Mulheres passando dos cinquenta atracavam-se com "rapazelhos de dezoito". Noivas esqueciam o compromisso e pulavam nos braços de outros. Não faltava o choro envergonhado da mocinha de boa família, apalpada ou espalmada. Problema dela, afinal estava vestida de *gigolette*, prostituta parisiense das mais reles. A poetisa Cecília Meirelles explicava a opção da fantasia que revelava mais do que escondia: "senhoras tranquilas sofrem silenciosamente o ano inteiro só com a esperança de aparecerem no carnaval, vestidas de *gigolettes*". Cronistas acusavam a promiscuidade reinante nos melhores ambientes, levando senhoras casadas a se comportarem como prostitutas: "muitas são as damas finas que se nivelam às hetairas nos clubes, nos bailes, nos três dias de orgia carnavalesca. Terminada a festa, porém, as prostitutas continuam no seu triste mister;

as elegantes, decaídas eventuais, tornam aos seus lares, tomam parte em ligas contra o álcool, deitam o verbo fulminando contra o vício", denunciava a *Revista Policial*, em 1927.

Ou a *Fon-Fon*: "meninas pudicas que não fumam, não bebem, não vão sequer sozinhas ao cinema, nos dias de carnaval, entram num café barato como qualquer homem, bebem com um simples desconhecido, praticam toda a espécie de loucura, satisfazem a todos os desejos de liberdade".

Já as esposas "que vivem para os filhos", essas podiam ser encontradas no High-Life, no Bola-Preta...

Nos anos 50, a cobertura de revistas como *O Cruzeiro* sublinhava as transgressões femininas. "O movimentado carnaval de três garotas, os bailes, as festas, as brincadeiras e o que aconteceu quando elas resolveram galgar no Trono de Sua Majestade Momo" era título de matéria fartamente documentada com fotos em que, fantasiadas de dançarinas de *can-can*, com saias curtíssimas, moças posavam em todas as posições.

Outra reportagem tinha como tema a farta difusão de beijos durante as festas de Momo. O título era "Beijos no carnaval" e o autor explicava: "O caso é que no carnaval o beijo impera livremente. Todos, ou quase todos se beijam. Não há malícia, creiam. A hipnose musical e os efeitos do álcool agem profundamente na personalidade de cada um. Parece que todos ficam mais simples, mais espontâneos. E beijam. Principalmente nos bailes. Beijos roubados, beijos apaixonados, beijinhos, beijos espetaculares. É o amor. É o retorno à simplicidade. Não procurem o lado escandaloso, nestas fotografias. O que há aqui é vida. Vida em uma das suas mais ricas manifestações".

E seguiam-se fotos e mais fotos de beijos...

O carnaval era visto como uma festa perigosa, depravada, na qual "as ligações mais secretas transparecem, em que a virgindade é dúbia e inútil, a honra, uma caceteação, o bom senso, uma fadiga". O desejo, sobretudo o feminino, engessado pelos bons costumes durante do ano, explodia nas fantasias e comportamentos espontâneos. Era "sem-vergonhismo" puro, no entender de alguns. Caminhada para a liberdade, no de outros.

A música também assinalava transformações nos comportamentos femininos, registrando o estarrecimento masculino diante de condutas que rompiam com valores tradicionais. O papel "superior" do macho estava sendo questionado. Eis por que se multiplicavam as composições sobre a mulher que renunciava ao lar para emancipar-se: "*Good-bye*, meu bem", gravada por Raquel de Freitas, ou "Dona Balbina", por Carmem Miranda, são bons exemplos. E os homens não ficaram de braços cruzados. A crítica feroz à liberação feminina, usando como alvo os cortes de cabelo, a redução do tamanho dos vestidos e o uso da maquiagem, veio na forma de composições como as que fez Francisco Alves com "Tua saia é curta" ou "Futurista". Em "Se a moda pega" ou "Cangote raspado", a queixa é contra moças que expunham a nuca aos rapazes, graças ao corte *à la garçonne*. Recusa ao namoro ou ao casamento? Frieza e maldade da nova mulher que emergia entre os anos 30 e 40. O resultado de tanta "leviandade", segundo os compositores, era o abandono e a solidão.

Mas as mulheres já tinham suas defensoras. A escritora Ercília Nogueira Cobra foi uma delas. Escrevendo contra a submissão na qual foram sempre colocadas, reagia: "Os homens, no afã de conseguirem um meio prático de dominar as mulheres, colocaram-lhe a honra entre as pernas, perto do ânus, num lugar que, bem lavado, não digo que não seja limpo e até delicioso para certos misteres, mas que nunca poderá ser sede de uma consciência. Nunca!! Seria absurdo! Seria ridículo, se não fosse perverso. A mulher não pensa com a vagina, nem com o útero".

Presa e interrogada, várias vezes, durante o Estado Novo, a paulista de Mococa escandalizou ao lançar suas contribuições para as letras brasileiras: *Virgindade anti-higiênica: precon-*

ceitos e convenções hipócritas e o romance *Virgindade inútil: novela de uma revoltada.* Considerada uma anarquista "ameaçadora" aos bons costumes, Ercília discordava da visão conservadora de então. Defendia a educação feminina como forma de evitar a prostituição de meninas pobres e acusava os "grandes hotéis, grandes chás, grandes transatlânticos", lugares do dinheiro e da burguesia, como os espaços por excelência do meretrício *chic.* A falta de igualdade da mulher em relação ao homem levava-a a acusar: "a única pornografia que existe é o mistério que se lança sobre o mais natural e inocente instinto da natureza humana". E mergulhava fundo na questão, revelando, por exemplo, que a falta de expressão sexual livre, entre as casadas, terminava por dobrá-las aos desejos dos maridos. Para as solteiras, restava a masturbação, exclusiva forma de preservar esse "bem inestimável": a virgindade, único passaporte válido para o casamento. Por agir assim, explicava, a mulher se considerava um objeto, pois criada exclusivamente para aceitar como padrão de comportamento a instituição do matrimônio. Fora disso e da vida religiosa, só existiria "degeneração". Para Ercília, o desgastado dilema "mãe ou prostituta" contribuía para a submissão sem freios da brasileira. Seus ensaios e romance defendiam a destruição dos valores da época, substituídos pelo direito e responsabilidade no exercício da liberdade emocional e sexual. Incentivo aos bacanais? Não. Mas à liberdade sexual consciente.

AVÓ DA PEDOFILIA: A CORRUPÇÃO DE MENORES

A palavra é recente, mas a questão não tem idade. O neologismo deriva de "pedófilo", de uso corrente no século XIX. Esse termo, por sua vez, substituiu o antigo "pederasta", que tomou um sentido especial como "amor de jovens meninos", mais tarde sinônimo de homossexualismo. A palavra derivou da expressão "pedofilia erótica" proposta por Krafft-Ebing, em 1886, no seu *Psicopatia sexualis*, para qualificar a atração sexual em relação às pessoas impúberes.

A pedofilia sempre existiu. Na Bíblia, há passagens no Gênese em que se oferecem crianças ou virgens da família aos algozes, para evitar sevícias sexuais aos hóspedes da casa. Na Roma antiga, senhores serviam-se de seus pequenos escravos, sobre os quais tinham poder de vida e morte. Desde as primeiras visitas do Santo Ofício às partes do Brasil, no século XVI, inquisidores assinalavam o estupro de crianças. Meninos e meninas de seis, sete e oito anos eram violentados por adultos sem nenhum drama de consciência. Senhores sodomizavam moleques ou molecas escravas, padres faziam o mesmo aos seus coroinhas, e parentes e crianças da família participavam de uma ciranda maldita na qual um único pecado contava para a Igreja: o do desperdício do sêmen. Afinal, ele deveria ser usado exclusivamente para a procriação. E era apenas esse crime que o inquisidor perseguia. O fato de ser cometido com pequenos passava despercebido. Era coisa secreta e o silêncio protegia os culpados.

Ao final do século XIX, o médico Francisco Ferraz de Macedo, em estudos sobre a prostituição no Rio de Janeiro, denunciava a exploração sexual de crianças "que preferiam indecências". Descrevendo-as com os narizes escorrendo, maltrapilhas, "olhar espantado e rosto macilento", diagnosticava sem piedade: "eis um mísero sodomita passivo dos mais desprezíveis".

No início do século XX, porém, o segredo foi rompido e passou de privado a público. O alarme soou e o Código Penal começou a sancionar as relações entre crianças e adultos. A partir da lei de 25 de setembro de 1915, o artigo 266, que se referia ao crime de corrupção, foi modificado para constituir dois parágrafos distintos.

"§1º Excitar, favorecer ou facilitar a corrupção de pessoa de um ou outro sexo, menor de 21 anos, induzindo-a à prática de atos desonestos viciando a sua inocência ou pervertendo-lhe de qualquer modo o senso moral.

"§2º Corromper pessoa menor de 21 anos de um ou outro sexo, praticando com ela ou contra ela ato de libidinagem."

Os primeiros escândalos vieram à tona na França. Numa época em que a Igreja e o Estado se digladiavam para saber a quem caberia a educação, pública ou privada, emergiam notícias sobre "a pedofilia de pedagogos". Nas últimas décadas do século XIX, o combate em favor da escola pública apoiava-se na defesa de professores laicos. Isso porque alguns padres já tinham sido condenados à prisão e degredo por molestar alunos. Em outros casos, além da Igreja, a própria família mergulhava em silêncio conivente.

Para discutir a questão, Crisólito de Gusmão publicou, em 1920, a obra *Dos crimes sexuais: estupro, atentado ao pudor, defloramento e corrupção de menores*. Por considerar o assunto de "maior atualidade" e assinalar a evolução das leis penais contra os que molestavam menores, o jurista antecipava: "a vítima atual" seria "a corruptora" no futuro próximo. E essa eram os "velhos afetados de isocronia sexual", a maioria com mais de cinquenta anos: "o extremo da idade das vítimas está em correspondência inversa com a dos agentes, comprovando-se que sobre 4315 vítimas de tais delitos, 1500 são de idade de 3 a 6 anos (!) e 1310 maiores de 6 e menores de 12 anos, e isso porque como já o demonstramos a excitação sexual em certos pervertidos senis somente se pode produzir pela relação inversa da idade, de modo que, como o fizemos sentir, à medida que a idade dos delinquentes se eleva a das suas vítimas se abaixa numa correspondência horrenda e pasmosa, se tem bem nítida impressão da extrema gravidade social de tal delito, no qual o maior coeficiente de criminalidade é dado pelas pessoas de idade já amadurecida e avançada que se deleitam com o despertar de ocultos apetites e, impotentes, se satisfazem na mórbida contemplação do desfolhar da inocência".

Mas como se desfolharia a tal inocência? Da forma mais crua. Quem a descreve é o médico Hernani Irajá, que denominava a pedofilia de "parestesia sexual ou pederose".

"Alguns atraem com grande habilidade as pequenas vítimas, mimoseiam-nas com presentinhos, brinquedos, doces; cativam-lhes pacientemente a confiança até chegar o momento propício. Outros utilizam-se de vários planos e usam até as ameaças e a violência. Em geral, tais indivíduos contentam-se com toques imorais, apalpadelas e masturbação mútua; outros vão mais longe, empregando as *topoinversões*, tais como a sodomia, o *cunnilingus*, o *fellatio*, a *paedicatio*, o coito *inter femora*, etc. Alguns chegam a violências maiores, praticando o estupro."

Variados eram os casos contados pelo médico. Atores, inúmeros! Desde o "intelectual, poeta e pervertido sexual", casado, pai de filhos que atraía meninas de seis a doze anos com quem praticava coito axial e *cunnilingus* até meretrizes que abusaram de um garoto de oito anos! Irmãos com duas meninas de quatro e seis anos ou "uma moça, filha de distinta família que, secretamente, ensinava posições e movimentos lascivos a crianças, para que representassem imitações de cópula, gozando ela com isto".

Segundo tais especialistas, as causas da pedofilia decorriam do "esfalfamento sexual" e eram produzidas por embriaguez alcoólica. E seus atos realizados por idiotas e dementes, sobretudo os "dementes senis". E esclarecia: "A pederose faz parte das cronoinversões, isto é, inversões de tempo ou idade". Se ela se manifestasse num homem jovem era porque este estaria atacado de decadência senil. "Seria imprudente julgar o culpado de um atentado sobre uma criança apenas pela sua aparência física: ele poderá parecer robusto, mostrar-se bem conformado e, no entanto ser vítima de um começo de impotência sexual", explicava outro médico, o dr. Bourdon, que acreditava na eficácia dos tratamentos da tiroide para tais "perversos e sádicos". Ou na eficácia das técnicas de outro doutor, o Freud: "A pederasia pode combinar-se com a inversão. É provável que a sua eclosão possa ser provocada por emoções violentas na infância, e que então a psicanálise a possa curar [...] A causa psíquica que faz agir o autor desses atentados é frequentemente a vergonha de uma impotência viril. A criança ou a menina, ignorante, não se dá conta do estado do parceiro e se submete docilmente a essas fantasias que causarão a ereção".

No combate à pederasia ou pederose, importantes, segundo os estudiosos, eram os esportes e o regime alimentar correto, "sobretudo a marcha e os passeios ao ar livre". Mas os exercícios físicos não foram suficientes para diminuir o abuso sexual contra crianças. Mais à frente, a "pederasia" converteu-se em pedofilia, inclusive com o aparecimento na Europa, nos anos 1970, do "militantismo pedófilo". Os casos multiplicados de abuso sexual exporiam publicamente o que antes era segredo: a destruição da inocência.

DOS ALMOFADINHAS A TARZÃ: SER HOMEM!

Gilberto Freyre foi pioneiro em afirmar que, numa sociedade patriarcal, o corpo era marcado por diferenças de gênero. "Cada um como cada qual", dizia o ditado popular. Nada de equívocos. Bordões como "a mulher que é, em tudo, o contrário do homem" sintetizavam as formas de pensar. Curvas, cabeleira comprida e adereços eram coisas femininas. Por seu lado, o homem moderno foi construir sua masculinidade. Masculinidade não mais fundada apenas na coragem e na honra, como no século anterior. Emergiam novos comportamentos: a palavra tomava o lugar do gesto, a competência se sobrepunha à dominação e a mediação substituía o confronto. Renunciava-se aos duelos, abandonava-se a faca, forjava-se um ideal novo: o homem educado, senhor de suas paixões, com hábitos burgueses deveria tomar a frente da cena, tornando-se um trabalhador útil ao país. Ele se vestiria de negro, impondo a formalidade. Acessórios? Só alfinetes de gravata, relógios, abotoaduras, chapéus e guarda-chuva. Nas mãos, a aliança. O bigode ou outras pilosidades faciais marcavam, nos rostos, a maturidade sexual. O esportista, no campo de futebol, nas águas da piscina ou no ringue, ou o militar, em tempos de guerras, cada qual no seu uniforme, fazia suspirar as moças. Os espaços masculinos também se ampliavam. Escritórios, bares ou sindicatos alimentavam redes de sociabilidade e consumo. Jornais e revistas expandiam o espectro de possibilidades: idas ao Jockey Club ou aos estádios. Consumo de Dynamogenol ou NutrioN para aumentar as forças "nas lutas da existência". Praias e piscinas esculpiam os corpos masculinos por meio do fisioculturismo, colorindo-os com "raios de sol".

A valorização da força física como fator de desenvolvimento da sociedade engendrava outras formas de práticas, agora também fundadas em conceitos estéticos. O corpo musculoso e forte tornava-se signo de beleza e era revelador de boa saúde. Entravam em cena halteres e pesos. Valores como resistência, autoridade e competição simbolizavam a afirmação da masculinidade.

Tais mutações escoravam-se nas mudanças econômicas. A prosperidade alimentava os sonhos de ascensão social. Junto a isso, havia a aspiração de alargar horizontes e formar melhores brasileiros. Na vida privada, a atenção crescente dada à família, aos filhos e ao casamento exige uma adequação entre a casa e a rua. Isso porque a imprensa promovia a nova masculinidade, associando-a a "caráter, trabalho duro e integridade". O bom macho era também bom pai de família e provedor.

Na contramão desse ideário encontravam-se os homens que fugiam às regras na conduta e na indumentária. Qualquer sugestão de feminilidade era ferozmente perseguida. Revistas como a *Selecta* ou a *Fon-Fon*, entre os anos 20 e 30, ridicularizavam as "figuras dúbias" de "almofadinhas e libélulas" com "cabelos lustrosos e rosto polvilhado". Representantes de uma época decadente, tais homens eram vistos como doentios e indecorosos: "gostam de usar calças muito apertadas, para que lhes vejam o arredondamento das nádegas", denunciava o médico Ernani de Irajá. Eram o oposto do "burguês bem-sucedido".

Discussões sobre a origem ou as causas dos "estados intersexuais" apaixonavam médicos. Havia quem tentasse explicar os "missexuais" ou a mistura dos dois sexos em um. Mas não importavam as interpretações. A homossexualidade era considerada, além de imoral, uma anormalidade. Durante os anos 30, o médico Leonídio Ribeiro consagrou-se graças a estudos sobre endocrinologia, relacionando-a com as "anomalias do instinto sexual". Estas seriam o reflexo de mau funcionamento das glândulas. O remédio era o transplante de testículos, inclusive de carneiros ou de grandes antropoides. Afinidades entre homossexualidade e criminalidade? Todas. O crime era uma decorrência da paixão que "invertidos" nutriam entre si. Num quadro de guerras mundiais e de reforço do nacionalismo, homossexuais transformavam-se em bodes expiatórios.

"O homossexualismo é antissocial. É a destruição da sociedade; é o enfraquecimento dos países [...] a maioria dos pederastas não se casa, não constitui família; portanto, não contribui para o engrandecimento, para o desenvolvimento da sociedade e do país. Se o homossexualismo fosse regra, o mundo acabaria em pouco tempo", apregoava o médico Aldo Sinisgalli. A repressão e o preconceito contra a diferença só faziam aumentar.

O mundo masculino defrontava-se, assim, com novas dimensões que o obrigavam a adotar uma forma ideal. A exibição corporal incentivada pelos novos tempos deveria expressar os papéis sociais aceitos para homens e mulheres. Eles deviam demonstrar atitude, atividade, postura propositiva; elas, ao contrário, apenas leveza e suavidade. Elaborava-se a masculinidade contrastando-a com a feminilidade. E o cinema, notadamente o americano, só veio jogar água no moinho das diferenças de gênero. O espetáculo do herói e o culto ao corpo alimentavam códigos estéticos que bombardeavam os machos brasileiros com estereótipos.

Segundo alguns autores, Hollywood ajudou a construir não só comportamentos adequados como também uma identidade nacional, no início do século XX. Tratava-se da difusão de ideais e da utilização de heróis como força de expressão. Nas telas, eles encarnavam a revanche na guerra, a condenação aos desajustes da sociedade, os guerreiros virtuosos do esporte.

Atletas começam a participar de filmes como atores, entre os quais Johnny Weissmuller, ex-atleta de natação e o mais famoso Tarzã, além de alguns famosos lutadores de boxe. Encarnando a imagem de "lutadores", ainda tinham que ser sexualmente ativos e sustentar financeiramente a família, exercendo a autoridade e o poder – quando não a força e a violência física – no meio familiar e no trabalho. Marcas corpóreas como cicatrizes, cortes, arranhões, tatuagens, mutilações comprovavam o desempenho do homem em sua trajetória de heroísmo; eram provas de uma história exibida com orgulho, impondo respeito. Eram as demonstrações concretas da valentia e da luta, base da cumplicidade entre machos e contraste com os corpos de pederastas e "missexuais".

A questão da virilidade associada às lutas físicas ou morais expandia-se nas metáforas linguísticas utilizadas constantemente nos conflitos: "mostrar o pau", "meter o pau", "botar o pau na mesa". O órgão masculino era comumente definido como "pau", "porrete", "pistola", "canhão", "espada".

Essa ideia de virilidade surgia ainda nos esquemas maniqueístas típicos dos filmes de então. Neles, o oponente, representado como cruel, desonesto e supostamente mais bem treinado, mais forte e com mais condições de vitória, desfilava com um sem-número de mulheres retratadas como fúteis, mais interessadas em seu físico e em seu dinheiro do que em algo "sério", como a constituição de um lar. Ao mesmo tempo, as mulheres "honestas" sabiam que seu papel era servir de apoio para a carreira do marido, um herói, e não se prestar ao papel de "pistoleiras". Para a figura feminina, recuperava-se a velha oposição entre mães e prostitutas, dualidade característica da sociedade patriarcal.

Isso não foi tudo. A partir dos anos 40 e 50, revistas como *O Cruzeiro* apostavam nas notícias sobre esse novo homem identificado com as mudanças do tempo. Tópicos sobre concursos de fisiculturismo pipocavam: "Bonitões em desfile", anunciava o Campeonato Nacional de Melhor Físico de 1949. A manchete "Músculos em revista" tratava do 1º Campeonato Nacional de Levantamento de Pesos e a escolha do Melhor Físico de 1950. As matérias eram ricamente ilustradas com fotos, ressaltando os "atletas" em diversas poses e em trajes mínimos, impressionantes até para os dias de hoje. A intenção da revista era explorar a sensualidade de corpos masculinos, algo, diga-se, definitivamente novo!

PREPARANDO GRANDES RUPTURAS

Mudanças não chegaram da mesma maneira em toda parte. No interior, o peso da moral espantava os padres jesuítas que, em 1925, percorriam vilarejos em "missão" espiritual. Um deles, escrevendo aos superiores, comentava que tinha dificuldade em confessar os jovens, não porque houvesse "consciências enredadas", mas porque esses eram ignorantes e não tinham conhecimento suficiente para pecar. E acrescentava: "E com que ingenuidade respondem ao padre que os interroga, com essa expressão admirativa e repulsiva, 'Virgem Nossa Senhora!'".

A Igreja também acreditava que pessoas mais velhas não pecavam. O diálogo do confessor, captado por Nelson Rodrigues, é fotográfico: "E súbito o padre pergunta: 'Que idade tem a senhora?'. Disse, espantada: 'Sessenta'. 'Sessenta' o outro insiste: 'Sessenta? A senhora disse sessenta?'. Percebeu que o padre ia num crescendo de irritação. Ele continua: 'E a senhora vem para cá com sessenta anos?'. Aterrada balbuciou: 'Como? O que é que o senhor está dizendo?'. E o padre: 'Isso não é idade de se pecar, minha senhora. Aos sessenta anos ninguém peca. Quer dar o lugar à próxima. Passar bem, minha senhora'".

A impressão que se tem é que, no Brasil dos anos 50, jovens e velhos não podiam pecar. A época assistiu, porém, a um período de ascensão da classe média. Com o fim da Segunda Guerra Mundial, o país contabilizou o crescimento urbano e a industrialização sem precedentes que conduziram ao aumento das possibilidades educacionais e profissionais. As distinções entre os papéis femininos e masculinos, entretanto, continuavam nítidas; a moral sexual diferenciada permanecia forte e o trabalho da mulher, ainda que cada vez mais comum, era cercado de preconceitos e visto como subsidiário ao trabalho do "chefe da casa". Se o país acompanhou, à sua maneira, as tendências internacionais de modernização e emancipação feminina – impulsionadas com a participação das mulheres no esforço de guerra e reforçadas pelo desenvolvimento econômico –, também foi influenciado por campanhas estrangeiras que, com o fim da guerra, passaram a pregar a volta das mulheres ao lar e aos valores tradicionais da sociedade.

Na família, os homens tinham autoridade e poder sobre as mulheres e eram responsáveis pelo sustento da esposa e dos filhos. A mulher ideal era definida a partir dos modelos femininos tradicionais – ocupações domésticas e o cuidado dos filhos e do marido – e das características próprias da "feminilidade", como instinto materno, pureza, resignação e doçura. Na prática, a moralidade favorecia as experiências sexuais masculinas enquanto procurava restringir a sexualidade feminina aos parâmetros do casamento convencional. Nesse cenário, moviam-se moças de família *versus* levianas, galinhas *versus* moças para casar, vassourinhas e maçanetas. "Dar-se ao respeito" era uma palavra de ordem. "Não casar" era sinônimo de fracasso e interromper carreira, na chegada do primeiro filho, considerado normal. As esposas dos "anos dourados" eram valorizadas por sua capacidade de responsabilizar-se pela felicidade doméstica, "conquistando o homem pelo coração, mas conservando-o pelo estômago". Os casais viviam o dia a dia em mundos diferentes, partilhando poucos interesses comuns fora do âmbito familiar. Mulheres inteligentes e cultas eram incentivadas a ajudar os maridos, sem que este se sentisse humilhado. Em 1957, conselhos das revistas femininas preveniam: "Não se precipite para abraçá-lo no momento em que começa a ler jornal"; "Não lhe peça para ir ao cinema quando estiver cansado"; "Não telefone para o escritório para discutir frivolidades"!

As aventuras extraconjugais das mulheres eram severamente punidas. Como a honra do marido dependia do comportamento da esposa, se ela a manchasse era colocada de lado. Já a infidelidade masculina era explicada pelo comportamento "naturalmente poligâmico" do homem. Em casa, a paz conjugal deveria ser mantida a qualquer preço e as "aventuras" consideradas como passageiras.

Os hábitos cotidianos tinham sua contrapartida no imaginário. No cinema e nas revistas, multiplicavam-se as fotos de artistas, olhos nos olhos, perdidos de "paixão". Nas telas, os beijos eram sinônimo de *happy end*. Beijos se tornam mais demorados, uma verdadeira arte da sucção bucal se instala e todos a imitam. O de Regis Toomey e Jane Wyman em *You are in the Army now*, de 1941, demorou 3 minutos e 5 segundos: um recorde. Beijar também passa a ser sinônimo de namorar. O carro tornou-se um substituto para os hotéis, onde um casal só entrava exibindo atestado matrimonial. Mas, mesmo nos círculos mais modernos, permaneciam algumas diferenças: a do namoro sério, para casar, e o outro, em que a satisfação imediata era o objetivo. Há mudanças? Sim. As pessoas começam a beijar-se, a tocar-se e a acariciar-se por cima das roupas. A anágua e a combinação, por exemplo? Obrigatórias. Mas tudo o que parecia pôr um fim à sexualidade culpada convivia com conveniências hipócritas, com a vergonha do próprio corpo. Nessa época, "amar" ainda era sinônimo de "casar".

O cinema também ajudou a construir uma mitologia sobre o nu feminino nas telas. Em Hollywood, apesar do reino da censura, Cecil B. DeMille contrariou os códigos do puritanismo em *Enganar e perdoar*, em 1915, ou em *O barqueiro do Volga*, de 1926. Eric Stroheim ostentou orgias em *A marcha nupcial*, de 1925, e abordou a questão do fetichismo, com a exibição da calcinha de Glória Swanson. Um produtor de filmes americano, Howard Hughes, criou um longa-metragem para que a fogosa atriz Jane Russel pudesse exibir suas formas. O filme *O proscrito*, rodado em 1941, mas cuja exibição foi retardada pela censura até 1948, foi pretexto para uma observação minuciosa da atriz. O *script*, em cada cena, trazia indicações precisas sobre as roupas ou *lingeries* que ela deveria usar. Embora não trouxesse nenhuma cena de nudez, o filme tornou-se uma referência para ilustrar a obsessão masculina pelo corpo feminino. Enquanto isso, na Europa dos anos 30, Marlene Dietrich exibia sua sensualidade sem complexos em *O Anjo Azul*, e o diretor tcheco Machatý despia totalmente Hedy Lamar e mostrava-a atingindo o "êxtase".

A partir dos anos 30, os filmes produzidos no exterior entravam no Brasil sem pagar impostos. Em 1942, dos 409 exibidos, apenas um era brasileiro. Apesar do esforço dos diretores da Cinédia, Brasil Vita Filmes e Vera Cruz, com chanchadas, musicais românticos e dramas, as imagens que alimentavam o imaginário erótico eram estrangeiras.

Exceção à regra foi a dançarina e naturalista Luz de Fuego ou Dora Vivacqua. Nos anos 30, ela já desfilava nos carnavais da pequena cidade de Cachoeiro de Itapemirim com fantasias mínimas e transparentes, ou biquínis improvisados com lenços. Chegou ao auge da carreira apresentando-se nua, enrolada em cobras. Na década de 50, era a atração maior do carnaval carioca, escandalizando a sociedade por aparecer desnuda, na praia de Copacabana, em cima de um carro de sorvete. Em 1956, fundou uma colônia de nudismo, o Clube Naturalista Brasileiro, na ilha do Sol, na baía de Guanabara. Pioneiro na América do Sul, em sua fase áurea ele chegou a ter 240 sócios, apesar dos protestos da Igreja Católica.

ANOS DOURADOS

Luz del Fuego como modelo feminino? Pelo contrário. Em meados do século XX, continuava-se a acreditar que ser mãe e dona de casa era o destino natural das mulheres, enquanto a iniciativa, a participação no mercado de trabalho, a força e o espírito de aventura definiriam a masculinidade. Quanto às formas de aproximação e compromisso, o *flerte* – agora aportuguesado – continuava como o primeiro passo de um namoro mais sério. Regras mínimas para os encontros eram bem conhecidas. O rapaz devia buscar a moça em casa e depois trazê-la de volta, mas, se ela morasse sozinha, ele não poderia entrar; o homem sempre pagava a conta; moças de família não abusavam de bebida alcoólica e, de preferência, não bebiam; conversas ou piadas picantes eram consideradas impróprias; os avanços masculinos, abraços e beijos deviam ser firme e cordialmente evitados; a moça tinha que impor respeito.

Não importavam os desejos ou a vontade de agir espontaneamente, o que contava ainda eram as aparências e as regras, pois – segundo conselho das tais revistas, "mesmo se ele se divertir, não gostará que você fuja dos padrões, julgará você leviana e fará fofoca a seu respeito na roda de amigos". Durante os chamados Anos Dourados, aquelas que permitissem liberdades "que jamais deveriam ser consentidas por alguém que se preze em sua dignidade" acabavam sendo dispensadas e esquecidas, pois "o rapaz não se lembrará da moça a não ser pelas liberdades concedidas".

O noivado já era o compromisso formal com o matrimônio. Era um período de preparativos mais efetivos para a vida em comum. Era, também, um período em que o casal, se sentindo mais próximo do casamento, poderia tentar avançar nas intimidades. Cabia especialmente à jovem refrear as tentativas desesperadas do rapaz, conservando-se virgem para entrar de branco na igreja.

"Evite a todo custo ficar com seu noivo [...] a sós quando deixam-se levar pela onda dos instintos para lastimarem mais tarde, pela vida toda [...] vocês cometem o crime de roubar ao casamento, sensações que lhe pertencem, correndo o risco de frustrar a vida matrimonial", sublinhava *O Cruzeiro*. Era terminantemente proibido ter relações sexuais. Nada de "cair" ou "proceder mal" – eufemismos para o ato – quer por confiar no noivo, quer por temer que ele fosse se "satisfazer nos braços de mercenárias". O resultado era sempre ruim: "do romance tão auspiciosamente começado restarão pessoas desiludidas e infelizes".

Nas mesmas páginas de revistas liam-se as críticas às liberdades do cinema, do *rock'n roll*, dos bailes de carnaval e das "danças que permitem que se abusem das moças inexperientes". Valorizavam-se as fitas que ressaltassem bons costumes e personagens comportados circulando em lugares bem frequentados. Em alta: "a juventude saudável que sabe se divertir – sem escandalizar – e a brotolândia que dá exemplo de amor aos estudos e à família". No mundo adulto, perseguiam-se as transformações juvenis e a rebeldia. A preocupação era com "meninos e meninas que bebem *cuba-libre*, frequentam o Snack Bar em Copacabana, usam blusa vermelha e *blue jeans*, mentem para os pais, cabulam as aulas, não pensam no futuro e não têm base moral para construir um lar". Temiam-se as "lambretices e escapadas para a escuridão do Aterro" (do Flamengo).

A tensão entre as mudanças desejadas pelos jovens e o velho modelo repressivo era tanta que uma leitora escreve a *O Cruzeiro,* desesperada: "quando uma mulher sorri para um homem é porque é apresentada. Quando o trata com secura é porque é de gelo. Quando consente que a beije, é leviana. Quando não permite carinhos, vai logo procurar outra. Quando lhe fala de 'amor', pensa que quer 'pegá-lo'. Quando evita o assunto, é 'paraíba' [lésbica]. Quando sai com vários rapazes é porque não se dá valor. Quando fica em casa é porque ninguém a quer [...] Qual é o modo, pelo amor de Deus, de satisfazê-lo?".

Regras e advertências não foram suficientes para barrar algumas pioneiras que fugiam ao padrão estabelecido. Estas transgrediam fumando, lendo coisas proibidas, explorando sua sexualidade nos bancos dos carros, discordando dos pais e... abrindo mão da virgindade, e por vezes do casamento, para viver um grande amor. A moda do "existencialismo" chega às praias tropicais. Lê-se Sartre e Boris Vian. *O segundo sexo,* de Simone de Beauvoir, torna-se a bíblia das moças que se vangloriavam de "certo desgosto em viver", aproveitando para compensá-la com prazeres. Prazeres que acabaram em filhos que criaram sozinhas.

Algumas escaparam à pecha de levianas e malfaladas, de serem chamadas de "vassourinha" ou "maçaneta", mantendo a aparência de moça respeitável. Outras sofreram e foram abandonadas em consequência de comportamentos "indevidos ou ilícitos". Tais comportamentos podiam até mesmo inspirar muitos admiradores, mas essas jovens não se casariam, pois "o casamento é para a vida toda e nenhum homem deseja que a mãe de seus filhos seja apontada como doidivanas". Já as que se comportavam como "moças de família", não usando roupas sensuais, evitando ficar a sós no escuro, saindo só na companhia de um "segurador de vela", estas tinham mais chance de fazer um bom casamento.

Mantendo a velha regra, eram os homens que escolhiam e, com certeza, preferiam as recatadas, capazes de se enquadrar nos padrões da "boa moral" e da "boa família". A moça de família manteve-se como modelo das garotas dos anos 50 e seus limites eram bem conhecidos, embora as atitudes condenáveis variassem das cidades grandes para as pequenas, nos diferentes grupos e camadas sociais. No censo de 1960, 60,5% da população dizia-se casada no civil e no religioso.

Em contrapartida, relações sexuais de homens com várias mulheres não só eram permitidas, como frequentemente desejadas. Tinha-se horror ao homem virgem, inexperiente. Os rapazes procuravam aventuras com as "galinhas ou biscates", com as quais desenvolviam todas as familiaridades proibidas com as "moças de família". Sua virilidade era medida pelo número e desempenho nessas experiências: "ir à zona era preservar a menina de sociedade [...] o que o namorado não podia fazer com a namorada fazia lá. Tinha que ser lá, não podia ser com a namorada. E as meninas sabiam disso".

Havia também o fantasma do "aproveitador", que abusaria da ingenuidade feminina e, ao partir, deixaria o coração e, pior, a honra em pedaços. Outro horror era o "mulherengo", já comprometido, mas insaciável nos seus apetites. A contrapartida da moça de família era o "bom rapaz", "bom caráter, correto e respeitador", que jamais passaria dos limites da decência. Mas, se os ultrapassasse, estava perdoado: afinal, era a "natureza do homem" falando mais alto.

Uma vez "unidos pelo matrimônio", os ajuizados cônjuges viviam uma relação assimétrica. Vejamos sobre isso o que aconselhava *O Cruzeiro*, em abril de 1960.

"A felicidade conjugal nasce da compreensão e da mútua solicitude entre os esposos. Em uma união feliz, os cônjuges se complementam, porque cada um tem o seu papel naturalmente definido no casamento. E de acordo com esse papel natural chegamos a acreditar que cabe à mulher maior parcela na felicidade do casal; porque a natureza dotou especialmente o espírito feminino de certas qualidades sem as quais nenhuma espécie de sociedade matrimonial poderia sobreviver bem. Qualidades como paciência, espírito de sacrifício e capacidade para sobrepor os interesses da família aos interesses pessoais. [...] provando o quão compensador é aceitar o casamento como uma sociedade em que a mulher dá um pouquinho mais."

O bem-estar do marido era a medida da felicidade conjugal e esta adviria em consequência de ele estar satisfeito. E qual a fórmula para tal bem-estar? Seu primeiro componente eram as "prendas domésticas" de sua companheira. Afinal, a mulher conquistava pelo coração e prendia pelo estômago. Outro quesito: a reputação de boa esposa e de mulher ideal. Quem era esta? A que não criticava, que evitava comentários desfavoráveis, a que se vestia sobriamente, a que limitava passeios quando o marido estivesse ausente, a que não era muito vaidosa nem provocava ciúmes no marido. Era fundamental que ela cuidasse de sua boa aparência: embelezar-se era uma obrigação: "A caça já foi feita, é preciso tê-la presa", ou "Um homem que tem uma esposa atraente em casa esquece a mulher que admirou na rua". Jamais discutir por questões de dinheiro; aliás, o melhor era não discutir por nada. A boa companheira integrava-se às opiniões do marido, agradando-o sempre.

Brigas entre o casal? A razão era sempre do homem. Mas, se razões houvesse, melhor para as mulheres resignarem-se em nome da tal felicidade conjugal. A melhor maneira de fazer valer sua vontade era a esposa usar o "jeitinho": assim o marido cedia, sem saber. E, mais importante, sem zangar-se. Nada de enfrentamentos, conversa entre iguais ou franqueza excessiva. Se quisesse comprar um vestido, realizar uma viagem ou recuperá-lo depois de um *affair* extraconjugal, que usasse o jeitinho. Nada de ser "exigente ou dominadora". O melhor era sempre colocá-lo em primeiro lugar, agindo de forma "essencialmente feminina". O "temperamento poligâmico" dos homens justificava tudo: "mantenha-se no seu lugar, evitando a todo o custo cenas desagradáveis que só servirão para exacerbar a paixão de seu marido pela outra [...] esforce-se para não sucumbir moralmente, levando tanto quanto possível uma vida normal, sem descuidar do aspecto físico". Afinal, no entender dessas conselheiras sentimentais, "o marido sempre volta".

A grande ameaça que pairava sobre as esposas, como já visto, eram as separações. Além do aspecto afetivo, as necessidades econômicas – a maioria das mulheres de classe média e alta dependia do provedor – e o reconhecimento social – as separadas eram malvistas – pesavam a favor do casamento a qualquer preço. Outra máxima do casamento, versão anos 50, era: "Liberdade para os homens!". Maridos não deviam ser incomodados com suspeitas, interrogatórios ou ciúmes por suas esposas. Permitir que eles saíssem com amigos, relevar as conquistas amorosas e aventuras e atraí-los com afeição eram procedimentos aconselhados para quem quisesse manter uma boa vida conjugal.

A afinidade sexual parece ter sido um fator menos importante no ideal de felicidade conjugal, mesmo porque a mulher não tinha conhecimentos – ou não deveria tê-los – sobre a matéria. A esposa era, antes de tudo, o complemento do marido no cotidiano doméstico. O bom desempenho erótico de uma mulher casada estava longe de contar. As revistas silenciavam sobre o assunto, apenas uma delas – *Querida* – assinalava que a independência financeira e o maior acesso às informações favoreceriam o interesse feminino pela "satisfação física". Nas páginas de *O Cruzeiro*, por exemplo, se faziam breves alusões ao "ajustamento sexual da união feliz".

A separação dos casais nos anos 50 não dissolvia os vínculos conjugais nem admitia novos casamentos. Em 1942, foi introduzido no Código Civil o artigo 315, que estabeleceu a separação sem dissolução de vínculo, ou seja, o desquite. Desquitados de ambos os sexos eram vistos como má companhia, mas as mulheres sofriam mais com a situação. Ser chamada de "mulher" e não de "senhora", como mostrou Nelson Rodrigues, era uma afronta: “Mulher é a senhora”, diria uma a outra! As “bem casadas” evitavam qualquer contato com elas. Sua conduta ficava sob a mira do juiz e qualquer passo em falso as fazia perder a guarda dos filhos. As posições antidivorcistas, como já vimos, eram maioria. Uma “segunda chance” era quase impossível de acontecer. Mesmo assim, a proporção de separações cresceu nos censos demográficos entre as décadas de 40 e 60. Na burguesia, também se tornou mais comum que cônjuges separados seguissem tocando a vida, reconstituindo seus lares através de contratos formais ou uniões no exterior.

E os homens que amavam homens e as mulheres que amavam mulheres? Discretos quando não perseguidos e vítimas de toda a sorte de preconceitos, esses grupos tiveram que viver seu amor nas sombras, pelo menos até os anos 60. Não faltaram indicações de tratamentos médico-pedagógicos que, junto com a religião, eram tidos como remédios para a “inversão sexual”. O transplante de testículos, por exemplo, era uma dessas “receitas científicas” para o “problema”. Outra era a convulsoterapia, ou injeção de insulina, para “curar” o que se considerava, então, um comportamento esquizofrênico. Outra, ainda, o confinamento em hospícios psiquiátricos. A despeito do sofrimento e da incompreensão a que eram submetidos, homossexuais buscaram espaço para seus relacionamentos e, na medida do possível, para viver seus amores.

O interessante é que, entre a década de 30 e a de 60, houve alterações significativas na composição e no desenvolvimento das subculturas homossexuais, em grandes centros como Rio e São Paulo, que acabavam por atrair migrantes homossexuais de todo o Brasil. A pressão que sofriam em suas localidades de origem, para ter um relacionamento “normal”, levavam muitos homossexuais a profundas crises familiares ou de saúde, obrigando-os a partir rumo à cidade grande. Ir para os centros em busca de trabalho, mas sobretudo para escapar da pressão familiar, era a meta para muitos.

Nesses anos, multiplicaram-se as opções de vida noturna, com bares e pontos de encontros exclusivos. No Rio, a chamada Bolsa de Valores, na praia de Copacabana, em frente ao hotel Copacabana Palace, ou o Alcazar agrupavam os jovens que se exibiam, escolhiam, conversavam e namoravam. Em São Paulo, o Paribar e o Barba-Azul agregavam jornalistas, intelectuais e estudantes, numa fauna animada e sem preconceitos. Apesar de poder circular livremente e de desenvolver uma rede de sociabilidades bastante animada, a "fechação" ou qualquer manifestação de afeto era reprimida em público. Sobravam os pequenos apartamentos onde se recebiam amigos, namorados ou casos.

No cenário urbano se encontrava todo tipo de parceiro. A preferência pelo bofe ou "homem verdadeiro" que não assumia a identidade homossexual era marcante.

Casamentos homossexuais nessa época? Numa obra publicada em 1947, *Homossexualismo masculino*, texto apresentado num seminário sobre medicina legal, o autor Jorge Jaime, apesar do caráter preconceituoso – "Coitados! Infelizes, só adoram machos e por eles se apaixonam" –, propõe algo inédito: os homossexuais deveriam ter o direito de se casar.

"Existem milhares de invertidos que vivem maritalmente com indivíduos do seu próprio sexo. Se fosse concedido o casamento entre homens não se criaria nenhuma monstruosidade: apenas, se reconheceria por um estado de direito, um estado de fato [...] A união legal entre doentes é um direito que só os países ditatoriais negam. Se os leprosos podem casar entre si, por que devemos negar esse direito aos pederastas? Só porque aos normais repugna um ato de tal natureza?"

Tinha uma lógica curiosa, Jorge Jaime. O casamento entre homossexuais teria outras vantagens além de sinalizar a anormalidade do casal: evitaria a prostituição masculina, impedindo, ao mesmo tempo, que jovens inocentes se casassem com "invertidos".

Os rígidos códigos morais da época acentuavam, entre casais e pelo menos até os Anos Dourados, a dupla *bofe & boneca.* As bonecas estavam em busca de bofes, ou rapazes como parceiros e companheiros, sabendo que a maioria de seus "maridos" acabaria por deixá-los em troca de casamentos e filhos. Os bofes não se consideravam homossexuais, e as bonecas estavam interessadas em "homens verdadeiros".

DE GRÃO EM GRÃO: MUDANÇAS...

A moral sexual se flexibilizava e casais não casados eram cada vez mais aceitos, já podendo circular socialmente. A sexualidade ainda era vivida como um pecado, aos olhos da Igreja, mas um número crescente de católicos – e, em 1950, 93,5% da população se declarava apostólica romana – começava a acreditar que amor e prazer podiam andar juntos. O Concílio do Vaticano II e a encíclica *Gaudium et Spes* convidavam a olhar o mundo com simpatia e compreensão. Falava-se em paternidade responsável, em planificação familiar por meio de métodos naturais e, muito importante, em amor conjugal: o amor entre esposos como um bem incalculável para os filhos, a interação entre amor físico e espiritual e a renovação contínua do amor. Uma agenda, sem dúvida, revolucionária e generosa para seu tempo.

5.

As transformações da intimidade

Entre os anos 60 e 70 eclodiu o fruto tão lentamente amadurecido: a chamada "revolução sexual". A liberação significou a busca de realização no plano pessoal e a consciência de que "problemas sexuais" não teriam lugar num mundo "normal". Ao defender a ideia do "direito ao prazer", os pais da época fabricaram um tipo de sofrimento: o que nascia da ausência do prazer. Ao mesmo tempo, tinha início a democratização da beleza – graças à multiplicação de produtos, academias de *body building*, consultórios de cirurgia plástica, etc. –, fato que tanto levou à busca do bem-estar quanto às tensões e frustrações por não o encontrar. Junto, mas, lentamente, forjava-se a intolerância à doença, à fragilização dos corpos e ao envelhecimento. Sexualidade em dia e saúde davam-se as mãos. O "direito ao prazer" tornou-se norma. E norma cada vez mais interiorizada. Apenas conformando-se a essa regra seria possível sentir-se feliz, alegre e saudável.

Nessa história, um novo ato abriu-se com o desembarque da pílula anticoncepcional no Brasil. Livres da sífilis e ainda longe da aids, os jovens podiam experimentar de tudo. O *rock and roll*, feito sobre e para adolescentes, introduzia a agenda dos tempos: férias, escola, carros, velocidade e, o mais importante, amor! A batida pesada, a sonoridade e as letras indicavam a rebeldia frente aos valores e à autoridade do mundo adulto. Um desejo sem limite de experimentar a vida *hippie* e os cabelos compridos se estabeleciam entre nós. As músicas dos Stones e Bob Dylan exportavam, mundo afora, a ideia de paz, sexo livre e drogas como libertação da mente. Os países protestantes – EUA, Inglaterra e Holanda – consolidavam uma desenvoltura erótica, antes desconhecida. Tudo isso junto não causou exatamente um milagre, mas, somado a outras transformações econômicas e políticas, ajudou a empurrar barreiras.

Nas capitais e nos meios estudantis, os jovens escapavam das malhas apertadas das redes familiares. Encontros multiplicavam-se em torno de festas, festivais de música, atividades esportivas, escolas e universidades, cinemas. Os palavrões, antes proibidos, invadiram a cena, inclusive dos teatros. E o alastramento de boates e clubes noturnos deixava moças e rapazes cada vez mais soltos. Saber dançar tornou-se o passaporte para o amor. "Pode vir quente que eu estou fervendo", na voz do "Tremendão" Erasmo Carlos e "Gostosa", na das Frenéticas ("sei que eu sou bonita e gostosa..."), representavam tentativas de adaptação a um mundo novo e esforçadamente rebelde. Nelson Rodrigues, conhecido jornalista e escritor, reagia:

"Nunca se viu uma época mais pornográfica do que a nossa. Aconteceu uma com um amigo meu que considero simbólica. O meu amigo, já quarentão, apaixonou-se por uma menina de 21. Menina 'prá frente', claro. E o meu amigo ia largar a família... Até que um dia vai encontrar-se com a bem-amada; ela não lhe disse nem 'oba'. Sem que, nem para que, recebeu-o com uma saraivada de palavrões jamais concebidos. Meu amigo rebentou em soluços."

E concluía:

"Eu me lembro da geração anterior. Havia uma cerimônia solene entre o brasileiro e o palavrão, havia como que uma solenidade recíproca. O palavrão tinha sua hora certa e dramática. Vejo hoje, meninas, senhoras, de boca suja e nas melhores famílias. Diria que o palavrão se instalou entre os usos mais amenos e familiares da cidade."

Por influência dos meios de comunicação e, sobretudo, da televisão, também o vocabulário passou a evitar eufemismos. Embora nos anos 60 ainda se utilizasse uma linguagem neutra e distante para falar de sexo – mencionavam-se, entre dentes, "relações" e "genitais" –, devagarzinho se caminhou para "coito", "orgasmo" e companhia. Os adolescentes ainda eram "poupados" pelos adultos de informações mais diretas.

As relações no cotidiano dos casais começaram a mudar. Carícias se generalizavam e o beijo mais profundo – o beijo de língua ou *french kiss* –, antes escandaloso e mesmo considerado um atentado ao pudor, passava a ser sinônimo de paixão. Na cama, novidades. A sexualidade bucal, graças aos avanços da higiene íntima, se estendeu a outras partes do corpo. As preliminares ficaram mais longas. A limpeza do corpo e o hedonismo alimentavam carinhos antes inexistentes. Todo corpo a corpo amoroso tornava-se possível. No quarto, a maior parte das pessoas ficava nua. Mas no escuro. Amar ainda não era se abandonar. É bom não esquecer que os adultos dos anos 60 foram educados por pais extremamente conservadores.

Mas era o início do fim de amores que tinham que parar no último estágio: "quero me casar virgem!". Deixava-se para trás a "meia-virgem", aquela na qual as carícias sexuais acabavam "na portinha". Na moda, a minissaia despia as coxas. Lia-se Wilhelm Reich, segundo quem o nazismo e o stalinismo teriam nascido da falta de orgasmos. A ideia de que os casais, além de amar, deviam ser sexualmente equilibrados começava a ser discutida por alguns "pra frente". Era o início do direito ao prazer para todos, sem que as mulheres fossem penalizadas ao manifestar seu interesse por alguém.

Elas começavam a poder escolher entre desobedecer às normas sociais, parentais e familiares. Ficava longe o tempo em que os maridos davam ordens às esposas, como se fossem seus donos. Um marido violento não era mais o dono de ninguém, mas apenas um homem bruto. Uma vez acabado o amor, muitos casais buscavam a separação. Outros faziam o mais fácil: tinham um "caso". E, desse ponto de vista, o adultério feminino era uma saída possível para quem não ousasse romper a aliança.

No pano de fundo, o golpe militar de 1964 e um conjunto de fatos que aceleraram mudanças. Uma política de desenvolvimento foi implementada e pôs o país na rota do "milagre econômico". Na esteira do progresso, expandiram-se as cidades. Atraídos pelo crescimento da construção civil, migrantes nordestinos provocaram a concentração e a formação de um cinturão de miséria nos grandes centros do Sudeste brasileiro. A classe média deparou-se com uma grande quantidade de novos bens de consumo e com a possibilidade de financiamento de dívidas. A utilização da televisão foi fundamental nesse processo. O Brasil emergira subitamente como um dos mais dinâmicos mercados de TV do terceiro mundo. As compras pelo crediário e as facilidades de aquisição de aparelhos, no período, expandiram o número de domicílios com receptores – em 1960, 9,5% das residências urbanas tinham TV; em 1970, essa proporção passou para 40%. Grandes investimentos foram feitos para implantar as bases de um sistema amplo.

Em meio a isso, os motéis multiplicaram-se. *Pornoshops* começaram a abrir, discretamente, suas portas. As capas de discos passaram a ser ilustradas com cantoras conhecidas em trajes sugestivos ou de biquíni. O videocassete logo introduziria o aluguel de fitas pornôs, agora assistidas em domicílio. A música popular introduziu versos ao mesmo tempo delicados e libertários, resumindo o espírito da época. Quem não lembra a voz de Ivan Lins cantando a amada "Vitoriosa por não ter/ vergonha de aprender como se goza". Ou o bolero "Latin lover", de João Bosco, cheio de insinuações murmuradas com sensualidade: "Mas me lembro de uma noite, sua mãe tinha saído/ Me falaste de um sinal adquirido/ Numa queda de patins em Paquetá/ – mostra! Doeu? Ainda dói? A voz mais rouca/ E os beijos/Cometas invadindo o céu da boca". Ou a queixa da mulher mal amada: "Na cama és mocho/ Tira as mãos de mim", em canção de Chico Buarque.

Mas também foram anos de massiva propaganda, de falta de liberdade, de censura e perseguições. Intelectuais, estudantes e artistas resistiram. Houve prisões, tortura e exílios. Foram os anos do *slogan* "Brasil, ame-o ou deixe-o" e da música de

Dom e Ravel, "Este é um país que vai pra frente". O futebol era o grande assunto, bem como "os 90 milhões em ação".

Foi ao longo dos anos 70, com os movimentos pela valorização das minorias que a questão da mulher começou a mudar de forma. A sexualidade deixava de ser considerada algo mágico ou misterioso que escaparia aos progressos técnicos ou à medicina. A pílula foi aceita por homens e mulheres, não só porque era confiável, mas, sobretudo, por ser confortável. O orgasmo simultâneo passou a medir a qualidade das relações e significava o reconhecimento da capacidade feminina de gozar igual aos homens. Música, literatura e cinema exibiam a intimidade dos casais, democratizando informações: "nos lençóis da cama... travesseiros pelo chão", cantava Roberto Carlos. Revistas de grande tiragem exploravam questões sexuais, valorizando corpos idealizados, com uma mensagem: "sejam livres", enquanto nos artigos de fundo seguia-se valorizando o sentimento e o amor. Já a publicidade erotizava comportamentos para vender qualquer produto. Tudo isso não seria possível sem o poder dos meios de comunicação modernos e uma cultura de massa, capaz de difundir modelos e representações sexuais.

Entre 1979 e 1985, aumentou a mobilização dos diferentes setores da sociedade exigindo a redemocratização do país, inaugurando novos conflitos e sacudindo o imobilismo das representações de classe.

E, aos trancos e barrancos, discutia-se um novo modelo de feminilidade, mas, também, de masculinidade.

ELES & ELAS

Vamos começar com os avanços dentro do casal. Eles existiram? Houve mudanças e permanências. Um exemplo foi a revista *Ele&Ela*, nascida em 1969, num contexto cultural conturbado, quando discussões sobre o uso de LSD, a revolução sexual e o feminismo davam o tom do debate público. A revista surgiu exatamente como alternativa moderna para o leitor interessado nas questões novas. As relações entre os sexos eram um elemento importante da pauta editorial. Sua proposta abordava assuntos de interesse para o "casal moderno", casal que compreendia que o mundo estava mudando.

O editorial intitulado "Quando Ofélia não é mais um exemplo" é uma amostra de como esse tema fundamental era tratado na revista: "Ao contrário dos demais personagens shakespearianos, Ofélia não chega a ser um símbolo, é apenas um mau exemplo: o do amor infeliz pelo *doce príncipe* problemático que não tinha tempo para amá-la. Compensando-a de sua desventura, Shakespeare enfeitou-lhe a morte trágica com flores. A mulher moderna não pretende repetir o drama de Ofélia, e, por isso, ao suicídio romântico prefere a vida, e, na vida, prefere conhecer-se a si mesma e conhecer os homens. Tal fórmula evitará que ela termine afogada em suas angústias – e, com flores ou sem flores, a mulher já está cansada das angústias que a marcaram por tanto tempo".

Em outro número, *Ele&Ela* continua mostrando a face real dos problemas mais íntimos do homem e da mulher modernos. Exemplos como o de Ofélia, situações típicas e ilustrativas dos mais diversificados conflitos encontram, nas páginas da revista, um estudo pormenorizado e sincero que – diziam os editorialistas – muito ajudava os casais na busca da felicidade e do comum destino. Inúmeros artigos da revista *Ele&Ela* vão discutir o fim do casamento, o fim da família, a revolução sexual, a liberação das mulheres e o uso de drogas. Influenciada por discussões que ocorriam basicamente nos EUA, na Europa e na Austrália, a revista buscava dar conta desses elementos de mudança nos costumes.

Mas os questionamentos vindos de fora eram relidos de acordo com o contexto brasileiro, ainda bastante avesso a tais novidades, o que acabava criando incoerências. Veja-se, por exemplo, o artigo "A dificuldade de ser fiel", de dezembro de 1969: "Dispor livremente do próprio corpo não foi uma dádiva apanhada no ar pelas mulheres desta segunda metade do século XX. É, de certa forma, o coroamento de uma longa luta pela emancipação feminina iniciada há muito tempo. No decorrer dessa luta, a mulher foi conquistando palmo a palmo os seus direitos: o de trabalhar, o de ter personalidade jurídica, o de votar e ser votada. Em nossos dias, finalmente, ela deixa de ser escrava do seu próprio sexo. E porque encaram a liberdade da mulher como uma concessão e um pecado, muitos homens tendem a confundir esta libertação com libertinagem. Ora, a imagem da mulher emancipada não suprime a imagem da mulher essencialmente pura, basicamente fiel".

Fica claro que, tanto para editorialistas quanto para leitores, o conceito de fidelidade dentro do casamento era esperado somente das mulheres. Além de valorizar o sentido tradicionalista do casamento, o artigo também reforçava a crença de que, apesar da liberação da mulher e da mudança dos costumes, a esposa deve ser "essencialmente pura, basicamente fiel".

Se por um lado afirmava-se que o casamento não devia lhes servir de prisão, por outro, se martelava sobre a tradicional ideia de que os homens não eram obrigados, socialmente, a serem fiéis. Os inúmeros artigos sobre traição masculina com justificativas e explicações sobre o comportamento "animal" do macho não deixavam esquecer que "trair e coçar" era só começar...

O ressurgimento do movimento feminista no início da década de 70 marca a mudança mais drástica nos discursos sobre gênero da revista. Esta, que antes usava as noções de "mulher liberada" ou "emancipação da mulher", aludindo à revolução sexual, era, agora, confrontada com um movimento feminista radical, atuante e mundializado, irradiando dos EUA e da Europa e invadindo paulatinamente terras brasileiras. Nesse sentido, a revista se mostrava receptiva à noção de emancipação feminina, mesmo que valorizando ideais como pureza, integridade e fidelidade da mulher.

Estes trechos do artigo "A mulher de 15 anos" eram um exemplo dessa receptividade inicial da revista à revolução sexual: "Quase um século se passou desde as primeiras reivindicações femininas. Chegamos a 1970. Desde 1959 foi desencadeado um processo denominado Revolução sexual, que abrange todas as formas de comunicação e se faz cada vez mais forte e presente [...] O trabalho feminino virou rotina, assim como fumar em público, fatos inconcebíveis antigamente. A pílula anticoncepcional diária, mola importante na Revolução sexual, está perto de ser ultrapassada pela injeção anticoncepcional com duração de seis meses. A mulher deixou de baixar a cabeça ao dizer sim, ao dizer *eu quero, eu posso, eu vou fazer*".

Já o artigo "Mulheres de todo o mundo: uni-vos", marca o início do feminismo contemporâneo, mas criticava a situação brasileira: "Adotando como sua a clássica palavra de ordem aos operários, as mulheres do mundo inteiro lançam uma nova e decidida ofensiva para demolir as estruturas de uma sociedade baseada na superioridade masculina [...] Formadas à sombra dos vivos debates políticos do pós-guerra, estas rebeldes de 1970 não fazem por menos: não pedem igualdade – exigem. [...] O segundo sexo está abrindo frentes de combate no mundo inteiro [...] Mas no Brasil as mulheres permanecem inertes, apegadas ao comodismo da passividade".

Muita água teria que passar debaixo da ponte antes que a revolução feminista substituísse o tal comodismo.

Mas a identidade masculina começava, também, a ser problematizada. A revista não deixava de lado, na sua discussão sobre a mudança dos costumes, o impacto que tais transformações causavam no homem. Uma delas dizia respeito ao "efeminamento do homem moderno", no artigo "Até que ponto o homem é feminino?": "No início, somente os rapazes duvidosos davam à boa apresentação o cuidado que era próprio das mulheres. Hoje, a maioria dos homens demora mais diante do espelho e submete-se a tratamentos quase femininos".

Tais questões, entretanto, não se radicalizaram até surgir, no discurso da revista, o movimento *gay*, ou *gay power* – ao qual a revista se referia como o "poder alegre". Ao buscar dar visibilidade e legitimidade para o "amor entre pessoas do mesmo sexo" – como dizia a revista –, o "poder alegre" causou um impacto na hegemonia da masculinidade tradicional. Mas, ao contrário do feminismo – tratado quase como uma curiosidade –, a homossexualidade e qualquer expressão sua nunca teve aceitação na revista, sendo invariavelmente tachada de "desvio" e de "doença".

Embora se visse forçada, dentro da sua proposta, a dar conta da questão, informando a quantas andava o *gay power* nos EUA e na Europa, a tradição conservadora falava mais alto. E assim como tratou de forma ambígua o feminismo, a revista abordava termos como "gay" de forma distanciada. Numa tradução literal, preferia chamar os *gays* de "alegres". Ao abordar os temas do movimento *gay*, o preconceito era tão forte que a maneira mais simpática e neutra com a qual a revista se referia à questão era: "a mais discutida e possivelmente a mais disseminada forma de desvio do comportamento sexual humano".

No artigo "As tristezas do poder alegre", a linguagem utilizada é propositadamente irônica em diversos trechos, quase ridicularizando as pretensões do movimento: "De uns tempos para cá, e aproveitando as reivindicações de grupos minoritários da sociedade, surgiu um movimento que a si próprio se intitulou de 'poder alegre'. Na verdade, não se trata de um poder, nem chega a ser alegre. O movimento procura legalizar o homossexualismo, conferindo-lhe um *status* de absoluta normalidade humana. Aqui, analisamos a dura realidade dos fatos".

A ironia com a qual a revista tratava a questão aparecia também numa seção de cartas, na qual um leitor de São Paulo escrevia:

"[Pai] — Meu filho anda muito preocupado com as suas amizades. Tem rapaz assim em volta dele – e isso o impede de namorar as moças de sua idade. Reconheço que ele é muito bonito, mas não creio que seja anormal.

"[Ele&Ela] – O caso é delicado, seu João de Deus. Por mais amizades masculinas que seu filho tenha, sempre haveria tempinho para dar umas voltas com moças, desde que ele quisesse mesmo. O fato de o senhor achar seu filho muito bonito é bastante inquietador. Se o senhor acha isso, imagina os outros que não são pais dele! Da próxima vez que tiver filhos, faça-os bem feios, pois assim o senhor ficará sem este peso na consciência."

A revista que deveria ser inovadora, aberta aos ventos da contemporaneidade, só lia a homossexualidade na chave da aberração e se aceitava discursos a favor dessas práticas, o fazia, inevitavelmente, com humor irônico. O comportamento *gay* parecia-lhe ser algo por demais ridículo para ser levado a sério.

Já em 1971, viam-se os primeiros sinais de repulsa ao feminismo e de revolta contra as "minorias". O discurso tradicional transformara o homem em vítima e buscava salvá-lo da destruição, como afirma o artigo "Homem, com orgulho": "De uns dez anos para cá, ser macho é sinônimo de grosso, cafona e superado. As minorias se somam e formam um todo quando o assunto é derrubar o homem-homem. Contra estes preconceitos é preciso que alguma coisa seja feita. E já – antes que as minorias o destruam e ele passe a ser um marginal da história e da vida".

Em outro artigo, intitulado "A mulher de verdade", a revista trazia o depoimento de uma ex-militante feminista que abandonara o movimento, denunciando a "opressão feminina" e descaracterizando todos os argumentos feministas com noções do senso comum e apelando para as concepções tradicionais de masculinidade e feminilidade, que se tornavam lema para a crescente oposição ao feminismo. Vemos então o surgimento de artigos nos quais as feministas eram acusadas de não serem mulheres de verdade, mas sim criaturas mal-amadas e masculinas:

"Em todas ou quase todas líderes feministas com quem convivi nos últimos 3 anos, nunca vislumbrei qualquer sinal de verdadeira feminilidade. É verdade que muitas se pintam, algumas se vestem razoavelmente, poucas são felizes nas suas relações com os homens. [...] No fundo, há um ressentimento mal disfarçado em relação ao sexo masculino"

Outros artigos enalteciam uma natureza feminina, voltada para a vida doméstica:

"A mulher deve ser a fêmea e assumir esta condição. Deve ser bonita, desejável, deve ser mãe. Deve cuidar da casa e dos filhos e esperar o marido de volta do trabalho bem disposta e arrumada. É exatamente para isto que ela existe. E, longe de diminuí-la, isto só pode engrandecê-la. Afirmar que tudo isso leva o sexo feminino ao aniquilamento intelectual e à submissão, é desconhecer as possibilidades da tecnologia atual. A verdade é que sempre sobra tempo para ler, para escrever, para pintar, sei lá, para criar. Isto é até um privilégio, pois nem sempre os homens dispõem deste tempo."

Vida doméstica, passividade? Sim. Pois essa revolução tinha sua face oculta: o discurso normativo, a pressão do grupo, a culpa, a diferença entre mulheres certas – as que "não davam" – e erradas – "as que davam". A distinção entre namorada e amada, por exemplo, fica claramente expressa na canção musicada por Carlos Lyra, em que Vinicius de Morais dirigiu-se de maneira delicada à primeira: "Se você quer ser minha namorada... Somente minha... exatamente esta coisinha, essa coisa toda minha". Mas o que enternece é o "jeitinho de falar devagarinho... Me fazer muito carinho, chorar bem de mansinho", tudo envolvido em sensibilidade, retraimento, timidez. Já a "amada", que se entrega "pra valer", fazendo com os braços o ninho, "no silêncio de depois", é outra figura feminina, fadada às dificuldades reais, como "o caminho triste"! Só na música? Não.

Em entrevista, Chico Buarque de Holanda confirmou que, nos anos 60, "fazer sexo com a namorada era algo muito raro, e que as garotas mais avançadas tinham má fama na vizinhança [...] naquele tempo as mulheres queriam casar virgens. E isso era natural. Não havia as liberdades sexuais que existem hoje, e por isso você não poderia avançar (nas garotas) além daquilo". Como se vê, nem todas aderiram logo à revolução sexual. Já os *gays* continuavam sob os fogos do preconceito. Mesmo ao som de Ney Matogrosso e seu "Vira, vira, vira homem/ Vira, vira? Vira, vira, lobisomem", eles e elas continuavam presos aos velhos esquemas. Mundo mudando? Lá fora. Cá entre nós, para a grande maioria de mulheres e homossexuais, só mudava no papel...

PÃO & CIRCO OU PÃO & PORNOCHANCHADA?

Anos 70, auge do governo militar. Gemidos e sussurros: nos porões da ditadura, os dos presos políticos. No escurinho das salas de cinema, os dos amantes. Era a explosão das pornochanchadas. As chanchadas dos anos 40 e 50 e a influência das comédias italianas abriram o caminho do gênero fabricado, inicialmente, na Boca do Lixo, zona de prostituição da cidade de São Paulo. Na rua do Triunfo, nossa Hollywood doméstica, instalou-se uma indústria que respondia por 40% dos filmes nacionais nessa época: média de noventa filmes por ano. Mas o que era a pornochanchada? Um gênero de filmes populares de baixíssima ou péssima qualidade conceitual, formal e cultural, caracterizados por cenas de nudez e diálogos mesclando pornofonia e humor escatológico.

Títulos que inundaram as telas brasileiras, deixando para trás as caríssimas produções norte-americanas, não escondiam o enredo: *As cangaceiras eróticas*, *Essa mulher é minha e dos meus amigos*, *Como era boa nossa empregada*, *A viúva virgem*, *O homem de Itu*, *A boneca mecânica*. Os cartazes também tinham imagens apelativas. Quanto mais picante, maior a fila na bilheteria. A cota de exibição obrigatória de filmes brasileiros, uma das muitas medidas de desenvolvimento econômico e cultural criadas pela ditadura militar, dava espaço para o desenvolvimento do gênero. Filmes nacionais tinham espaço cativo e obrigatório. O sucesso de público era grande e os filmes ficavam em cartaz semanas seguidas, provando-se muito lucrativos. Quem os financiava eram produtores independentes e, muitas vezes, as empresas proprietárias dos cinemas, que adiantavam o custo do filme ao produtor. O sucesso de um garantia a produção do próximo.

A pornochanchada foi também o berço de vários atores e atrizes que, posteriormente, se descolaram do gênero: Sonia Braga, Vera Fischer, Carlos Mossy, Antonio Fagundes e Reginaldo Farias, entre outros. A clientela, eminentemente masculina, frequentava as salas das grandes regiões centrais das capitais. Do trabalhador braçal ao profissional liberal, e até mendigos, ninguém escapava ao apelo das histórias apimentadas. Tais comédias giravam em torno do erotismo de aventuras sexuais, relacionamentos extraconjugais ou homossexuais.

Não havia sexo explícito. Assim como no teatro rebolado dos anos 30, explorava-se a ambiguidade, os limites entre malícia e ingenuidade. Um exemplo: em *A super-fêmea*, de 1973, um homem pergunta para a personagem de Geórgia Gomide: "Quer ver meu peru?". Em resposta, a moça, assustada, leva as mãos ao rosto e grita: "Nossa!". O plano seguinte mostra a ave dentro de uma gaiola. A mesma imprecisão marota via-se nos títulos: *Quando abunda não falta* ou *A mulher que se disputa*. Segundo especialistas, são muitas as explicações para o sucesso do gênero. Há a tese de que o Estado autoritário queria controlar as massas por meio de sua "imbecilização". Que cerveja, futebol e "sacanagem" seria a fórmula.

Durante muito tempo, vingou a interpretação de que a pornochanchada foi incentivada pelo governo, porque desviava a atenção das perseguições políticas. Nem tanto. O gênero apenas refletia as mudanças da década: pílula anticoncepcional, movimento feminista e liberação de costumes. Afinal, as atrizes excessivamente maquiladas e seminuas mexiam com o imaginário do homem brasileiro, rompendo com a representação tradicional da sedutora ingênua, heroína dos romances de então. E, depois, havia a forte identificação masculina com os galãs, predadores sexuais, canastrões irresistíveis. A tudo isso, somava-se a possibilidade de rir de situações conhecidas: o marido traído, a impotência no momento da relação, a esporádica aventura homossexual, a mulher "faminta de sexo", etc. Por fim, não é demais lembrar que, no Brasil, fez-se o que já se fazia no resto do mundo: alimentou-se um mercado de consumo que tinha no erotismo o seu produto preferido. Seriam tais filmes pornográficos? Nem tanto. Eles cabiam como uma luva nos limites impostos pela censura.

Paulo Emílio Salles Gomes, um dos mais importantes estudiosos do cinema brasileiro, chamou atenção para a importância desses filmes como retratos fiéis da sexualidade brasileira. O erotismo massificava-se nos anos 70. A instituição do casamento era constantemente ridicularizada e, nele, não faltavam transgressores: maridos que traíam suas esposas ou eram corneados, viúvas fogosas, virgindades perdidas. As mulheres eram sempre belas e desinibidas. Seu corpo, valorizado pelo olhar da câmara. A forma de mostrar uma blusa entreaberta, uma calcinha ou um seio era mais importante do que o próprio seio ou a calcinha. Ao explorar a figura feminina, a pornochanchada colocava-se à disposição do olhar masculino. Era ele que conduzia a câmara, contemplando, burilando ou despindo o corpo feminino.

Segundo estudiosos, na mesma época eram correntes as relações sexuais entre homens e travestis, geralmente passivos. A bissexualidade feminina também aparecia e o gênero revelava, sem retoques ou hipocrisia, a fauna sexual do mundo real. O renomado diretor Davi Cardoso, em entrevista à revista *Playboy*, esclareceu: "o homossexual é uma figura imprescindível em toda pornochanchada".

As fitas sofriam censura. Não a política, mas a moral. Diversas exigências em nome dos bons costumes tornavam as histórias tão mutiladas pelos censores que ficavam ininteligíveis. Seios nus, por exemplo, só podiam ser mostrados um a cada vez. A ousadia maior era exibi-los juntos, assim como mostrar as nádegas dos atores. Pelos pubianos eram raros. O nu frontal masculino não ocorria. O mesmo palavrão só podia ser repetido duas vezes. Três, era demais. Davi Cardoso, por exemplo, valia-se da censura para chamar atenção sobre os filmes que fazia. A tarja preta nos cartazes, sugerindo o encobrimento das partes "mais fortes", aumentava a curiosidade da clientela. Pornochanchada tranquila? Não. Os setores conservadores e intelectualizados reagiram. Criticavam a banalização da sexualidade, a exploração do corpo da mulher, o machismo. A adaptação de livros nacionais, incentivada por órgãos oficiais como a Embrafilme, indicaria "no juízo de alguns estudiosos, uma política deliberada de combate à voga do filme erótico", informava a revista *Veja*, em setembro de 1975. Entrevistado, um professor de literatura concordava: "É uma maneira de ir contra a crescente onda da pornochanchada, que ameaça engolir econômica e culturalmente nosso cinema".

Já cineastas do porte de Eduardo Escorel e Arnaldo Jabor viam nisso uma "reação moralista e conservadora da burocracia bem pensante à comédia erótica". Roberto Farias, que era presidente da Embrafilme, um ano depois, reagia em favor de "caminhos mais consequentes para o cinema brasileiro". Dos milhões que a Embrafilme recebeu nada seria aplicado, segundo ele, em "filmezinhos supostamente eróticos". Ele não era contra a pornochanchada, mas acreditava que o cinema brasileiro não podia ficar refém dela. Farias queria evitar "uma generalizada confusão entre pornografia e um erotismo feito de simples insinuações", pois afinal nenhum realizador de pornochanchada, nem os mais eufóricos, "tem a ilusão de oferecer ao público iguarias pornográficas como *closes* da sensível garganta da senhora Linda Lovelace (*Deep Throat*)", referindo-se ao lendário *Garganta profunda* que escandalizou os EUA.

Na época em que a pornochanchada ia bem, o cinema ia mal. Ele começava a sofrer uma implacável concorrência da televisão. O crítico Jairo Arco e Flexa concluía: "As grandes atrações de bilheteria do cinema brasileiro pertencem à Rede Globo de Televisão". Um artigo da *Veja* perguntava-se: "E a pornochanchada? Estaria se esgotando? Parece. Infelizmente, ameaça substituí-la outro subgênero que, a julgar pelos títulos e conteúdo de alguns representantes – *Escola penal de meninas violentadas, A ilha das condenadas, Internato de meninas virgens, Presídio de mulheres violentadas* –, só pode ser rotulado como 'pornodesgraça'. E Paulo Emílio Salles Gomes, a dizer: 'Entre uma pornochanchada nacional e um filme de kung-fu, fico com a primeira'. Compreensível opção, tratando-se de um estudioso da cultura brasileira. Quanto ao público, entretanto, interessado principalmente em encontrar entretenimento de bom nível, torna-se lógico prever que, se não surgirem alternativas, vai preferir ficar em casa vendo TV".

Em outubro de 1980 foi liberado pela censura *O último tango em Paris*. A sociedade reagiu e os veículos de comunicação multiplicaram suas críticas. Abatia-se sobre o país, segundo um deles, "um maciço surto de pornografia". "Ressaca pornográfica" foi o título de uma manchete. Não faltava quem quisesse a volta da censura. Juízes e políticos exigiam que as revistas pornográficas circulassem em plásticos opacos e o então presidente, João Batista Figueiredo, determinou que o Ministério da Educação não financiasse filmes ou peças teatrais consideradas obscenas. Capitaneando essa "cruzada" moralista estava o parlamentar capixaba Dirceu Cardoso, que fazia da liberação do filme japonês *O império dos sentidos* seu "cavalo de batalha", apoiado pelo ministro da Justiça, Ibrahim Abi-Ackel.

A imprensa apoiava. A situação havia passado dos limites: "Em menos de um ano liberaram-se no Brasil as proibições de toda uma década", registrava a revista *Veja*, em outubro de 1980. Entre dezenas de pornochanchadas em exibição, títulos grosseiros enchiam as telas: *A colegial que levou pau*, *Com titia eu podia* ou *O deputado erótico*. O artigo citava também o filme *Ariella*, no qual a personagem principal fazia sexo com quase toda a família. A própria autora do livro que inspirou o filme, Cassandra Rios, afirmava que a pornografia estava indo longe demais: "Interpretaram mal a abertura. É preciso abrir sem arreganhar". Cartazes de filmes também eram criticados como pornográficos. Até a TV foi alvo de condenações pela exibição de "cenas íntimas" nas novelas e pelo erotismo presente em anúncios publicitários. Segundo a *Veja*, a sociedade enfrentava uma ressaca pornográfica, pois já estaria cansada de tantos excessos. A questão, então, era definir o que era a obscenidade. Piadas esclareciam: "A diferença entre filme erótico e pornochanchada é muito simples: o primeiro o crítico vê em sessão especial, acompanhado do produtor; o segundo ele vê sozinho, no circuito normal".

A pressão da classe média urbana surtiu efeito. Em março de 1982, o presidente Figueiredo, em rede nacional e horário nobre, fez um pronunciamento sobre a "escalada do obsceno e do pornográfico no país". O discurso assustou muita gente, pois parecia avisar do retorno autoritário dos censores. *Veja* explicava: "A favor da indignação do presidente da República existe o fato indiscutível de que a pornografia, após entrar pelas portas dos fundos da abertura política, tem crescido numa franca e feroz escalada. Na semana passada, uma única banca de jornais do Rio de Janeiro, na rua Prado Júnior, em Copacabana, oferecia sessenta publicações do gênero escancaradamente pornográfico. Foram, aliás, duas edições desse tipo, os números de carnaval da revista *Fiesta* e do jornal nanico *Repórter*, que inspiraram a mensagem do presidente Figueiredo". As publicações, assim como os números especiais sobre o recém-passado carnaval, exibiam fotos escandalosas do que se passava nos bailes, mostrando, inclusive, sexo explícito.

Quanto às revistas pornográficas, o articulista informava que, mesmo nas mais liberais democracias da Europa, elas eram vendidas nos ambientes fechados das *sexshops*, enquanto no Brasil ficavam grosseiramente expostas em qualquer banca de jornal.

Das revistas, a matéria passava às críticas sobre a TV. Apenas quatro dias após o pronunciamento do presidente, a Record de São Paulo exibia, em seu programa *Sala Especial*, a pornochanchada *Sob o domínio do sexo*. Lançava, também, a revista erótica *Internacional*, em cujas páginas o leitor encontraria "coisas que nunca viu". Programas como os seriados da Globo *Malu Mulher* e *Amizade Colorida*, por insinuar imagens do ato sexual, provocaram o "primeiro movimento organizado contra o relaxamento dos costumes no vídeo": o das "Senhoras de Santana".

Também a carga sexual de muitos anúncios de TV estava na mira. Para o então ministro da Justiça Ibrahim Abi-Ackel, "A televisão chegou a tal ponto que apresenta propaganda de cuecas em modelos vistos de frente e de costas, com todas as protuberâncias". E o que dizer dos jornais, doravante recheados de anúncios de "casas de massagens", dando exemplos da "degradação moral da sociedade brasileira"? Num mesmo dia, havia 84 deles nos classificados de O *Globo*, 66 no *Jornal do Brasil*, 34 em *O Estado de S. Paulo* e 20 na *Folha de S. Paulo*.

No início dos anos 80, a pornochanchada começou a perder o fôlego devido à crise mundial da qual o Brasil não escapou. As salas de cinema esvaziaram-se. O modelo também se esgotou e começaram a desembarcar aqui os filmes *hardcore* americanos. Em entrevista dada em abril de 1982, Antonio Fagundes insinuou a decadência do gênero e a fuga da classe artística preocupada com a opinião pública:

"*Veja* – Você está interessado no debate em torno da pornografia?

Fagundes – Acredito que não existe alguma coisa chamada pornografia. O que existe é uma obra qualquer que emociona ou não as pessoas.

Veja – Com essa resposta, você parece preocupado em garantir um mercado de trabalho para atores. Por falar nisso: você aceita fazer qualquer pornochanchada?

Fagundes – Não é bem assim. Tenho uma curiosidade muito grande. Tenho amigos que morrem de vontade de fazer uma pornochanchada, mas não assumem, por estarem preocupados com que os outros vão dizer, com o que a esquerda vai pensar. É uma pena, porque é difícil fazer bem. Você tem que ter o *timing*, as sacadas na hora certa, curtir aquilo para que acabe sendo uma coisa engraçada. Mas tem de ser algo estimulante; do contrário, não vale a pena. Muitas vezes a filmagem acaba sendo mais divertida que o próprio filme. Os atores morrem de rir."

Mandados de segurança garantiram, então, a liberação de dois filmes estrangeiros importantes – *Império dos sentidos*, considerado um filme de arte, e *Calígula*. Abriam-se as portas para a invasão dos pornográficos, que passaram a ser exibidos em salas especiais. Os filmes de sexo explícito acabaram por desalojar a ingênua e maliciosa pornochanchada, mais focada no desejo de transgressão do que na própria transgressão. Apoiado num desejo que moralizava mais do que violava regras, o gênero era, no fundo, conservador: não eram raros os filmes em que os protagonistas se deliciavam em intermináveis orgias, mas, em compensação, estavam sempre à procura do parceiro ideal ou da virgem para um compromisso mais sério. Enfim, nada mais parecido com as duas caras da sociedade brasileira...

TOMAR OU NÃO TOMAR: ESSA ERA A QUESTÃO

Para a maior parte das mulheres, ao longo da história e em quase todas as culturas, o prazer sexual, quando possível, estava sempre ligado ao medo – medo de gestações repetidas e da morte no parto. Tudo mudou em 1956, quando o pesquisador americano Gregory Pinkus e seu assistente G. Rock inventaram a pílula anticoncepcional. Ao impedir a ovulação, a milagrosa drágea impedia as mulheres de conceber. Os primeiros testes foram realizados em Porto Rico: um sucesso! Em 1969, a Food and Drug Administration, uma instituição com poderes ministeriais, autorizou sua venda no mercado americano. As mulheres começaram a lutar pelo direito à contracepção. Um ano depois, a Lei Neuwirth descriminalizou a prática nos EUA. A partir de então, qualquer mulher, munida de uma receita médica, podia comprar pílulas anticoncepcionais. Foi uma espécie de revelação. Numa época em que era comum ver mulheres conceberem sete, dez, até doze filhos, obedecendo ao "crescei e multiplicai-vos", a pílula revolucionou os hábitos sexuais.

O ato sexual deixou de servir exclusivamente à procriação. Abriu-se uma brecha no mandamento divino: doravante, a mulher poderia escolher entre ter ou não filhos. Era o fim de intermináveis gravidezes e de problemas que essas traziam: enfraquecimento progressivo da mãe e dos bebês. A introdução da pílula marcou, também, o início da "liberação sexual". No final dos anos 60 já se via em toda parte *slogans* sobre "o direito ao prazer". Agora, podia-se considerar a sexualidade feminina, também, como fonte de deleite. Além de permitir-se escolher o parceiro, "fazer amor" tornou-se uma coisa boa, e não somente uma maneira de fazer crescer a família. A "liberada" optou por viver uma sexualidade plena, como nunca dantes lhe fora facultado. Mais além, o surgimento da pílula tornou a mulher livre para escolher sua vida: adquirir estudos superiores ou participar do mercado de trabalho, sem ser interrompida por uma gravidez. Evidentemente, a Igreja Católica não concordou.

Entre nós, a pílula chegou envolta em outras questões: uma delas era a preocupação de evitar a superpopulação. Em abril de 1960, por exemplo, a revista *Seleções*, num artigo intitulado "Gente demais! Que fazer?", alarmava os leitores sobre as consequências de um planeta superpovoado. Os perigos eram tão maiores porque essa população, num contexto de guerra fria, podia alinhar-se "do lado errado", ou seja, do lado dos comunistas. Considerado um "continente explosivo" pelos políticos norte-americanos, a América Latina recebeu as bênçãos da contracepção antes mesmo da França. Aqui, pílula e DIU foram comercializados desde os anos 60, enquanto naquele país, só em 1967. Começaram, então, a ser criados organismos de ajuda que propunham a adoção de estratégias de redução do crescimento populacional. Por quê? Porque pobreza e natalidade alta, ou seja, "a bomba demográfica" era um perigo a evitar. A comercialização teve início em 1962. Jornais e revistas voltados para o público feminino informavam suas vantagens. Obstetras e ginecologistas, por seu lado, divulgavam seu uso entre a clientela.

Em 1968, o presidente do Banco Mundial visitou o Brasil e sua declaração sobre a necessidade de controle dos nascimentos nos países subdesenvolvidos gerou mal-estar. Temia-se que os empréstimos internacionais fossem acompanhados de uma tentativa de controle demográfico. Um projeto circulava, então, no Congresso Nacional para baratear o preço dos anticoncepcionais. O presidente Costa e Silva, contudo, foi dos primeiros a apoiar a encíclica *Humanae Vitae*, na qual o papa Paulo VI condenava o controle governamental sobre a natalidade e só aceitava a abstinência sexual como método contraceptivo. Como se vê, o assunto não foi unanimidade no seio do governo militar. Por um lado, "antinatalistas" reivindicavam um modelo de desenvolvimento que tinha na redução da natalidade um paradigma de país desenvolvido. Por outro, os "anticontrolistas" pregavam a "ocupação dos espaços vazios" e a importância de multiplicar brasileiros em todas as partes do país. O governo não interferiu diretamente, mas sociedades civis internacionais estabeleceram-se aqui, atuando nas camadas populares. Foi o caso da IPPF, International Planning Parenthood Federation, que financiou, a partir de 1965, a Bemfam, Sociedade Civil de Bem-Estar Familiar.

Se o assunto era discutido pelas classes médias, matéria de *Veja*, em outubro de 1968, perguntava-se que conhecimentos tinham as brasileiras pobres sobre a pílula. Mariana, moradora de um cortiço, que já fizera abortos por métodos do tipo "pode deixar que eu sei" e usava tampões com água oxigenada ou salgada para evitar a gravidez, dizia que já tinha ouvido falar que existiam outros métodos de contracepção, mas que "dentro de mim ninguém mexe". O artigo demonstrava que o desconhecimento acerca dos modernos métodos contraceptivos, além de multiplicar a população, empurrava tais mulheres para a prática do aborto. Outra entrevistada, a balconista Antônia, de dezenove anos, assim definia os métodos para se evitar gravidez: "Isso é sem-vergonhice. Amor e maternidade são as coisas mais lindas do mundo". Já para Ivani, mãe de nove filhos, "O casamento tem como fim a constituição da família. A pílula pode contribuir para que o casal se esqueça disso, vivendo apenas como macho e fêmea. E só nisso não pode haver amor e respeito". Segundo a matéria, se a Igreja permitisse o uso de pílulas anticoncepcionais, "os 19% de mulheres que as utilizavam poderiam subir a 45%".

A partir dos anos 60, embora as políticas populacionais estivessem voltadas para as camadas desfavorecidas, milhares de mulheres experimentaram a contracepção. Seu objetivo era um só: reduzir o número de filhos. Em 1967, em artigo sobre "A mulher brasileira, hoje", a revista *Realidade* informava que 87% delas achavam importante evitar filhos. E 46% adotavam alguma forma de contracepção: "tirar", por exemplo, era a palavra mais usada para falar do "coito interrompido". Porém, 19% já usavam a pílula.

Tudo tranquilo? Não. Muitas mulheres queixavam-se dos efeitos colaterais. No início dos anos 70, o debate na imprensa sobre benefícios e malefícios da pílula teve início. Sob investigação no Senado americano, a drágea passou a ser fornecida apenas sob prescrição médica. A medida gerou reações variadas.

Uma universitária carioca de 23 anos, entrevistada pela revista *Veja*, reagia: "Todos fazem campanha contra os perigos da pílula. E da cortisona – muito mais perigosa –, ninguém fala?". Já uma paulista, casada, de 26 anos, fazia o seguinte comentário: "Minha irmã começou a tomar a pílula faz três semanas. Com toda essa onda, já parou". E uma dona de casa de 26 anos de Salvador mostrava-se furiosa: "Estou louca da vida com o médico. Nunca me falou nada". Uma porto-alegrense, solteira, de 23 anos, concluía: "prefiro sofrer os enjoos da pílula do que enfrentar a grande dor de cabeça da gravidez". Entre as principais acusações contra a pílula, as mais graves eram a de causar tromboses e até mesmo câncer. O resultado foi o aumento de cirurgias de esterilização. Um aumento de 100% em relação à década anterior.

A Igreja Católica não dormia. Vários documentos associando a pílula e o pecado seguiam bombardeando os fiéis. A própria encíclica *Humane Vitae* fora uma pá de cal entre os católicos esperançosos da aceitação da pílula. Dom Lucas Moreira Neves, contudo, tinha outra leitura: não se tratava de mera condenação, mas de incentivo a que os cientistas aprimorassem, "o mais depressa possível", o método da continência periódica.

No início dos anos 70, apareceu uma "pílula masculina". *Veja* deu ampla cobertura. Mais uma vez, discutiam-se os efeitos colaterais: aumento de peso e, sobretudo, a diminuição do apetite sexual. Para o cientista Elsimar Coutinho, "Nas mulheres, entretanto, esse aspecto não é valorizado. Muitas aceitam submeter-se a uma atividade sexual não satisfatória em troca da garantia de não conceber". Passados quinze anos do desembarque da pílula, as taxas de natalidade começavam a mostrar declínio em relação às décadas anteriores. O Instituto Brasileiro de Geografia e Estatística (IBGE) registrava os reflexos da mudança de comportamento da classe média brasileira. Ela tinha cada vez menos filhos. Segundo uma pesquisa patrocinada pela Fundação Ford, essa mudança estava relacionada com a maior oferta e consumo de anticoncepcionais orais e preservativos. A pesquisa mostrou, por exemplo, que o consumo de caixas de pílulas saltou de 6 milhões em 1966 para 38 milhões em 1974. Ou seja, um aumento de 375%. O assunto saltou da esfera privada para a pública.

Em fins dos anos 70, o "planejamento familiar" tornou-se um bordão. Discutia-se a crescente preocupação com o tema, no Brasil e no mundo. Entre nós, o fantasma da pobreza, da violência e da mortalidade infantil imiscuía-se nos debates em curso na imprensa. Mais uma vez, *Veja* explicava: "Uma síntese das posições sobre o assunto indica tradicionalmente que os médicos são a favor, a Igreja é contra, e os políticos se dividem – e, no espectro ideológico, é possível encontrar adversários e adeptos da contenção populacional na direita, na esquerda e no centro". Segundo a revista, o governo vinha se mantendo à margem de tais debates "até mesmo quando se formou em 1968, na Câmara dos Deputados, em Brasília, uma Comissão Parlamentar de Inquérito para investigar as atividades da Sociedade Civil de Bem-Estar Familiar (Bemfam)", que, desde o ano de 1965, vinha promovendo o planejamento familiar no país através da divulgação de métodos anticoncepcionais e da distribuição de pílulas às mulheres carentes.

Em 1971, no entanto, a Bemfam foi reconhecida como entidade de utilidade pública e tornou-se o "principal propulsor de uma quieta e crescente participação do poder público nessa área". Na época da reportagem, a Bemfam já possuía 75 clínicas de planejamento familiar espalhadas por treze estados brasileiros. A partir de 1975, o governo Geisel intensificou suas ações em prol do planejamento familiar, agora classificado como uma das maiores preocupações do governo, embora de maneira silenciosa e discreta, para evitar resistências, sobretudo da Igreja Católica. A reportagem afirmava que estava sendo, inclusive, preparado pelo Ministério da Saúde um programa oficial de planejamento familiar, visando dar mais acesso às informações e meios anticoncepcionais, sobretudo às famílias pobres. O dilema estava posto: como "abordar, sem atritos, uma questão de família que se tornou problema de Estado, envolvendo, além de questões morais, aspectos religiosos, demográficos, sociais, econômicos e políticos"?

A reportagem apontava vários exemplos, demonstrando como o tema era delicado. E a questão da distribuição de pílulas anticoncepcionais gerava forte reação de grupos religiosos e políticos. No entanto, pesquisas apontavam que, a despeito dos obstáculos, a grande maioria das mulheres se mostrava favorável ao planejamento familiar e que uma estimativa para o ano de 1977 sugeria um avassalador crescimento do consumo de pílulas anticoncepcionais. Pecado? Para a classe média letrada, não. Muitas consumidoras de contraceptivos orais julgavam-se "boas católicas".

Em agosto de 1977, foi anunciado o Programa de Saúde Materno-Infantil. Ele previa a aplicação de mais de 2,7 bilhões de cruzeiros, entre 1978 e 1981, na assistência à maternidade, no tratamento à esterilidade, na suplementação alimentar de gestantes e recém-nascidos e na prevenção da gravidez de alto risco. Segundo *Veja*, era o que chegava mais perto de uma ideia de planejamento familiar no Brasil. A prevenção da gravidez seria feita através da distribuição gratuita pelo governo de 2 milhões de caixas de pílulas anticoncepcionais a mulheres que as solicitassem. A decisão foi comemorada por alguns como passo oficial decisivo para se introduzir de vez no país o planejamento familiar e acabar com uma querela que já se arrastava havia anos.

Para outros, entretanto, a notícia foi uma tragédia. O bispo de Fortaleza e presidente da Conferência Nacional dos Bispos do Brasil, d. Aloísio Lorscheider, declarou inconformado: "É um desastre, uma injustiça com os pobres, é o fim do país". "Esterilização é castração", reclamava o cardeal Vicente Scherer, arcebispo de Porto Alegre. Ou "dar pílulas a mulheres desinformadas, pobres e desassistidas é um ato criminoso", reagia d. Luciano

Mendes de Almeida, secretário-geral da Conferência Nacional dos Bispos do Brasil (CNBB). A iniciativa não deu certo, e tampouco a distribuição gratuita de pílulas.

Ao assumir em outubro de 1979 como ministro da Saúde, Waldir Arcoverde voltou à carga. Queria a divulgação de "métodos de controle de natalidade". Diferentemente de seu antecessor, implementou o programa com toda a cautela. Fugia-se dos ataques da Igreja. Durante um ano, na periferia das grandes cidades brasileiras – São Paulo, Rio de Janeiro, Belo Horizonte, Recife, Porto Alegre e Curitiba –, teve início a discreta, mas sistemática distribuição de pílulas. Foi, portanto, um processo lento e gradual, a fim de contornar as críticas nos primeiros anos da campanha. A partir de então, "liberalizaram-se" métodos mais radicais como a ligadura de trompas e a vasectomia. No início dos anos 80, o assunto que causara tanta controvérsia já incentivava piadas, como as feitas por Millôr Fernandes:

"Ora, pílulas! (Definições conceptivas)

Sabotagem é jogar uma tonelada de pílulas anticoncepcionais numa fazenda de coelhos.

Tentação é jogar uma caixa de pílulas anticoncepcionais num colégio de freiras.

Inutilidade é jogar um saco de pílulas anticoncepcionais prum casal que já tem dez filhos.

Advertência é dar uma caixa de pílulas anticoncepcionais pruma virgem.

Ironia é emprestar uma caixa de pílulas anticoncepcionais pruma solteirona e seis meses depois pedir devolução.

Perder tempo é vender pílulas anticoncepcionais em porta de maternidade.

Investimento é presentear pílulas pra todo mundo esperando que algum casal sem filhos, no futuro, o deixe como herdeiro."

BIQUÍNI E SUNGÃO: A GUERRA DOS PELADOS

Verão de 1968. Durante o carnaval, Nelson Rodrigues meditava:

"Ainda hoje passei pela Avenida Atlântica; fiz o itinerário obrigatório do Forte ao Leme. Vi, várias vezes, esta cena: – uma menina linda, de biquíni, comprando um refrigerante na barraquinha. O crioulo destampava a garrafinha. Estava ali, por certo, um dos brotos mais lindos da terra. Mas aquela nudez, dentro da luz, não interessava a ninguém. A garota vinha do mar. E ela, na graça inconsciente do seu gesto, bebia pelo gargalo. O crioulo do grapete não lhe fazia a concessão de um olhar. Nenhuma curiosidade. Olhava para o outro lado e era cego, surdo e mudo para a nudez adolescente, tão próxima, tão tangível. Eis o que eu queria dizer: – as duas coisas seriam impossíveis no velho carnaval. Nem a nudez da menina, nem o tédio do homem. Lembrei o biquíni porque nunca a mulher se despiu tanto para os quatro dias. Nos bailes, nas esquinas, nas calçadas, há uma nudez indiscriminada e obsessiva. E vem um cruel tédio visual de tantos nus absurdos."

Nelson tinha nostalgia do que chamava "hermético pudor". Ele já não existia mais. E, tudo indica, não fazia mais falta. Ia longe o tempo em que Celly Campelo cantava que Ana Maria enrubescia ao botar "um biquíni de bolinha amarelinha, tão pequenininho"! No final da década de 60, o secretário de Segurança Pública do Espírito Santo proibira o uso do biquíni e da sunga nas praias capixabas. Resultado? Pressões e mais pressões. Os jornais locais, *O Diário* e *O Jornal*, não perderam tempo e foram às ruas. A enquete revelou que ninguém apoiava a atitude envolta em zelo. Um entrevistado chegou a perguntar ao secretário por que não fizera o mesmo em Copacabana, quando era administrador regional?

Minas Gerais não ficou atrás e, em Montes Claros, ergueu a voz um apóstolo do pudor. Era o padre Geraldo Zuba, que investia contra "a mulher nua", dando início a uma campanha radical.

A sensualidade, explicava, iria afundar a humanidade no pecado e no vício. O biquíni e a minissaia eram apenas o início do fim. E por outras razões Nelson Rodrigues concordava com padre Zuba. Em entrevista à revista *Veja*, em junho de 1969, lá estava o famoso jornalista a fustigar os consagrados retalhos de pano:

"*Veja* – E o carnaval?

NR – O carnaval está morto pra burro. E o que mata o carnaval é o impudor. Antigamente, quando havia pudor, o carnaval era a festa mais erótica do mundo. Hoje, o pudor é um anacronismo intolerável. E, então, o carnaval está morto!

Veja – Daí a sua aversão ao biquíni?

NR – O biquíni é um caso óbvio. O biquíni é a degradação da nudez. A nudez, para que tenha um valor plástico, para que tenha um interesse visual, na pior das hipóteses, exige o desejo. Mas eu vou além: a nudez exige o amor. Portanto, a nudez sem o desejo e, pior ainda, a nudez sem o amor é o que há de mais feio. E isso se verifica observando na praia os corpos mais lindos do mundo, ali no Castelinho, ou em Copacabana, corpos adolescentes, meninas de dezessete anos [...]. E nada disso inspira a mais vaga, a mais remota curiosidade a ninguém. Ninguém se volta para ver essa nudez que ninguém pediu, que ninguém desejou, que ninguém amou.

Veja – Mas a culpa é do biquíni?

NR – Não, a culpa é da burrice suicida das mulheres que o usam. No tempo em que a nudez tinha mistérios, tinha suspense, era um dos mais altos bens da mulher. Mesmo a mulher mais destituída de encantos tinha essa nudez latente debaixo do seu vestido. E isso era fascinante. Uma pobre-diaba vestida era salva, não pelo gongo, mas por uma possibilidade de nudez. O biquíni acabou com esse encanto. [...] Quer dizer, a nudez do biquíni tem a maior solidão da Terra: a mulher mais invisível do mundo é a mulher de biquíni."

Chocado, Nelson não entendia o que via. Não se tratava de moda, mas da evolução da moral moderna. Proibido pelo Vaticano em 1964, o acessório criado pelo francês Louis Réart em 1946 tomou o mundo das praias, do lazer e das férias de assalto. Foi proibido em vários países: Austrália, Bélgica, Espanha e França. Mas o uso nas telas de cinema, graças a figuras como Jayne Mansfield, Marylin Monroe, Brigitte Bardot e Ursula Andress, ajudou a consolidar sua comercialização.

Em fins de 1969, o biquíni diminuía enquanto sua venda aumentava. Não faltavam reservas. Aceitos entre São Paulo e Rio, impressionavam mal na região Nordeste e causavam temor no Sul tradicionalista. Os donos de confecções refletiam isso e oscilavam entre fabricar maiôs clássicos ou biquínis. Na época, o problema era estético. Para usar biquíni, dizia o gerente da Malharia Águia, no Rio de Janeiro, era preciso um corpo perfeito como os que Nelson Rodrigues via pelas praias e piscinas: "isso é raro. Juventude dura pouco e por isso a preferência pelo biquíni dura pouco". Por isso, os "confeccionistas" concordavam que as brasileiras em geral ainda preferiam o maiô clássico.

No início dos anos 70, as mulheres hesitavam entre cobrir-se mais ou menos nas praias entre Rio e São Paulo. Na França, porém, o *topless* já começara. Em nome de um bronzeado uniforme, a moda era tirar a parte de cima dos biquínis. A notícia circulou, mas a moda não pegou nos trópicos.

Retribuíamos com a diminuição dos retalhos e muita discussão. A revista *Veja*, em número de janeiro de 1973, anunciava um "longo *striptease*" na matéria "A caminho do nada". Aquele verão marcaria o *gran finale* em direção à progressiva nudez, com o surgimento da tanga: reduzida a dois triângulos, na frente e atrás. A novidade, porém, estava restrita a algumas poucas centenas de metros da praia de Ipanema. A matéria prosseguia, fazendo referência ao periódico *Pasquim*, que foi um dos primeiros a explicar as razões da diminuição da parte de baixo dos biquínis: "Já que a polícia mostrou-se disposta a não permitir no verão carioca o que aconteceu no verão europeu: a abolição da parte de cima". De fato, a Divisão de Censura e Diversões

Públicas da Secretaria de Segurança da Guanabara havia proibido a prática do *topless*.

A visão do famoso cartunista e jornalista Ziraldo era desfavorável à tanga. Pára ele, o modelo mais deformava que realçava: "o bumbum é intocável. Deve ser mostrado em toda a sua beleza ou inteiramente protegido, como se protegem os anjinhos com um pano roxo, durante a quaresma".

Se, na zona Sul, as tangas e seus variados acessórios – camisetas molhadas transparentes, tiras de látex ou lenços em lugar do sutiã e até calcinha e sutiã em vez de biquínis – faziam sucesso, nos subúrbios não acontecia o mesmo. Na praia de Ramos, raramente eram vistos maiôs mais ousados, encarados pelas banhistas como feios, indecentes e imorais. Laurinda Cunha, de dezenove anos, esclarecia: "Eu tenho um biquíni amarelo que não cobre quase nada. Mas, se eu vier a Ramos com ele, ficarei ouvindo piadinhas. Por isso quando quero usá-lo, vou até Ipanema".

Afonso Faisal, que usava em Ipanema uma cueca francesa como calção de banho, afirmava: "Para ver mulher despida, não é mais preciso ir a um teatro de revista". Walter Pinto, que, como já vimos, durante 25 anos mostrou mulheres seminuas no palco do velho Teatro Recreio, no Rio, concordava: "Hoje meus antigos fregueses, que pagavam 10 cruzeiros por um *striptease*, preferem ir à praia onde, em troca de um cachorro-quente e alguns refrescos, presenciam um belíssimo espetáculo". E Carlos Machado, o rei da noite carioca e 32 anos como produtor de espetáculos musicais, jogava a pá de cal: "as vedetes agora estão na praia, sem saltos, sem plumas, sem penteados e muito mais despidas".

A guerra dos pelados não parou por aí. No verão de 80, novidades. Era a tanga unissex, a *knitknot*, "parecida com a dos índios brasileiros e sem costura, como uma fralda de criança", descrevia a revista *Veja*. Ainda mais importante era a adesão ao *topless* – agora, o termo já era bastante usado –, praticamente liberado, ao menos em Ipanema, no Rio de Janeiro. "Em outras capitais, continuam as tentativas solitárias, e geralmente malsucedidas de transformar o *topless* em traje rotineiro". Na praia de Tramandaí, ao norte de Porto Alegre, certa Lorena Borges, de dezoito anos, bem que tentou adotar a moda. Sua exibição não duraria três minutos antes de ser cercada por uma roda de homens e ouvir aplausos e palavrões. "O homem gaúcho é muito machista", diria a moça. A polícia local também era contra a prática, tanto que o delegado Avalmor Otávio Belina foi apelidado na cidade de "Dr. de Millus".

Mesmo sendo *"o topless* uma depravação", segundo o cardeal d. Vicente Scherer, a prática ia abrindo caminho, com extrema dificuldade, por todo o Brasil. Em Recife, uma estudante de vinte anos teve de entrar na Justiça com um *habeas corpus* para poder desfilar impunemente pelas praias sem sutiã. O argumento do seu advogado foi o seguinte: "A aplicação do *sun bathing* – banho de sol – muito difundida, recomenda na terapêutica cutânea o aproveitamento dos raios solares uniformemente ao longo do corpo". Ela conseguiu o *habeas corpus,* mas, na praia de Boa Viagem, se viu cercada de vendedores de picolé, chamada de exibida e coberta de areia ao som de "Joga pedra na Geni...", música de Chico Buarque referente a uma prostituta: "Ela é feita pra apanhar. Ela é boa de cuspir. Ela dá pra qualquer um...".

As tentativas de institucionalização da prática foram "sumária e estupidamente rechaçadas por indignados e ofendidos banhistas conservadores", reagiam alguns jornais. Em fevereiro de 1980, na praia de Ipanema, um episódio quase terminou em linchamento, quando certa turista gaúcha tirou a parte superior do biquíni e começou a desfilar acompanhada por um amigo. Como já havia acontecido antes com outras ousadas banhistas, uma "multidão excitada" se formou ao redor do casal e, em pouco tempo, uma centena de pessoas, aos gritos de "Geni", corria atrás deles atirando areia e latas de refrigerante vazias. Revistas e jornais bombardearam seus leitores com imagens.

Para acabar com a confusão, a Polícia Militar teve que intervir com cassetetes e bombas de gás lacrimogêneo. Em outro caso, também em Ipanema, um vendedor de melancia sacou o facão para defender outra turista, dessa vez francesa, que estava de *topless* e foi cercada por uma multidão "dos que queriam mais e dos que não queriam nada".

Para o Ministério da Justiça, o *topless* era apenas mais um sinal da "onda de permissividade" pela qual o país passava. Outros sintomas podiam ser observados nas livrarias e bancas de jornal, onde podiam ser comprados "os mais requintados exemplares de pornografia escandinava"; nos cinemas, onde se projetavam pornochanchadas; e na TV, onde a sexóloga Marta Suplicy respondia a questões espinhosas: "Como ter mais prazer?", por exemplo. Ao fundo, a voz macia de Rita Lee: "nem só de cama vive a mulher...".

Para a CNBB, o que se pretendia era "banir a noção do pecado" e "em nome da liberdade apregoar-se a licenciosidade dos costumes". Para o ministro da Justiça, Ibrahim Abi-Ackel, se antes tudo era proibido pela censura, agora se caía no "excesso oposto". Parecia-lhe que, "em pleno verão da abertura, a própria sociedade está coibindo os excessos provocados pela liberação dos costumes". O ministro julgava salutares manifestações como aquelas ocorridas na praia de Ipanema, mas prometia intervir se os excessos se tornassem intoleráveis.

De maneira geral, as autoridades se mostravam flexíveis a esse respeito. O secretário da Segurança, por exemplo, havia resolvido liberar o *topless* durante o carnaval. "Se as mulheres que o usarem não atrapalharem o andamento do carnaval não haverá problemas", dizia. A Escola de Samba União da Ilha já tinha até divulgado que apresentaria um casal fantasiado de Adão e Eva no seu desfile. Não decidira, porém, se Eva estaria de *topless*.

A revista *Veja*, radar do que ocorria pelo país, questionava a confusão que se fazia entre costumes mais liberados e democracia: "onde termina a liberdade de expressão e começa a obscenidade?". Para alguns articulistas, havia efeitos negativos de tantas mudanças: a diminuição das famílias não estaria associada ao avanço do erotismo no Brasil, onde "formidável avalanche de livros pornográficos, cartazes, filmes escabrosos e peças de teatro com atores nus em cena cresceu exponencialmente nos últimos dois anos"? Nem todos os leitores concordavam. Uma pesquisa feita pelo semanário comprovou que, entre pais de família da zona Sul do Rio de Janeiro, biquínis e minissaias não eram considerados "eróticos". Já entre operários e favelados, a oposição era maior.

A resistência só não foi forte o bastante para deter o uso de minúsculos pedaços de trapo. Dez anos depois dessa "guerra de pelados", os modelos asa-delta, bumerangue e fio dental aterrissaram nas praias. E tudo indica que, hoje, as usuárias não seguem o alerta disparado em 85: "Apesar do sucesso, o novo biquíni não serve para todo mundo. É indispensável ter belas pernas e nádegas firmes para usá-lo. Em um corpo malfeito ele piora a situação".

Nessa guerra, perdeu o pudor e ganhou a nudez. Ou melhor, venceu a crescente insensibilidade aos corpos desnudos. Afinal, as mulheres estavam mais acessíveis do que nunca. A sedução perdia seu sentido, tornando-se quase obsoleta. Homens como Nelson Rodrigues, que nela viam uma forma de peitar a proteção e o controle sexual sobre as fêmeas, tinham mesmo que se chocar.

"QUEM AMA NÃO MATA": A ESCALADA DE CRIMES PASSIONAIS

Por coincidência, um dos crimes mais emblemáticos dos anos 70 foi cometido numa praia: a dos Ossos, em Búzios, balneário no Rio de Janeiro, pontilhado de mansões. Numa delas, às dezoito horas do dia 30 de dezembro de 1976, Doca Street, personagem da alta sociedade paulistana, sacou a Beretta 7.65 e matou, com três tiros no rosto e um na nuca, sua amante, a mineira Ângela Diniz. Tudo começou com uma crise de ciúme. "Ela vivia comparando Doca com outros namorados", explicou o advogado do assassino. Acusando-a de "amores homossexuais" e devassidão, a defesa conseguiu provar que Ângela tinha má conduta e fora agredida para que Doca preservasse "a legítima defesa" de sua honra. Mesmo sendo condenado em um segundo júri, foi com esses argumentos que, em seu primeiro julgamento, em 1979, Doca saiu do fórum não só em liberdade como aplaudido por uma multidão. A claque não estava ali por acaso. Alguns setores da sociedade reagiam às mudanças em curso. Multiplicou-se a violência contra as mulheres. Pois, na segunda metade dos anos 70, crescia o contraste entre uma minoria bem educada e progressista, sobretudo entre as mulheres, e um grupo mais vasto cujos horizontes permaneciam limitados à casa e à família. Uma pesquisa feita em todo o Brasil pela revista *Manchete* e publicada em janeiro de 1974 demonstrava que as mulheres mais queriam ser "objetos" do desejo masculino do que sujeitos da história. Elas não se interessavam por política e menos ainda em garantir a igualdade de salários que já era garantida por lei. Davam a maior importância à maternidade e, ao mesmo tempo em que eram favoráveis ao uso de anticoncepcionais, condenavam o aborto. Legalização do divórcio? Setenta e quatro e meio por cento da população carioca e 59,7% da paulista eram a favor, informava o Ibope. Mudava a composição familiar. Casamento sem amor não era válido, afirmavam os entrevistados. E o excesso ou a falta de amor faria muitas vítimas.

A sociedade evoluía. Crescia a urbanização. As mulheres de certo nível social tinham assegurado o acesso ao trabalho assalariado sem perder o prestígio. Em outras palavras, "já se podia trabalhar" sem ficar com vergonha. As mudanças chegavam mais rápido para elas do que para eles... Mas a história mostra que, diante das grandes mudanças, brotam grandes resistências. O desagrado dos homens com as "conquistas femininas" não tardou a se manifestar.

Em agosto de 1980, novo julgamento de crime cometido em nome da legítima defesa da honra. Eduardo de Souza Rocha, de 35 anos, assassinou a esposa Maria Regina Santos Souza Rocha. A transcrição do depoimento em *Veja* revelava o teor do depoimento, que chocou a sociedade mineira. Mas mostrou, também, o que incomodava:

"Eduardo iniciou seu depoimento dizendo que conheceu Maria Regina há doze anos, quando ela andava de minissaia pela rua 'com jeito de mulher de vida fácil'. Casaram-se com ela grávida. Mais tarde, segundo o marido, a mulher 'passou a exigir todas as liberdades do tempo de solteira', como fumar, usar 'roupa indecente, inclusive biquíni', fazer ginástica, retomar os estudos, trabalhar fora de casa e até andar de carro sozinha. Além disso, Eduardo declarou que sua mulher começou a contrariá-lo porque gostava de assistir a 'cenas pesadas' de telenovelas e 'programas devassos como *Malu Mulher*'. Finalmente, disse ao delegado que, no dia do crime, discutiram; a mulher gritou que estava cheia dele e que tinha outro homem. Levou seis tiros."

Fumar, usar biquíni e ver *Malu Mulher* nesses tempos podia acabar em morte. E não se estava longe da grita que houve em BH quando da visita da atriz Norma Benguel, conhecida por cenas eróticas no cinema, e que teve nas mulheres suas porta-vozes: "A mim me choca... eu não gosto de ver", explicava a presidente da Camde, Campanha da Mulher pela Democracia, Amélia Molina Bastos.

Ali, a pena de morte para mulheres infiéis não tinha sido revogada, como demonstrou o assassinato em "legítima defesa da honra" perpetrado pelo engenheiro Márcio Stancioli, de 32 anos, que descarregou seu revólver calibre 38 na mulher, Eloiza Ballestros Stancioli, também de 32 anos.

Em depoimento a *Veja*, o engenheiro contou que começou a desconfiar dela em 1978, depois que ela passou alguns dias sozinha em São Paulo. "Ela voltou com um probleminha, um corrimento semelhante a uma doença venérea", disse o assassino. Exames médicos descartaram essa hipótese, mas ele não acreditou e a relação do casal azedou de vez após o nascimento do segundo filho. Ainda segundo o engenheiro, ele e a esposa já teriam combinado a separação, mas, ao voltar do trabalho um dia, discutiu com a mulher, que teria, então, lhe revelado que o seu amante não era o mesmo que ele pensava que fosse. Ele então concluiu que ela tinha pelo menos dois homens fora do casamento e essa era sua desculpa para fazer o que fez. Depois de beber uma garrafa de uísque "pra relaxar", voltou a discutir com a mulher e pegou seu revólver e descarregou suas cinco balas nela. Ele ainda recarregou a arma e deu mais dois tiros, mas não se recordava disso.

A matéria diz que não foram encontradas provas da infidelidade da vítima, e que "deslocar a vítima para o banco dos réus e oferecer aos jurados os mais apimentados segredos de alcova" foi técnica anteriormente usada por Evandro Lins e Silva para absolver Doca Street do assassinato de Ângela Diniz. A reportagem cita ainda outros casos ocorridos na alta sociedade mineira e que também ficaram impunes, como o assassinato de Jô Lobato, filha de um ex-prefeito de Belo Horizonte, também pelo marido. Em comum, as vítimas tinham o fato de serem mulheres independentes. O jornalista não mediu palavras:

"Foram todas mulheres de temperamento forte que acabaram se unindo pelo matrimônio a caracteres mais fracos. Enquanto seus casamentos duraram, foram o polo dominante da vida do casal. Quando quiseram separar-se e escolher outros caminhos, foram fulminadas pelas balas que Minas ainda reserva às mulheres que violam seu código de honra conjugal."

A violência entre marido e mulher tinha fundo musical. Nesse mesmo ano, Ângela Maria fazia sucesso com uma balada que narrava as agruras de uma esposa na mão do marido machista que a maltratava e lhe batia: "Sentou-se ao meu lado, me olhando calado/ E a seguir me abraçou/ Me deu muitos beijos, matou seus desejos/ E depois levantou/ Me pisou, me xingou, me humilhou e não disse o motivo/ E o pior disso tudo é que eu sei/ Que sem ele eu não vivo/ Não adianta eu querer me enganar/ Noutros braços tentar lhe esquecer/ Esse amor dia a dia me mata/ Mas é minha razão de viver".

No ano de 1980 choveram "balas conjugais". Dos 45 casos noticiados pelos principais jornais do país, desde 1979, vítimas masculinas foram menos de dez. Só naquele ano, seis mulheres já haviam sido assassinadas por seus parceiros em Belo Horizonte, incluindo a empresária Eloiza Ballestros Stancioli, "todas vítimas da compulsão de resolver à bala desavenças conjugais". O comerciante fluminense Ademar Augusto Barbosa da Silva, de 26 anos, surrou, fuzilou, queimou e jogou em uma represa do rio Pará o corpo de sua mulher Norma Helen Luciano Pereira, que estava grávida. O assassino era tão ciumento que decidiu que iria fazer o parto com suas próprias mãos, "assim nenhum outro homem, nem mesmo um médico, a veria nua". O motivo do crime teria sido a confissão da mulher de que o pai da criança seria na verdade o irmão do acusado. Na delegacia, não se mostrou arrependido: "Se o Doca Street, o Georges Khour, o Michel Frank e tantos outros que matam e têm dinheiro não são presos, eu também sou rico e não tenho medo da justiça".

Se a presidente da Camde admirava Minas por sua religiosidade, pudor e família ideal, foi de lá que vieram as primeiras reprovações aos maridos suspeitosos, ciumentos e brutais. Em novembro de 1981, era condenado o comerciante José Maia Vicente, que matou a tiros a mulher Zuleyka Nastasity Maia e José Divino de Andrade, ao surpreendê-los dentro de um automóvel. Para variar, alegou em sua defesa uma "tese que há tempos assegura a impunidade de autores de crimes semelhantes: a legítima defesa da honra". A condenação foi celebrada, pois foi a primeira vez que em Minas um júri popular rejeitava a tese da defesa da honra, o que sugeria que os mineiros, "tradicionalmente tolerantes com delitos do gênero", estavam revendo suas posições, informava *Veja*.

A matéria sugere que a sentença aplicada a Doca Street, dois anos com *sursis*, havia estimulado a decisão dos jurados. Na mesma semana, ainda seria julgado o já mencionado Eduardo de Souza Rocha. A expectativa era que, se ele também fosse condenado, seria muito provável que os próximos julgamentos de maridos assassinos seguissem a trilha aberta pela condenação de José Maia. E, assim, "o abuso da tese da legítima defesa da honra – surgida há sete anos, com a absolvição do empresário Roberto Lobato, assassino de sua mulher Jô Lobato – receberá o atestado de óbito exatamente na cidade em que ganhou fôlego".

Tais casos tornaram-se símbolos de denúncias na imprensa e apertaram outro gatilho: o das lutas feministas em favor da condenação de maridos violentos. Problemas de abusos domésticos e conjugais começavam a ganhar maior visibilidade na imprensa e nos tribunais. Os principais casos tinham a ver com espancamentos, bofetões, pontapés, uso de objetos contundentes, contatos íntimos com ou sem relação sexual, intimidações, calúnias, rapto, injúrias e ameaças. O movimento passou a exigir que os crimes cometidos nas relações íntimas tivessem um tratamento equivalente ao dos crimes de igual natureza ocorridos entre desconhecidos. Os direitos tinham que ser iguais para todos. No âmbito familiar – denunciavam as feministas – escondiam-se os piores agressores. O bordão "quem ama, não mata" ecoava em toda parte. O esforço foi correspondido. A partir da década de 80, foram criadas instituições de amparo às vítimas: S.O.S Mulher, Conselhos da Condição Feminina, Delegacias de Defesa da Mulher.

A ofensiva repercutiu na televisão, esse espelho da sociedade. Em julho de 1982, teve início uma minissérie da TV Globo. Sob o título *Quem ama, não mata*, o enredo girava em torno de crimes passionais, ainda que, segundo os autores, Euclydes Marinho e Daniel Filho, tivesse "sido concebida com a preocupação fundamental de desmentir o próprio título". De acordo com os autores, "no Brasil costuma-se ignorar qualquer distinção entre crimes causados pela simples brutalidade, os chamados 'crimes de honra' e os crimes de paixão". Daí a estória de cinco casais de classe média e seus dilemas em torno do casamento, do amor e da fidelidade. Cada capítulo se fechava ao som de um tiro que explicaria o assassinato de um dos personagens.

A presença de debates em torno da violência contra as mulheres não era por acaso. Se em grande parte da sociedade ainda prevalecia a "lei do machão", mutações tornavam-se visíveis. O produtor Mariozinho Rocha, por exemplo, em entrevista à revista *Playboy*, em 1979, explicava: "Pintou uma dose de coragem coletiva entre as mulheres. É só ir à praia para notar que a sexualidade está aflorando cada vez mais. Antigamente, só as piranhas usavam tanga transparente, mostrando o púbis. Agora, qualquer menininha taí de *topless*". A educadora Martha Zanetti, diretora do Centro de Estudos e Atendimentos à Mulher e à Infância, concordava: "Antes, sempre foi permitido o rebolado das sambistas, geralmente negras, em tangas cada vez mais sumárias. Agora, chegou a vez das mocinhas de classe média. Elas também estão reivindicando prazer, através da posse do próprio corpo".

Do corpo e da voz. A cantora Nana Caymmi, por exemplo, cantava: "Ah! Vem cá meu menino/ Pinta e borda comigo/ Me revista, me excita/ me deixa mais bonita". Rita Lee anunciava, em "Perigosa": "eu tenho um veneno no doce da boca". Milton Nascimento exaltava Maria, "mulher que merece viver e amar/ como qualquer outra do planeta"! E Maria Bethania louvava a que dava a volta por cima, depois do abandono: "Quero ver o que você faz/ ao sentir que sem você eu passo bem demais". Enquanto Simone "dava força" para a liberação feminina, na abertura do revolucionário *Malu Mulher*: "sem as tuas garras, sempre tão seguras/ sem o teu fantasma, sem a tua moldura". Enfim, através de músicas ou de imagens, as mulheres falavam abertamente de uma nova postura, de sexo, de seus afetos e de seus limites. Os ventos da mudança, sem dúvida, não paravam de soprar.

AIDS: O PERIGO DESCONHECIDO

Mas logo, logo encontraram barreiras. Contra as mudanças, o que foi considerado um "castigo para pecados" caiu dos céus como um raio. A tranquilidade sexual que vinha sendo conquistada sumiu! A revelação de casos de aids na sociedade propagou-se com rapidez. Conhecidos artistas e cantores eram apontados com suspeição: Lauro Corona, Cazuza, Renato Russo... Era o "câncer *gay*", murmurava-se. O fato de tratar-se de uma doença sexualmente transmissível simbolizava um mundo de modos de vida antes invisível para a sociedade. As reações foram ambíguas, pois o alvo, no primeiro momento, era a população homossexual. Manchas no rosto, diarreias constantes e dores acusavam os "infectados". Quando se descobriu que a transmissão se podia fazer via transfusão de sangue, o alarme soou. Passou-se a falar em abstinência, preservativos e fidelidade.

Nos primeiros anos da década de 1980, a divulgação de informações sobre a aids oscilou entre tratar a questão de forma moral – condenando os grupos mais contaminados – e de fazê-lo pelo viés da saúde pública, procurando garantir tratamentos e remédios apropriados. Matérias choviam nos jornais, na maior parte das vezes traduzidas do exterior. Entre setembro de 1987 e dezembro de 1996, foram quase duas reportagens por dia em jornais importantes, como a *Folha de S. Paulo*.

Na TV, o programa *Fantástico*, da Rede Globo de Televisão divulgou o assunto para quase 90% dos lares brasileiros. A 27 de março de 1983, a voz do locutor Hélio Costa anunciou o que era a "Síndrome de Deficiência Imunológica – epidemia do século". O assunto era "grave", a doença "misteriosa", a epidemia "violenta", o mal "fulminante" e o avanço "assustador". Nos primeiros anos da década de 1980, o clima era aterrorizante. A partir de 1985, o governo brasileiro oficializou um programa nacional voltado para a doença, revelando um sistema público deficiente. Até 1991, quando o jogador de basquete americano Magic Johnson anuncia ter contraído aids de uma mulher, "drogados" e "gays" pareciam ser as únicas vítimas. Falava-se pouco em prevenção. Muito em morte. No final dos anos 80, os doentes ficavam em pavilhões de isolamento e o pessoal que fazia enfermagem tinha "medo" dos pacientes. Os familiares eram discriminados. Até os médicos sabiam pouco. Na época, entrevistada sobre o filho doente, certa mãe confessou ao pesquisador: "na minha cabeça, a aids estava tão longe para mim... uma coisa tão distante que se ouvia falar como hoje se fala nos clones... no Brasil ninguém falava em aids".

Em 1988 as reações começaram. Foi fundado o GAPA, Grupo de Apoio e Prevenção da Aids, na Bahia. O jornalista Herbert Daniel, sentindo-se agredido pelo tratamento e preconceito dispensados aos aidéticos, publicou *Vida antes da morte*: "um chamamento à solidariedade como alternativa à morte civil". O desafio era lutar contra a moléstia, ajudando a construir a cidadania.

Ao final da década, as mudanças provocadas pelo vírus tinham dado um nó nos costumes. Pessoas reavaliavam hábitos sexuais, estilos de vida, princípios morais e padrões de cultura. Virgindade e fidelidade conjugal voltavam a ser exigidos. Ninguém estava acima de suspeitas. Sintomas, sumiço súbito, emagrecimento eram sinais alarmantes. O cantor Cazuza foi internado: a imprensa protegia. Tratava-se apenas de uma infecção bacteriana contraída em uma recente turnê do Barão Vermelho na Amazônia. Até o cantor defendeu-se: "É a peste negra do século e ninguém pode descartar a hipótese de contraí-la". Quanto aos boatos, "é o velho mito de que todo artista é promíscuo".

Jovens passaram a se preocupar e corriam para pediatras e clínicos em busca de informação. Para muitos, uma dor de garganta podia ser mau sinal. Outros tantos evitavam, simplesmente, relações sexuais. O jornal baiano *A Tarde*, em janeiro de 1985, chegou a propor a erradicação dos "elementos que podem transmitir a peste *gay*". As maiores vítimas da histeria provocada pela aids foram membros da comunidade homossexual, cujas famílias reagiam ao peso social e à dependência provocada pela doença. Os que ainda estavam "no armário" chocavam ao revelar sua identidade. Celso Curi, jornalista e porta-voz da comunidade *gay* de São Paulo, explicava: "Morrer de aids é um problema, é como deixar para os parentes e amigos um enorme nariz de Pinóquio". Esse tipo de rejeição fazia aumentar também o número de suicídios entre as pessoas que contraíam a doença. Entrevistado por *Veja*, o estilista Clodovil relatou: "Agora eu tenho receio, não é mais aquela coisa solta como antes. Eu não quero mais transar com pessoas fáceis, e as pessoas difíceis fecharam-se definitivamente com a doença. [...] Quando se está com uma pessoa, é difícil ignorar que ela pode ter estado com alguém doente. Inevitavelmente, a gente sempre perde um pouco do prazer. O pânico está instalado".

A vida sexual parecia fortemente ameaçada pela doença. Uma placa de chumbo abatia-se sobre a frenética busca do prazer. Voltavam à cena a abstinência ou a monogamia sexual, o uso de preservativos, a cautela no uso de drogas, o fim do culto à magreza. Segundo *Veja*, "a prática do sexo anal, as escapadas no mundo da prostituição feminina, a alegre roda-viva de parcerias sexuais podem estar entrando em declínio, mesmo que só temporariamente, na esteira dos primeiros sustos. Significativamente, as zonas de prostituição tanto feminina quanto masculina nas principais capitais do Ocidente registram uma sensível baixa de movimento". Para o antropólogo argentino Nestor Perlongher, a aids estava sendo utilizada pelos grupos conservadores para disciplinar o comportamento sexual. "É uma contrarrevolução que se volta também contra os heterossexuais não monogâmicos", reagia.

Nos anos 90, os progressos da informação fizeram recuar o significado moralista que se dava à aids. A partir dos anos 2000, vozes cada vez mais altas levantaram-se em favor de ações governamentais para o tratamento de soropositivos. Predomina, desde então, o discurso oficial e científico sobre a doença. As vozes dos atingidos ainda se ouvem mal. Porém, fala-se mais em gente que "vive" com o HIV e não naqueles que "morrem".

"VIRA, VIRA...": MUDANÇA DE SEXO NOS ANOS 80

Em novembro de 1979, a imprensa foi sacudida pela notícia: Valdir Nogueira, agora Valdirene, era o principal personagem do escândalo que abalava São Paulo. Seu médico, o cirurgião plástico Roberto Farina, fora acusado de "prática de lesões corporais de natureza". Ou seja, o médico mudara-lhe o sexo. Valdirene, "que orava diariamente pela libertação do réu", teve a felicidade de ver os juízes da 5ª Câmara do Tribunal de Alçada Criminal de São Paulo absolverem o médico, extinguindo a pena imposta no julgamento de primeira instância – dois anos de reclusão, com *sursis.*

A decisão abria ainda "o caminho ao reconhecimento legal de uma prática médica largamente difundida em alguns países mais adiantados", segundo a imprensa. Enquanto nos Estados Unidos, até aquela data, já haviam sido realizadas 4000 cirurgias, no Brasil existiriam, pelo menos, 1200 pacientes potenciais. Segundo estimativas do próprio Farina, haveria um transexual em cada 100.000 pessoas. Esperava-se que, com o final do julgamento, pacientes e médicos pudessem percorrer caminhos menos tortuosos do que o experimentado por Valdir e o doutor Farina.

Mas o que os levou às primeiras páginas de jornais e revistas? A operação de Valdir foi realizada em dezembro de 1971 no Hospital Oswaldo Cruz, em São Paulo, e, poucos meses depois, Valdirene, cujo nome foi retificado com a permissão de um juiz da vara de família, já podia não só manter relações no papel de mulher como "garantia conseguir atingir plenamente o orgasmo". Depois disso, voltou para sua cidade natal, Lins, no interior de São Paulo, onde levou uma vida "inteiramente normal" até dezembro de 1975, quando o doutor Farina relatou sua experiência em um congresso médico, tornando o caso público.

Toda a repercussão levou o procurador da Justiça Luís de Mello Kujawski a encaminhar representação reclamando providências policiais contra o médico, por julgar que a cirurgia fora um crime. A tese do promotor era de que "os problemas da vítima não eram de ordem física, mas sim psíquica" e que o médico havia agido "sob o desejo da notoriedade, do sensacionalismo", praticando então uma cirurgia "desnecessária e mutilante" que serviria apenas para "fixar de modo irreversível e agora sim, incurável, a doença mental da vítima".

Em defesa do doutor Farina foram apresentados inúmeros pareceres médicos que mostravam que o procedimento fora um sucesso e que tinha causado, "senão a cura, pelo menos a melhora do estado da vítima". Nada disso foi suficiente para impedir a condenação do doutor Farina, causando ainda prejuízos profissionais ao médico e uma indesejada publicidade a Valdirene, que inclusive teve a sentença de retificação de nome revogada, voltando a chamar-se Valdir.

Em nossa cultura, a maior parte das pessoas que recusam o sexo que lhes foi determinado no nascimento prefere tratar do assunto com discrição. Mas há culturas em que as pessoas vivem com um sexo diferente do original e com um *status* social que as valoriza: é o "terceiro sexo". É o caso dos *Hijras* na Índia ou de algumas crianças *inuit*, esquimós. E também de várias tribos indígenas entre o México e o Alasca. Entre nós, ser transexual é um destino individual e não há previsão de um *status* social específico para esses indivíduos. O que eles desejam é tornar-se membros de outro sexo e não de um "terceiro sexo". Embora tenham pontos em comum, cada indivíduo tem sua história e formulações específicas sobre seu caso. A maior parte queixa-se de ser prisioneira de um corpo que não reconhece como seu. Sua demanda reveste não o *desejo* de ser mulher ou homem, mas uma *convicção* de ser mulher ou homem.

Nos últimos anos, desenvolveu-se um movimento transgênero que tem por objetivo transcender o "gênero". E outro que reagrupa os que desejam um sexo sem gênero fixo, indeterminado, múltiplo. O transexualismo é um fenômeno próprio de nossa cultura. Foi necessário o desenvolvimento de técnicas cirúrgicas e de endocrinologia para tornar possível a transformação corporal. Um verdadeiro corpo do outro sexo? Impossível, porém, pois os cromossomas não podem ser transformados e o interior do corpo, apesar das mudanças externas, continua o mesmo.

A palavra transexualismo é recente e está ligada às tentativas de agir sobre o corpo para modificá-lo. Foi o médico alemão Henry Benjamim, pioneiro em intervenções e tratamentos e autor de *O fenômeno transexual*, publicado nos EUA, quem a cunhou, em 1953. Em dez anos, o conceito se impôs e começou a distinção clínica entre transexualismo e travestismo, que até então se confundiam. No primeiro caso, trata-se de um problema de identidade de alguém que não pode viver na pele de um homem (transexualismo masculino para o feminino) ou na pele de uma mulher (feminino para o masculino). O travestismo é um prazer particular, originado por múltiplos motivos, de vestir-se com roupas do outro sexo, de "montar-se".

Depois dos anos de luta e sofrimento e da absolvição do médico, tais cirurgias só começaram a ser regulamentadas pelo Conselho Federal de Medicina em 1997. Apenas em 2008 é que o governo oficializou as chamadas "cirurgias de redesignação sexual", implantando o "processo transexualizador" através de seu órgão da saúde, o Sistema Único de Saúde – SUS. O mais importante, contudo, é a sociedade aceitar a identidade narrativa de cada transexual: ou seja, aceitar a narrativa que cada um faz de sua própria história, sem que seja necessário escondê-la ou apagá-la.

"DA NOITE DAS CIGARRAS" A "BRUNAS SURFISTINHAS"

No fim dos anos 70, todo mês de julho, a vida noturna das grandes cidades animava-se. Em época de férias, com mulher e filhos distantes para descansar melhor, exauriam-se os maridos: "as cigarras", como eram chamados. Sua presença em boates, *nightclubs* e todo tipo de casa noturna azeitava o faturamento da indústria da prostituição, um negócio com muitos interesses. No meio do ano, eles batiam recordes. Não só o preço das prostitutas subia, mas também a venda de bebidas alcoólicas e drogas, a frequência de hotéis e motéis e até porteiros de boates eram beneficiados. Em 1973, apenas em São Paulo, a polícia calculava haver 10.000 prostitutas, sendo 4000 cadastradas. Entre essas, de 3000 a 3900 atuavam exclusivamente na "boca do luxo", região onde casas como La Licorne, Vagão, Telecoteco da Paróquia, Catedral do Samba, etc., tornavam-se terreno de caça entre cigarras e formigas. Todo esse aumento da prostituição, no entanto, não era coibido pela polícia, uma vez que vender sexo não é crime.

As cigarras não cantavam igual em toda parte. A revista *Veja*, em matéria sobre o assunto, registrava as diferenças no país: "São Paulo, sem dúvida, é o centro nervoso desta época de apoteose – segundo as mulheres, é na capital paulista que está o 'grosso do dinheiro' [...]. Os cariocas são em geral menos generosos do que os paulistas na remuneração dos seus programas. Os homens de negócios ou os senhores casados de cidades como Salvador e Recife, por sua vez, não têm o hábito de se afastarem de suas famílias durante as férias de verão ou inverno [...]. Os mineiros igualmente não têm sido clientes ideais para as boates. Eles recorrem mais às *call girls*, que atendem em seus apartamentos (ou 'apertamentos') nos edifícios Malleta, JK e San Remo no centro de Belo Horizonte. [...] A segunda alternativa corre por conta dos encontros marcados, ainda por telefone, com uma das *call girls* recomendadas pelos *barmen* de uma das principais boates da capital mineira, Lido, Chat Noir e People, sob um intrincado sistema de código que funciona na base do 'doutor Antônio pediu para o senhor José ligar amanhã para ele às 10 horas'. Ou de que 'o doutor Antônio confirmou que vai esperá-lo amanhã às 14 horas'. Em Brasília, o recesso parlamentar não chega a alterar a vida noturna da cidade. Pelo contrário, as boites de música *pop* Kako e Shalako continuam bastante frequentadas, e a saída dos políticos, segundo os porteiros e ascensoristas dos hotéis de alta categoria, é compensada pela chegada dos turistas."

A reportagem informava ainda que, como aves migratórias, durante o "mês das cigarras", as prostitutas costumavam partir de suas cidades para outras "cujos mercados se revelassem mais promissores". Haveria uma espécie de intercâmbio entre as casas de prostituição. O perfil das mulheres que viviam da prostituição era, em geral, o mesmo: "elas vivem da prostituição porque foram defloradas e abandonadas ou porque se separaram do marido e tinham filho para sustentar, ou simplesmente porque estavam a ponto de se desesperar por não poder ganhar dinheiro suficiente para comer. Quase sempre, também, todas pretendem ficar por pouco tempo na profissão e lamentam o que estão fazendo".

As mais requisitadas eram "as fartas", capazes de "encher uma cama". Mas mais importante é que fossem discretas. Em 1979, o Brasil assinou a Convenção contra o Tráfico de Pessoas e Exploração da Prostituição. A atividade não era crime ilegal, mas sua exploração, por lenocínio ou tráfico de mulheres, sim, conforme os artigos 227 e 231 do Código Penal Brasileiro. Alerta para o fato, a CNBB já chamara atenção para a situação das "madalenas", sugerindo, inclusive, apoios: "A prostituição, como instituição legal, é uma mancha vergonhosa em nossa civilização. É a aceitação de um fato, postulado pelo egoísmo dos homens, propiciado pela fragilidade das mulheres, amparado pela hipocrisia generalizada", registrava d. Luciano Duarte.

A chegada da aids calou a cantoria das "cigarras". Bordéis e casas noturnas e de massagem esvaziaram-se. Muitas prostitutas e clientes foram vítimas do vírus, aumentando a discriminação e o preconceito. Nos anos 80, o debate sobre a violência contra as mulheres abriu portas para que se abordasse aquela contra as prostitutas. Vítimas de cáftens, policiais e clientes, mas também da doença, elas começaram a se organizar. Surgiram movimentos sociais para proteger as "trabalhadoras do sexo" ou o "comércio do sexo". E as preocupações morais e sanitárias evoluíram para questões como cidadania e direitos.

Após a realização, em 1987, do I Encontro Nacional de Prostitutas, na cidade do Rio de Janeiro, a estratégia para garantir o reconhecimento público da profissão e a cidadania das "profissionais do sexo" foi a criação e a legalização de associações em diferentes estados. Dois anos depois, durante o II Encontro Nacional de Prostitutas, nasceria a Rede Nacional de Profissionais do Sexo. Nos anos seguintes, um conjunto de entidades foi criado nos diversos estados brasileiros.

Em outubro de 2000, a revista *Época* elaborou uma série de reportagens sobre as "Prostitutas do século XXI". Se, antes, o ofício nascia da miséria, da falta de oportunidades, da migração interna e da promiscuidade, as coisas tinham mudado. Uma das entrevistadas dizia ansiar por fazer dezoito anos para assumir, sem documentos falsos, sem a condição de vítima, a condição de prostituta. Escolhera comercializar o corpo atraída por dinheiro. Seu namorado era o "empresário" e decidiu que ela deveria aprender inglês para negociar com clientes estrangeiros. Ao despedirem-se, na porta do local de trabalho, ela e ele trocavam juras: "eu te amo".

Cafetinas entrevistadas explicavam que as cidades grandes atraíam meninas do interior. Elas ajudavam a família e, para que não houvesse desconfiança do *métier* exercido, usavam dados mentirosos. Atraídas pela clientela VIP, muitas delas faziam carreira e, uma vez a "profissão" abandonada, casavam, mudavam e montavam negócios próprios. Não era, contudo, a realidade de todas. "Pisteiras", muitas delas menores, arriscavam suas vidas à beira de estradas movimentadas. No Centro-Oeste e Sul prevalecia a exploração em prostíbulos na rota do narcotráfico, redes de bordéis fechados, exploração de meninos e meninas de rua e tráfico de crianças. O jornalista Gilberto Dimenstein denunciou a exploração nas áreas indígenas, onde viu crianças sendo trocadas por cachaça, remédios, roupas e comida. Nos garimpos do Norte, mal menstruavam, meninas eram encaminhadas aos bordéis. As condições eram terríveis: leilões de virgens, venda e tráfico de crianças e adolescentes, desaparecimento e cárcere privado e turismo sexual. No Nordeste e Sudeste, prevalecia o último com rede organizada de aliciamento, que incluía agências de turismo, nacionais e internacionais, hotéis, taxistas e comércio de pornografia. Segundo relatório da ONU, em 2001, havia cem mil mulheres e crianças sexualmente exploradas no Brasil. A vida dessas pessoas pouco mudou de lá para cá... Em 2003, o deputado federal Fernando Gabeira apresentou um projeto de lei tendo em vista o reconhecimento da prostituição como um "serviço de natureza sexual", e a legislação trabalhista tratou de inserir a atividade de profissionais do sexo como parte da Classificação Brasileira de Ocupações. Dos bordéis às boates e casas de massagem, e destas para as telas do computador, a prostituição confirma ser a mais velha e maleável profissão do mundo.

DA PEDEROSE À PEDOFILIA: O PESADELO DOS INOCENTES

No final dos anos 90, graças à globalização das mídias, um escândalo sacudiu o mundo: o conhecido cantor americano Michael Jackson era acusado, pela imprensa falada e escrita, de abuso sexual de crianças. Passava-se da pederose à pedofilia. Por que o assunto teria ressurgido? Algumas hipóteses se esboçavam. A revista *Veja*, por exemplo, ligava o número de casos aos problemas da vida moderna: crianças estavam tendo menos atenção dos pais, sobretudo das mães, que cada vez mais entravam no mercado de trabalho. Os filhos acabavam nas mãos de babás, creches e parentes.

Segundo o mesmo veículo, o SAC, Serviço de Advocacia da Criança, entidade ligada à OAB, fez uma pesquisa a partir dos processos registrados de 1988 a 1992 e chegou ao número de 2700 denúncias de abuso sexual ao ano. A realidade, contudo, devia ser muito maior. Nos EUA, por exemplo, estimava-se que 500.000 crianças sofressem esse tipo de abuso por ano. Diferente de outros crimes, como o assalto, o criminoso era, quase sempre, alguém muito próximo da vítima. "Mais do que conhecido, ele é uma pessoa especial, em quem a criança confia e de quem ela gosta", explicava o psiquiatra Claudio Cohen, coordenador do Cearas, Centro de Estudo e Atendimento Relativos ao Abuso Sexual, da USP.

Segundo uma pesquisa nacional, 62% dos abusos sexuais contra menores ocorriam, então, dentro do seio familiar. As meninas seriam as maiores vítimas, representando 83% dos casos. Pais e padrastos eram os principais abusadores, respondendo por 50% dos casos – na proporção de três casos cometidos por pais para cada um por padrastos. Tios e outros parentes respondiam por 12% dos abusos e estranhos – vizinhos e amigos – pelos 38% restantes. Diante dessa constatação, ficava difícil falar desse tipo de crime: ele envolve "um dos mais sagrados tabus das civilizações – o incesto, que diferencia o homem dos animais e garante o equilíbrio fundamental a uma pessoa".

A revista sublinhava ainda que não se podiam confundir gestos de carinho, fundamentais para o desenvolvimento afetivo das crianças, com abuso sexual. "O que define abuso sexual não é o ato em si, que na maioria das vezes dispensa a relação sexual completa entre o adulto e a criança, mas a intenção com que é praticado," esclarecia o dr. Cohen. Mas não era nada fácil distinguir teoria e prática! O dr. Cohen traçou um perfil de quem cometia esse tipo de abuso sexual: "Em geral, é um homem tímido, aparentemente incapaz de maltratar uma mosca, desprovido de agressividade no trato social, sem iniciativa. [...] Mesmo uma prostituta ou um garoto de programa é capaz de assustar o agressor de crianças. Trata-se de pessoas consumidas pela ideia de inferioridade, que só conseguem exercer um mínimo de sedução e autoridade diante de meninos e meninas".

A preferência por crianças simplificaria o processo de sedução, bastando às vezes doces ou trocados – método usado desde sempre. Também padres da Igreja Católica foram alvo de relatos, engrossando queixas que vinham desde o século XIX. Marcas deixadas nas vítimas ficavam para sempre: tendência a ficar emocionalmente infantilizados, medo, dependência e fragilidade emocional, além de tendência ao sadismo. Meninos acabavam se tornando agressores na idade adulta e meninas tinham dificuldades de relacionamentos afetivos. Diante do aumento do número de casos e da sua maior repercussão no mundo inteiro, o alerta estava lançado: a erotização começava na infância.

Graças à Internet, a circulação no meio virtual de imagens de crianças sendo usadas como objetos sexuais aumentou. A propagação da informação valeu-se de uma velocidade até então impensável. O Brasil passou a ocupar um desonroso terceiro lugar, atrás apenas dos Estados Unidos e da Rússia, no *ranking* mundial de *sites* de pornografia infantil. Os agressores eram jovens de classe média, entre 17 e 24 anos, atraídos pelas expressivas somas oferecidas pelo tráfico de pornografia infantil. Uma foto podia valer cem dólares, e um vídeo de cinco minutos, mil. Atores mirins, meninos e meninas da própria família, incluindo bebês, eram mostrados nus ou semi-nus, em posições variadas, para agradar a clientela: homens com mais de quarenta anos, profissionais liberais ou executivos, em sua maioria. O baratea-mento de câmaras digitais, das *web cans* e de programas de edição multiplicou a troca de imagens e arquivos.

Desde 1995, quando a internet chegou ao Brasil, mais de duzentos projetos de lei foram encaminhados ao Congresso na tentativa de regularizar minimamente o espaço cibernético nacional. A única mudança significativa ocorreu, contudo, em 2003, no Estatuto da Criança e do Adolescente. O artigo 241 determina que é crime "apresentar, produzir, vender, fornecer, divulgar ou publicar, por qualquer meio de comunicação, inclusive pela rede mundial de computadores e internet, fotografias ou imagens com pornografia ou cenas de sexo explícito envolvendo crianças ou adolescentes". A pena é de dois a seis anos e recai também sobre quem agencia, autoriza ou facilita de qualquer modo a participação dos pequenos.

O nó da questão é a pouca participação da sociedade nessa discussão. Muitas crianças brasileiras, por ignorância ou negligência parental, são precocemente sexualizadas: meninas exibem unhas pintadas, saltos altos, roupa justa inspirada naquela das animadoras de programas infantis, maquilagem de brinquedo. Houve época em que dançavam não mais o "atirei o pau no gato", e sim na "boquinha da garrafa". Elas recebem todo tipo de informação e nas festinhas de aniversário conjugam verbos como "ficar", "beijar" e "namorar"... Nossas crianças vivem cercadas de objetos e mensagens publicitárias que as incitam a viver num mundo onde toda forma de *querer* é voltada à satisfação imediata. Por que não a sexual? O sonho publicitário – na televisão, no *shopping* e nos *outdoors* – promete-lhes tudo, pela compra ou pelo consumo. Ele abre as portas à inevitável frustração, sobretudo para nossas crianças pobres, as maiores vítimas de abusos. Os pais, por sua vez, se calam diante da exploração dessa infância que, quando vendida, também lhes possibilita o acesso a objetos e às delícias do consumo. Tudo colabora, enfim, para banalizar a imagem da criança e diminuir a aversão à pornografia infantil.

"ATÉ QUE A VIDA OS SEPARE..."

Casamento, hoje? "Até que a vida os separe", responde o psicanalista. As estatísticas não o deixam mentir. Desde a década de 1980, o número de casamentos vem declinando e o de divórcios, aumentando. Quem contabiliza é o IBGE. Golpes e mais golpes fustigam a família. Menos sensível às sanções religiosas, menos atenta às tradições, ela já é chamada por cientistas sociais na Europa de "família pós-familial". Segundo estudiosos, ela só continua a existir na imaginação ou na memória.

A culpa? É do casamento, que não resistiu às mudanças. A revolução tecnológica permitiu a emancipação econômica dos indivíduos, desobrigando-os da vida familiar, até recentemente uma proteção contra as ameaças do mundo, lá fora. A Amélia – que se encarregava de lavar e passar para o marido – foi substituída pelo micro-ondas. A pílula e a emancipação da mulher alteraram definitivamente as relações dentro da família. Como se não bastasse, envolvimentos extraconjugais fascinam uns e outros, enquanto cresce na sociedade industrializada o número de pessoas que querem viver sozinhas. A autofelicidade vem na frente dos cuidados entre os cônjuges e destes com os membros da família. Hoje, sou "eu", depois o "tu" e, bem mais longe, "eles". Enfim, a modernidade parece querer dispensar o casamento e a família de sua função histórica básica: garantir a nossa sobrevivência.

Mas não chegamos a esse ponto sem certas idas e vindas. No fim dos anos 80, o casamento esboçou uma reação: ele valorizou-se. Cerimônias religiosas mais e mais ostensivas respondiam ao constrangimento dos que se "juntavam" nos anos 70. Entre 1983 e 1985, o número de casamentos cresceu 10%, contrariando as expectativas dos que atravessaram a fase de rebeldia estudantil, movimento *hippie* e casamentos abertos.

Teria razão o historiador inglês Arnold Toynbee, que previu que "a coroação da revolução sexual será a volta do ascetismo"? Constatados os equívocos da "liberação sexual", voltou-se rápido ao tradicional casamento, ainda uma das melhores opções em termos afetivos, emocionais, econômicos e sociais. O medo da aids também era um fator que ajudava a explicar a mudança. As "amizades coloridas" traziam mais riscos do que acertos. A alternativa do divórcio e a diminuição do estigma dos "desquitados" era outro fator apontado como relevante. Segundo o IBGE, o número de separações também dera um grande salto, passando de 29.000, em 1980, para 76.000, cinco anos depois. Em entrevista a *Veja*, o advogado Sérgio Marques da Cruz Filho, especialista em direito familiar, explicava que o aumento do número de divórcios era também um sintoma da revalorização do casamento, posto que "nem metade dos separados se divorcia". E, quem o fazia, pretendia se casar de novo. "O divórcio significa o começo de uma outra vida familiar." A separação, no entanto, ainda era vista como um passo extremo, que devia ser evitado ao máximo.

No fim dos anos 80, a imprensa debruçou-se sobre o crescimento de um novo tipo de família, cujas crianças eram os "filhos do divórcio". Considerando que no Brasil cada casal tinha em média quatro filhos, estimou-se que, só no ano de 1985, o número de filhos de pais separados tenha alcançado o número de 44.0000 crianças. Fazia tempo que os "filhos de desquitados" não eram mais vítimas de estigmas sociais. Era até preferível, em alguns casos. Segundo educadores, se o ambiente doméstico de um casamento estivesse desgastado, melhor a separação.

Seria verdade? O psiquiatra Haim Grunspun, auxiliado por várias turmas de alunos da PUC de São Paulo, em pesquisa realizada entre 1967 e 1974, fez para 10.000 filhos de casais separados, com idade de até quarenta anos, a seguinte pergunta: "Você gostou de seus pais terem se separado?". Não obteve sequer uma resposta afirmativa, chegando, no máximo, à expressão "mal necessário".

Para o psicanalista Sérvulo Figueira, professor da PUC do Rio de Janeiro, o estudo das chamadas "famílias pós-divórcio" levava a uma constatação curiosa: "a de que a modernização das estruturas familiares no Brasil tem um pé fortemente calcado no passado". Isto é, após a desorganização provocada na família tradicional, o novo tipo de família que surgia, "em que se juntam filhos de casamentos anteriores, em que ex-cônjugues se dão bem", inspirava-se nas famílias de outrora. "A antiga família patriarcal, com muitos filhos legítimos e ilegítimos, irmãos, sobrinhos, primos, tios e agregados, voltou a emergir na sociedade, só que com uma roupagem adaptada. A opção pela convivência com ex-membros da família é uma saída social inteligente e criativa, que vai ao encontro dos tempos do Brasil Colônia, com suas famílias extensas. Elas são hoje um exemplo do Brasil arcaico e do moderno se completando."

Em 1995, uma em cada cinco famílias brasileiras era chefiada por mulheres, que acumulavam a educação dos filhos com a profissão. Produto das mudanças aceleradas nos costumes, e especialmente do divórcio, as FCM – sigla patenteada nos meios acadêmicos para designar as famílias chefiadas por mulheres – estavam em toda parte. À sua frente, da executiva à empregada doméstica.

A maior variação residia na geografia. No Rio de Janeiro, a porcentagem de mulheres chefes de família era maior do que a média nacional: 25% dos domicílios. E sua presença crescia no Brasil inteiro. Se o final dos filmes românticos continha a mesma mensagem – felizes para sempre ou casados para sempre

–, a realidade deixava de ser assim. A situação chocava muitas pessoas, mas, diziam os especialistas, havia pouco a lamentar. Famílias chefiadas por mulheres em geral indicavam que elas não se conformavam mais com as misérias e os sofrimentos de um casamento infeliz. Preferiam seguir em frente, no esforço de encontrar a própria felicidade. "Há 25 anos, a mulher separada era considerada uma prostituta pela sociedade, e os filhos, apontados como crianças necessariamente problemáticas na escola. Muitas mulheres se mantinham casadas apenas para evitar o estigma da separação", assinalava o advogado Sérgio Cruz Filho.

A realidade desmentia a visão de que filhos criados longe do pai estariam predestinados a ter um desempenho escolar preocupante. Pesquisa feita, na época, na região metropolitana de São Paulo, mostrou que os filhos de mães chefes de família de classe média tinham um desempenho até melhor do que o das crianças com a presença paterna em casa. "As mulheres que chefiam a família acabam sendo mais exigentes consigo mesmas e com suas proles", explicava a psicóloga paulista Sílvia Rechulski. "Têm um desempenho profissional acima da média de suas colegas casadas e cobram mais as responsabilidades dos filhos."

A postura mais responsável da mulher era comprovada pelas autoridades brasileiras. Quando uma família recebia um lote de terreno em bairros populares, por exemplo, o título de propriedade ia para ela, e não para ele. A experiência demonstrou que, com muita frequência, o pai seria capaz de vender o lote por uns trocados e ir embora. Já a mulher, com garras de leoa, protegia o abrigo da família. Nos anos 90, era raro evitar uma separação pelo temor de que era preciso pensar nos filhos. Não só porque todas as crianças, sem exceção e desde o primeiro ano de idade, tinham pelo menos um amiguinho cujos pais já tinham se separado, o que as poupava de se sentirem segregadas, mas também porque, se era verdade que a separação produzia um trauma na infância, mais difícil seria acreditar que ser criado no interior de um inferno conjugal pudesse fazer bem aos pequenos.

Em 1995, as taxas de divórcio, que marcavam o desfecho de 21% dos casamentos, provavam que cada vez menos os dogmas religiosos ou as tradições familiares tinham o poder de interferir na vida pessoal dos brasileiros. E isso num país onde o divórcio só foi aprovado em 1977. Outra mudança notável veio com o fim do preconceito contra a mulher trabalhadora. Deixou de ser vergonha e, ao contrário, tornou-se quase uma exigência que ela tivesse um lugar ao sol no mercado de trabalho. Mudanças relacionadas entre si, sem dúvida! Com a segurança dos salários e a contracepção, mais e mais mulheres querem conjugar o verbo "recomeçar".

PERDAS & GANHOS

Em 1990, dados da Pesquisa Nacional por Amostra de Domicílios do IBGE apontavam que, em média, homens divorciados teriam quatro vezes mais chances de se casar novamente que mulheres em igual condição. O fenômeno foi chamado por demógrafos de poligamia sequencial. Ao longo da vida, eles teriam várias esposas, cada vez mais jovens. No primeiro casamento, a diferença de idade era de quatro anos, em média, chegando a quase oito, nas uniões seguintes. Em 1990, por exemplo, mais homens de mais de 50 anos se casaram com moças de menos de 25 anos. No mesmo ano, poucas mulheres da mesma faixa etária reproduziram a equação com rapazes de menos de 25. Alimentado e bem servido, o marido costumava ir embora, depois de fazer um bom progresso na carreira. Por coincidência, quase sempre nesse momento, ele concluía que o casamento se tornara monótono e passava a interessar-se por mulheres mais jovens.

Segundo os advogados de família, uma separação ocorria sempre que aparecia a tal "amante" na história. Entre os motivos que levavam à separação de um casal, a traição despontava em primeiro lugar nas estatísticas dos escritórios de advocacia.

Em 99% das vezes, a traição era do homem, e quase sempre com mulheres mais jovens. Tal índice aparentemente conflitava com os registros civis, em que a esposa toma a iniciativa da separação em 73% dos casos. "É muito raro a mulher querer separar-se. Em geral, ela só o faz quando já foi muito humilhada pelas escapadas do marido e nos casos em que a separação oficial se torna a única garantia de um apoio financeiro aos filhos", disse à revista *Veja* uma advogada. "Por que homens e mulheres traem?", perguntavam-se os sociólogos. A infidelidade seria apenas uma questão estatística? Ainda não encontraram respostas.

Divorciado, "o homem não esquenta lugar no mundo dos solitários", afirmou a demógrafa Elza Berquó, pesquisadora do Cebrap, em entrevista à mesma *Veja*, em 2000. Tão delicado quanto a separação era o ritual que levava a mãe a apresentar o novo namorado aos filhos. O cuidado se explicava pelo temor de que o novo marido obrigasse a mulher a diminuir a atenção prestada às crianças, que já não podiam contar com a presença do pai. Sobrevivia, ainda, o temor de que uma segunda união não desse certo. E que, vencidas as barreiras iniciais, os filhos tivessem de passar por uma segunda perda afetiva. Mesmo em se tratando de amores de curto prazo, um abismo separava a condição dos ex-casados. Não se condenava – em alguns casos, até se estimulava – o ex-marido que competisse nas festas para levar uma medalha de dom juan. Já a ex-mulher que fizesse fama como caçadora ficava malfalada na vizinhança.

Para piorar, o padrão de vida do casal caía. Uma pesquisa da Fipe/USP informou que, ao marido deixar o lar, todos se tornavam 25% mais pobres. Caso ele tivesse outra mulher para sustentar, a queda chegava a 35%. Com outros filhos, o arrocho chegava a 50%. Quem corria atrás do prejuízo? A ex-mulher. Se não trabalhava, tinha que procurar emprego. Se o fazia em meio período, teria de cumprir jornada inteira. Ainda que pagasse uma pensão de 50% sobre seus vencimentos à esposa, o que era raro, o marido saía menos prejudicado na separação.

Nas classes desfavorecidas também se vivia a mesma acelerada mudança que agitava o andar de cima. Mas não foram os costumes liberais que colocaram, por exemplo, o Nordeste como a primeira região do país em número de mulheres chefes de família. E sim a pobreza, que empurrava maridos para longe, em grandes fluxos migratórios, deixando mulheres e filhos para trás. Vingava o chamado "matriarcado da pobreza".

A vantagem masculina para reconstituir a vida não resultava de uma aptidão biológica para o casamento, mas sim de uma questão de números. Não bastasse haver um superávit de 1,2 milhão de mulheres em relação ao total de homens – a maior parte delas em idade casadoira –, eles ainda podiam escolher entre as mais jovens, de pele esticada, barriga lisa e perna dura.

Nada para elas e tudo para eles? Homens sem problemas? Não. Ao final dos anos 90, eles tinham sido "nocauteados": insatisfação, baixa autoestima, falta de amor-próprio era o resultado das mudanças ocorridas na última década. Em 1996, o medo do fracasso levava três homens para cada mulher aos consultórios de psicoterapia da área sexual, segundo estimativa do Instituto Kaplan de São Paulo. Com a entrada das mulheres no mercado de trabalho e nas universidades e a adoção de novos comportamentos sexuais, os homens sentiam-se mais pressionados. Afinal, as conquistas femininas estavam ocorrendo na prática. Era hora de lidar com elas e reconsiderar o papel de "sexo forte".

O sentimento de fracasso e inadequação, mais as pressões da vida moderna, podiam explicar, por exemplo, a diminuição da produção de espermatozoides verificada nos homens por médicos e cientistas em todo o mundo. E, alarme! De acordo com uma pesquisa feita pela Clínica Pro-Pater Promoção da Paternidade, de São Paulo, dos 52.000 homens que a procuraram durante nove anos, 28% disseram considerar-se pessoas desinteressantes e 52% admitiram ser maus amantes, revelando uma autoestima muito baixa. O fantasma estava em toda parte, inclusive nas ondas do rádio. Na época, Léo Jaime compusera o divertido "Sucesso sexual": "Tudo o que eu quero/ Tudo o que eu quero agora/ É sucesso sexual/ Pra que eu quero fama?/ Pra que eu quero grana?/ Sem sucesso sexual?".

Os defeitos ou falhas na excitação espontânea continuavam a levar um número significativo de homens a recorrer à prostituição e à pornografia. Sua busca em fontes poderosas de estímulo por meio de práticas marginais e clandestinas, ou pelo encontro de parceiras cada vez mais jovens, foi uma forma de reação à perda da virilidade cuidadosamente construída entre os anos 50 e 60, quando a mulher ainda não sabia gozar.

O sentimento de inadequação levou, também, os homens a recorrer às cirurgias estéticas, às academias de ginástica e a tratamentos de beleza, não só para aumentar a autoestima e atrair as mulheres, mas também para fins profissionais. Tudo isso para se recuperar do nocaute imposto pelas transformações das últimas décadas e do feminismo. Para melhorar o quadro geral, o Viagra, milagrosa pílula azul, aterrissou aqui com grande estardalhaço. Punha-se um fim às dolorosas injeções, bombas a vácuo, centros de macumba e simpatias curativas usadas para afastar o medo de falhar. Se até então a vergonha cobria o assunto, o tema passou a invadir a mídia e congressos de medicina. E o samba de Martinho da Vila ecoava: "Se a quentura tiver morna/ Come um ovo de codorna/ E se a noite for infinda/ Aí, só pau-de-cabinda/ E se ela quiser bis no fim/ Pimenta com amendoim...".

A imagem do macho, contudo, foi atingida. Não demorou muito para que mulheres compositoras, cheias de audácia, como Tati-Quebra-Barraco, fizessem letras pioneiras exigindo que os homens as satisfizessem – afinal: "Se eu pago o hotel/ Ele faz o que eu quiser"! Ou criticando os possuidores de sexo pequeno, os que negavam fogo ou os que apregoavam serem bons de cama, quando a verdade era outra. Nascia o machismo de saias e rolo de pastel na mão.

Recentemente, uma pesquisa perguntou a vinte casais da classe média carioca: "o que é casamento?". A resposta de 95%

das entrevistadas foi: uma relação de amor. A de 100% dos homens: a constituição de uma família. São visões diferentes e frustrações idem. Mulheres encaram a separação como uma consequência do fim do amor. Já para grande parte dos homens, o fato de a relação não ser um mar de rosas não justifica um rompimento. Bem ou mal, eles têm uma família. A mola mestra da imensa maioria das separações é velha como a humanidade e, no entanto, atualíssima: a constatação de que o sexo oposto é exatamente isso – oposto.

"ENFIM SÓS" OU "ENFIM SÓ"?

A baixa dos índices de natalidade e fecundidade, o aumento de casais e de nascimentos fora do casamento, o aumento do número de divórcios apontam modificações na sociedade. A maior delas, contudo, é a simbólica. Está havendo uma brutal individualização da família. Nela, assistimos à passagem do coletivo ao singular. Do grupo, ao indivíduo. E ela gera duas correntes: a dos que dizem que a família está recuando como instituição, resultado de uma cultura fundada na defesa dos interesses pessoais e do egoísmo ambiente. E outra que defende a capacidade do individualismo em valorizar as escolhas eletivas, escolhas capazes de fazer do outro uma fonte de realização de si.

Essa nova ordem sentimental repousa menos sobre valores coletivos e mais na aspiração de construir uma identidade. A "fidelidade incondicional" de outrora foi trocada pela "fidelidade enquanto se ama". De juramento solene, ela passou a consciência do provisório.

Transformações econômicas, demográficas, culturais e sociais agiram para modificar tais relações. Os álbuns de retratos ganharam novos atores: madrastas, padrastos, meios-irmãos e produções independentes. Segundo cálculos do IBGE, nesta década, 47% dos domicílios têm pais ausentes. Muitos deles se caracterizam por ligações consensuais temporárias. Os avós têm novo papel: criar e educar os netos, repartindo com pais biológicos responsabilidades, inclusive financeiras. Uma mudança importante se dá para as minorias: os homossexuais começam a sair do armário e a ocupar a cena pública. "Pai, mãe: sou *gay*." A confissão é mais bem aceita. É o começo do fim de uma sociedade que produzia sofrimento graças ao jogo da repressão, do interdito, da miséria sexual.

Na intimidade, a sexualidade liberou-se, por completo, das exigências de reprodução, graças à difusão dos meios modernos de contracepção. Tornou-se mais livre, fluida e aberta à emergência dos mais variados estilos de vida. Ela tornou-se algo que se cultiva, que tem a ver com a identidade de cada um. E não mais uma norma coletiva predeterminada. O que era considerado "perversão", pretensamente "anormal" aos olhos do público, foi descrito, analisado e virou "ciência" alimentada por textos e debates: a sexologia. Findaram o limite ou as lições de como usar o corpo. O prazer, ou sua promessa, revelou-se infinitamente eficaz para a comercialização de bens no seio da sociedade de massas. O imaginário sexual tornou-se uma gigantesca estratégia de vendas. O sexo, de reprimido e disciplinado, depois instrumento de emancipação e igualdade nos anos 70 e 80, passou a um poderoso aliado do consumo e do hedonismo. Sua banalização seria uma maneira de distrair a sociedade de seus verdadeiros problemas?

Antes encerrada em espaços estritos e secretos, onde se exercia o controle disciplinar e repressivo sobre a sociedade, a sexualidade tornou-se pública. Hoje, o sexo se ostenta. Em toda parte, a maior dose de superexposição é possível por meio de redes sociais e da mídia, e o exibicionismo é uma das motivações para seu uso. Divulga-se o corpo e a alma, sem meios-termos. Vivemos numa sociedade narcisista e confessional. Porém, sociólogos explicam que a relação sexual e amorosa democratizou-se.

Cada qual busca no encontro com o outro – por vezes, encontros em série – a realização de um projeto de vida e de uma invenção de si. Nada disso é fácil de viver. Mas, asseguram os especialistas, é um mundo de liberdade e invenção.

Se a ideia de interioridade dava consistência à vida dos indivíduos no passado, hoje vivemos o instantâneo, o espetáculo. Se a privacidade se opõe ao público, a intimidade é uma palavra carregada de afeto e de vida que se opõe ao universo publicitário – dizem os filósofos. Nos últimos séculos, tanto a privacidade quanto a intimidade sofreram transformações. No início, as pessoas jamais estavam sós. Membros de comunidades, elas viviam em espaços sem divisões. Buscar o isolamento era luxo dos que podiam. Estar longe do olhar dos outros definia o privado. Homens e mulheres dobraram-se às boas maneiras: vestiram-se, deixaram de urinar publicamente e de comer com as mãos. Por caminhos diversos, a educação do corpo adquiriu fórmulas de contenção, contrariando o desejo e os apelos da "natureza". Se antes éramos malcheirosos e sujos; hoje, somos perfumados. Se ontem éramos marcados por cicatrizes; atualmente somos cauterizados. Se no passado éramos castos e cobertos; agora, somos desnudos e exibidos.

Hoje, também, espaços privados estão ligados à noção de conforto e convivialidade. "Estar bem" significa ter seu "canto", reconhecer-se em objetos familiares, sentir seu próprio cheiro. Nesses espaços, cuida-se de si. Avalia-se o trabalho permanente para definir as fronteiras entre o íntimo e o social. E ali, no coração da vida privada, a intimidade: a fronteira fluida entre o indivíduo e o mundo, o espaço preservado contra as agressões. Ali, o corpo, o sexo, o amor, a imaginação, a memória e tudo o mais que seja cumplicidade consigo mesmo. Na intimidade podemos levantar todos os véus e nos perguntar quem somos.

E quem somos? Indivíduos de muitas caras. Virtuosos e pecadores, oscilando entre a transigência e a transgressão. Em público, civilizados. No privado, sacanas. Na rua, liberados; em casa, machistas. Ora permissivos, ora autoritários. Severos com os transgressores que não conhecemos, porém indulgentes com os nossos, os da família. Ferozes com os erros dos outros, condescendentes com os próprios. Em grupo, politicamente corretos, porém racistas em segredo. Fora, entusiastas dos "direitos humanos", mas, cá dentro, a favor da pena de morte. Amigos de *gays*, mas homofóbicos. Finos para "uso externo" e grossos para o interno. Exigentes na cobrança de direitos, mas relapsos no cumprimento de deveres. Somos velhos e moços, nacionalistas e internacionalistas, cosmopolitas e provincianos, divididos entre a integração e a preservação de nossas múltiplas identidades. Na intimidade, miramos nossas contradições. Resta saber se gostamos do que vemos.

Bibliografia

ADLER, Laure. *Les maisons closes*. Paris: Hachette, 1990.

ALBUQUERQUE, Samuel Barros de. *Memórias de Dona Sinhá*. Aracaju: Typografia Editorial, 2005.

ALENCASTRO, Luís Felipe de (org.); NOVAIS, Fernando (dir.). *História da vida privada*: Império. São Paulo: Companhia das Letras, 1997.

ALENCAR, Mauro. *A Hollywood brasileira*: panorama da telenovela no Brasil. São Paulo: Ed. Senac, 2002.

ALMEIDA, Aluísio de. *A vida cotidiana da capitania de São Paulo (1722-1822)*. São Paulo: Pannartz, 1975.

AMARAL, Amadeu. *Tradições populares*. São Paulo: Hucitec, 1976.

ANDRADE, Maria Cristina Castilho de. *Mulheres prostituídas*. Disponível em: <http://www.hottopos.com/seminario>.

ANTUNES, Madalena. *Oiteiro*: memórias de uma sinhá moça. Natal: A. S. Editores, 2003.

ARAÚJO, Emanuel. *O teatro dos vícios*: transgressão e transigência na sociedade urbana colonial. Rio de Janeiro: José Olympio, 1993.

ARAÚJO, Rosa Maria Barbosa de. *A vocação do prazer*: a cidade e a família no Rio de Janeiro republicano. Rio de Janeiro: Rocco, 1993.

ARIÈS, Philippe. *História social da criança e da família*. Rio de Janeiro: Jorge Zahar, 1981.

________; DUBY, Georges (dir.). *História da vida privada*: da Primeira Guerra a nossos dias. São Paulo: Companhia das Letras, 2009.

ASSOUN, P. L. *Le fétichisme*. Paris: PUF, 1994.

AZEVEDO, Francisca L. Nogueira de. *Carlota Joaquina na Corte do Brasil*. Rio de Janeiro: Civilização Brasileira, 2008.

AZEVEDO, Maria Amélia. *Mulheres espancadas*: a violência denunciada. São Paulo: Cortez, 1985.

AZEVEDO, Thales de. *Regras do namoro à antiga*. São Paulo: Ática, 1986.

BARATA, Germana. "O *Fantástico* apresenta a aids ao público (1983-1992)". In: NASCIMENTO, Dilene R. do; CARVALHO, Diana Maul de; MARQUES, Rita de Cássia (orgs.). *Uma história brasileira das doenças*. Rio de Janeiro: Mauad, 2006.

BARBOSA, Hélia *et alii*. "Abuso e exploração sexual de crianças: origens, causas, prevenção e atendimento no Brasil". In: UNESCO. *Inocência em perigo*: abuso sexual de crianças, pornografia infantil e pedofilia na Internet. Rio de Janeiro: Garamond, 1999.

BASSANEZZI, Carla. *Virando as páginas, revendo as mulheres*. Rio de Janeiro: Civilização Brasileira, 1996.

BASTIDE, Roger. *Estudos afro-brasileiros*. São Paulo: Perspectiva, 1983.

BERNARDES, Maria Teresa C. Caiubí. *Mulheres de ontem?*: Rio de Janeiro, século XIX. São Paulo: T. A. Queiroz, 1988.

BERQUÓ, Elza. "Arranjos familiares no Brasil". In: SCHWARCZ, Lilia (org.). *História da vida privada no Brasil*: contrastes da intimidade contemporânea. São Paulo: Companhia das Letras, 1998.

BEVILÁQUA, Ana. "Pernas à Ba-Ta-Clan: a influência das companhias estrangeiras na cena revisteira dos anos 20". *O percevejo. Revista de Teatro, Crítica e Estética do Programa de Pós-Graduação em Teatro*, ano 12, nº 13, 2004.

BICALHO, Maria Fernanda Baptista. "A arte da sedução: a representação da mulher no cinema mudo brasileiro". In: COSTA, Albertina de Oliveira; BRUSCHINI, Cristina (orgs.). *Entre a virtude e o pecado.* São Paulo: Fundação Carlos Chagas; Rosa dos Tempos, 1992.

BOLOGNE, Jean-Claude. *Histoire de la pudeur.* Paris: Olivier Orban, 1986.

BOUDARD, A. *L'âge d'or des maisons closes.* Paris: Albin Michel, 2000.

BRIGUEIRO, Mauro. *Sexualidade masculina na terceira idade.* Conferência no CDA do Instituto de Psiquiatria. UFRJ, 2001.

BUENO, Alexei. *Antologia pornográfica de Gregório de Mattos a Glauco Mattoso.* Rio de Janeiro: Nova Fronteira, 2004.

BRUSCHINI, Maria Christina; ROSEMBERG, Fúlvia. *Entre a virtude e o pecado.* São Paulo: Fundação Carlos Chagas; Editora Rosa dos Ventos, 1992.

CÂMARA CASCUDO, Luís da. *Cinco livros do povo.* Rio de Janeiro: José Olympio, 1953.

_________. *História dos nossos gestos.* São Paulo; Belo Horizonte: Edusp; Itatiaia, 1987.

CAMPOS, Alzira Arruda. *O casamento e a família em São Paulo colonial.* Tese (Doutorado) – USP, 1986.

CANDIDO, Antônio. "The Brazilian family". In: SMITH, Lynn; MERCHANT, A. (eds.). *Brazil, portrait of half a continent.* Nova York: The Driden Press, 1951.

CARNEIRO, Henrique. *A Igreja, a medicina e o amor.* São Paulo: Xamã, 2002.

_________. *Amores e sonhos de flora*: afrodisíacos e alucinógenos na botânica e na farmácia. São Paulo: Xamã, 2002.

_________. *Filtros, mezinhas e triacas*: as drogas no mundo moderno. São Paulo: Xamã, 1994.

CASTRO, Maria Werneck de. *No tempo dos barões:* histórias do apogeu e decadência de uma família no ciclo do café. Org. Moacyr W. de Castro. Rio de Janeiro: Bem-Te-Vi, 2004.

CASTRO, Yeda Pessoa de. *A língua mina-jeje no Brasil*: um falar africano em Ouro Preto do século XVIII. Belo Horizonte: Fapemig; Fundação João Pinheiro; Secretaria do Estado da Cultura, 2002.

CHILAND, Colette. *Changer de sexe.* Paris: Odile Jacob, 1997.

_________. *Le transexualisme.* Paris: PUF, 2003.

COLLAÇO, Vera. "As aparências mutantes de um corpo que se desnuda". *Urdimento*, nº 11, pp. 231-41, dez. 2008.

_________; "Do corpo vestido ao corpo nu: o corpo feminino no teatro de revista". Centro de Artes UDESC. In: *Anais do V Congresso Abrace.* Belo Horizonte: UFMG, 2008.

CORRÊA, Mariza. *Colcha de retalhos*: estudos sobre a família no Brasil. São Paulo: Brasiliense, 1982.

_________. *Crimes da paixão.* São Paulo: Brasiliense, 1981.

_________. *Morte em família.* São Paulo: Graal, 1983.

COSTA, Jurandir Freire. *Ordem médica e norma familiar.* Rio de Janeiro: Graal, 1979.

CORBIN, Alain. "La petite Bible des jeunes époux". *L'Amour et La Sexualité – les collections de L'Histoire*, nº 5, jun., 1999.

CORBIN, Alain; COURTINE, Jean-Jacques; VIGARELLO, Georges (dir.). *História do corpo*: as mutações do olhar. O século XX. Petrópolis: Vozes, 2008.

CUNHA, Maria Teresa Santos. *Armadilhas da sedução*: os romances de Mme. Delly. Belo Horizonte: Autêntica, 2005.

CZECHOWSKI, Nicole (org.). *L'Intime*: protegé, dévoilé, exhibé. Paris: Autrement, 1996.

DANIEL, Herbert. *Vida antes da morte*. Rio de Janeiro: Jabuti, 1989.

DANTAS, Júlio. *O amor em Portugal no século XVIII*. Porto: Chardron, 1917.

DEBORD, Guy. *Sociedade do espetáculo*. Rio de Janeiro: Contraponto, 1997.

DENIPOTI, Cláudio. "A gloriosa asneira de casar-se: amor e casamento no início do século". *Revista Regional de História*, vol. I, inverno de 1996.

DIAZ-BENITEZ, Maria Elvira. *Nas redes do sexo*: os bastidores do pornô brasileiro. Rio de Janeiro: Zahar, 2010.

D'INCAO, Maria Angela (org.). *Amor e família no Brasil*. São Paulo: Contexto, 1998.

DELUMEAU, Jean. *La peur en Occident*. Paris: Fayard, 1978.

________; *Le péché et la peur*: la culpabilisation en Occident XIIIe–XVIIIe siècles. Paris: Fayard, 1983.

DRAGONETTI, Badiou *et alii*. *De l'amour*. Paris: Champs, Flammarion, 1999.

DUBY, Georges; ARIÈS, Philippe. *Le chevalier, la femme et le prêtre*. Paris: Hachette, 1981.

________. *Histoire de la vie privée, de l'Europe féodale à la Renaissance*. Paris: Seuil, 1985.

________. *Histoire de la vie privée, de la Premiére Guerre Mondiale a nos jours*. Paris: Seuil, 1987.

DUERR, Hans Peter. *Nudité & pudeur*: le mythe du processus de civilization. Paris: Maison des Sciences de l'Homme, 1998.

EL FAR, Alessandra. *Páginas de sensação*: literatura popular e pornográfica no Rio de Janeiro (1870-1924). São Paulo: Companhia das Letras, 2004.

ELIAS, Norbert. *La civilization des moeurs*. Paris: Calman-Lévy, 1973.

ENGEL, Magali. *Meretrizes e doutores*: saber médico e prostituição no Rio de Janeiro. São Paulo: Brasiliense, 1989.

ESTEVES, Martha. *Meninas perdidas*: os populares e o cotidiano do amor no Rio de Janeiro da Belle Époque. Rio de Janeiro: Paz e Terra, 1989.

FAOUR, Rodrigo. *História do amor e do sexo na canção brasileira*. Rio de Janeiro: Record, 2008.

FAUSTO, Boris. *Crime e cotidiano: a criminalidade e o cotidiano*. São Paulo: Brasiliense, 1984.

________. "Imigração: cortes e continuidades". In: SCHWARCZ, Lilia (org.). *História da vida privada no Brasil*: contrastes da intimidade contemporânea. São Paulo: Companhia das Letras, 1998.

FEBVRE, Lucien. *Amour sacré, amour profane*. Paris: Gallimard, 1944.

________. "Pour l'histoire d'un sentiment". In: CHARTIER, Roger; MONFORT, Brionne, G. (orgs.). *La sensibilité dans l'histoire*, 1987.

FERIANI, Daniela M. *Entre pais e filhos*: práticas judiciais nos crimes em família, 2009. Dissertação (Mestrado) – IFCH, Unicamp.

FERLA, Luís Antonio Coelho. *Feios, sujos e malvados sob medida*: do crime ao trabalho, a utopia médica do biodeterminismo em São Paulo (1920-1945), 2008. Tese (Doutorado) – FFLC, USP, São Paulo.

FIGUEIREDO, Luciano Raposo. *Barrocas famílias*: vida familiar em Minas Gerais no século XVIII. São Paulo: Hucitec, 1997.

FLANDRIN, Jean-Louis. *Le sexe et l'Occident*. Paris: Seuil, 1981.

FLORENTINO, Manolo; GÓES, José Roberto. *A paz nas senzalas*: famílias escravas e tráfico atlântico. Rio de Janeiro: Civilização Brasileira, 1997.

FREITAS, Idalina de. *Crimes passionais em Fortaleza*: o cotidiano construído nos processos crime nas primeiras décadas do século XX, 2007. Dissertação (Mestrado) – PUC/SP.

FREYRE, Gilberto. *Casa grande & senzala*. Rio de Janeiro: José Olympio, 1973.

________. *Sobrados e mucambos*. Rio de Janeiro: José Olympio, 1977.

________. *Ordem e progresso*. Rio de Janeiro: José Olympio, 1981.

________. *Modos de homem & modas de mulher*. São Paulo: Global, 2009.

GAMA LIMA, Lana. *Mulheres, adúlteros e padres*: história e moral na sociedade brasileira. Rio de Janeiro: Dois Pontos, 1987.

________.*A confissão pelo avesso*: o crime de solicitação no Brasil colonial, 1990. Tese (Doutorado), USP, São Paulo.

GALVÃO, Jane Lúcia F. *Aids e a imprensa*: um estudo de antropologia social, 1992. Tese (Mestrado), Museu Nacional da UFRJ.

GIDDENS, Anthony. *La transformation de l'intimité – sexualité, amour et erotisme dans les sociétés modernes*. Rouergue: Centre National Du Livre, Rouergue/Chambon, 2004.

GIET, Sylvette. *Soyez libre! C'est un ordre*: le corps dans la presse féminine et masculine. Paris: Autrement, 2005.

GÓES, José Roberto. *O cativeiro imperfeito*: um estudo sobre a escravidão no Rio de Janeiro da primeira metade do século XIX. Vitória: Secretaria da Justiça e da Cidadania, 1993.

GOFFMAN, E. *La mise en scéne de la vie quotidienne*. 2 vols. Paris: Éditions de Minuit, 1973.

GOLDEMBERG, Miriam. *A outra*. Rio de Janeiro: Best Bolso, 2009.

________. *Coroas*: corpo, envelhecimento, casamento e infidelidade. Rio de Janeiro: Record, 2008.

________ (org.). *Os novos desejos*. Rio de Janeiro: Record, 2000.

________. *Por que homens e mulheres traem?* Rio de Janeiro: Best Bolso, 2010.

GOODY, Jack. *Family and marriage*: the development of marriage and family in Europe. Londres, 1983.

GREEN, James. *Além do carnaval*: a homossexualidade masculina no Brasil do século XX. São Paulo: Ed. Unesp, 1999.

GREGORI, Maria Filomena. "Limites da sexualidade: violência, gênero e erotismo". *Revista de Antropologia USP*, vol. 1, p. 56, 2008.

________. *Cenas e queixas*: mulheres e relações violentas e a prática feminista. Rio de Janeiro: Paz e Terra, 1993.

HABERT, Nadine. *A década de 70*: apogeu e crise da ditadura militar brasileira. São Paulo: Ática, 1992.

HAGÈGE, Jean-Claude. *Le pouvoir de séduire.* Paris: Odile Jacob, 2003.

HAHNER, June E. *A mulher no Brasil.* Rio de Janeiro: Civilização Brasileira, 1976.

HAMBURGUER, Esther. "Diluindo fronteiras: a televisão e as novelas no cotidiano". In: SCHWARCZ, Lilia (org.). *História da vida privada no Brasil*: contrastes da intimidade contemporânea. São Paulo: Companhia das Letras, 1998.

HAUSSMAN, B. L. *Changing sex*: transsexualism, technology and the idea of gender. Durham, N.C.: Duke University Press, 1995.

HOLANDA, Sérgio Buarque de. *Antologia de poetas coloniais.* São Paulo: Perspectiva, 1979.

JAQUIER, Claire. *L'erreur des désirs*: romans sensibles au XVIIIème siécle. Paris: Payot, 1998.

KATZ, Chaim; KUPERMANN, Samuel Daniel; MOSÉ, Viviane. *Beleza, feiúra e psicanálise.* Rio de Janeiro: Contracapa, 2004.

LARA, Silvia Hunold. *Campos da violência*: escravos e senhores na capitania do Rio de Janeiro, 1750-1808. São Paulo: Paz e Terra, 1988.

LAQUEUR, Thomas. *La fabrique du sexe*: essai sur le corps et le genre en Occident. Paris: Gallimard, 1992.

LEBRUN, François. *La vie conjugale sous l'Ancien Régime.* Paris: Armand Collin, 1975.

LEIRNER, Carla. *Abuso sexual, pornografia*: a infância é a última fronteira da violência. São Paulo: Albatroz, 2007.

LEITE, Dante Moreira. *O amor romântico e outros temas.* São Paulo: Conselho Nacional de Cultura – Comissão de Literatura, s. d.

LEITE, Miriam Moreira. *Livros de viagem* (1803-1900). Rio de Janeiro: Editora da UFRJ, 1997.

LONDOÑO, Fernando Torres. *A outra família*: concubinato, igreja e escândalo na Colônia. Petrópolis: Loyola, 1999.

LOPES, Antônio Herculano (org.). *Entre Europa e África, a invenção do carioca.* Rio de Janeiro: Topbooks, Edições Casa de Rui Barbosa, 2000.

LUSTOSA, Isabel. *D. Pedro I.* São Paulo: Companhia das Letras, 2006.

MACFARLANE, Alan. *Marriage and love in England.* Oxford: Blackwell, 1987.

MARCÍLIO, Maria Luíza. *Caiçara*: terra e população. São Paulo: Paulinas; CEDHAL, 1986.

MATTA, Roberto da. *O que faz o Brasil, Brasil?* Rio de Janeiro: Rocco, 1989.

MENEZES, Lená Medeiros de. *Os estrangeiros e o comércio do prazer nas ruas do Rio de Janeiro (*1890-1930*).* Rio de Janeiro: Arquivo Nacional, 1992.

MELLO E SOUZA, Laura de (org.); NOVAIS, Fernando (dir.). *História da vida privada no Brasil*: cotidiano e vida privada na América Portuguesa. São Paulo: Companhia das Letras, 1997.

MELO SILVA, Gian Carlo de. *Um só corpo, uma carne*: casamento, cotidiano e mestiçagem no Recife colonial (1790-1800). Recife: Editora Univer-sitária, UFPE, 2010.

MELO, Vitor Andrade de. *Cidade esportiva*: primórdios do esporte no Rio de Janeiro. Rio de Janeiro: Faperj; Relume Dumará, 2001.

________. *Esporte, imagem, cinema*: diálogos, 2004. Relatório de pesquisa (Pós-doutorado em Estudos Culturais) – Programa Avançado de Cultura Contemporânea, Rio de Janeiro. Disponível em: http://www.ceme.eefd.ufrj.br/cinema.

MONTEIRO, Hamilton de Mattos. "Da Independência à vitória da ordem". In: LINHARES, Maria Yedda (org.). *História geral do Brasil.* Rio de Janeiro: Campus, 1990.

MONTEIRO, Marko. *Revistas masculinas e pluralização da masculinidade nos anos 60 e 90*, 2002. Tese (Mestrado) – Departamento de Antropologia, UNICAMP, Campinas.

_________. *Tenham piedade dos homens!* Masculinidades em Mudança. Juiz de Fora: Feme, 2000.

MOREAU, Filipe Eduardo. *Os índios nas cartas de Nóbrega e Anchieta.* São Paulo: Annablume, 2003.

MORGA, Antônio Emílio. *Nos subúrbios do desejo*: masculinidade e sociabilidade em Nossa Senhora do Desterro no século XIX. Manaus: Editora da Universidade Federal do Amazonas/Fapeam, 2009.

MOTT, Luís. *Sexo proibido*: virgens, gays e escravos nas garras da Inquisição. Campinas: Papirus, 1988.

_________. *O lesbianismo no Brasil.* Porto Alegre: Mercado Aberto, 1987.

NASCIMENTO, Dilene Raimundo do. "Enfrentando o estigma da Aids". In: _____; CARVALHO, Diana Maul de (orgs.). *Uma história brasileira das doenças.* Rio de Janeiro: Paralelo 15, 2004.

NOVAIS, Fernando A.; MELLO, João Manuel Cardoso de. "Capitalismo tardio e sociabilidade moderna". In: SCHWARCZ, Lilia (org.). *História da vida privada no Brasil*: contrastes da intimidade contemporânea. São Paulo, Companhia das Letras, 1998.

NOVAIS, Fernando A.; MELLO E SOUZA, Laura de (coords.). *História da vida privada no Brasil*: cotidiano e vida privada na América portuguesa. São Paulo: Companhia das Letras, 1998.

NOVIS, Marta de Faro. *Estórias coladas.* Rio de Janeiro: Edição Privada, 2010.

OLIVEIRA, Albino José Barbosa de. *Memórias de um magistrado do Império.* São Paulo: Companhia Editora Nacional, 1943.

OLIVEIRA, Cláudia de. "A Carioca de Pedro Américo: o corpo pulsante". In: VELLOSO, Monica Pimenta *et alii* (org.). *Corpo*: identidades, memórias e subjetividades. Rio de Janeiro: Mauad; Faperj, 2009.

OLIVEIRA, Cláudia de; VELLOSO, Monica P.; LINS, Vera. *O moderno em revista*: representações do Rio de Janeiro de 1890-1930. Rio de Janeiro: Garamond, 2010.

OLIVEIRA, Marcella Beraldo de. *Crime invisível*: a mudança de significados da violência de gênero no juizado especial criminal, 2006. Dissertação (Mestrado) – IFCH, Unicamp, Campinas.

OLIVEN, Ruben George. "A malandragem na música popular brasileira". In: *Violência e cultura no Brasil.* Petrópolis: Vozes, 1989.

ORSINI, Elizabeth. *Cartas perto do coração*: uma antologia do amor. Rio de Janeiro: Rocco, 1999.

PAIVA, Salvyano Cavalcanti. *História ilustrada dos filmes brasileiros 1929-1988.* Rio de Janeiro: Francisco Alves, 1989.

_________. *Viva o rebolado*: vida e morte do teatro de revista brasileiro. Rio de Janeiro: Nova Fronteira, 1991.

PALMA-FERREIRA, João. *Novelistas e contistas portugueses do século XVII e XVIII*. Lisboa: Imprensa Nacional/Casa da Moeda, 1999.

PEDRO, Joana Maria. "A experiência com contraceptivos no Brasil: uma questão de geração". *Revista Brasileira de História*, São Paulo, vol. 23, nº 45, jul. 2003.

________; GROSSI, Miriam Pillar (orgs.). *Masculino, feminino, plural*. Florianópolis: Editora das Mulheres, 1998.

________ (org.). *Práticas proibidas*: práticas costumeiras de aborto e infanticídio no século XX. Florianópolis: Cidade Futura, 2003.

PENDERGAST, Tom. *Creating the modem man*: American magazines and consumer culture 1900-1950. Columbia e Londres: University of Missouri Press, 2000.

PESAVENTO, Sandra Jatahy. *O cotidiano da República*: elite e povo na virada do século. Porto Alegre: Editora da UFRGS, 1994.

PINHO, Wanderley. *Salões e damas do II Reinado*. São Paulo: Martins, s/d.

PISCITELLI, Adriana; GREGORI, Maria Filomena; CARRARA, Sérgio (orgs.). *Sexualidades e saberes*: convenções e fronteiras. Rio de Janeiro: Garamond, 2004.

POLISTCHUCK, Ilana. *Campanhas de saúde pela televisão*: a campanha da aids na TV Globo, 1999. Dissertação (Mestrado) – Escola de Comunicação UFRJ.

PORTO, Maria de Fátima Silva. *De batom e salto alto*: experiências de mulheres empresárias – Patos de Minas 1980-1990. São Paulo: Annablume, 2005.

PRIORE, Mary del. *Ao sul do corpo*: condição feminina, maternidades e mentalidades no Brasil colonial. Rio de Janeiro: José Olympio, 1989.

________. *Ao sul do corpo*: maternidades, mentalidades e condição feminina na Colônia. São Paulo: Ed. Unesp, 2010.

________. *Cafés, livrarias e "cocottes": modismos e outras influências francesas nos costumes brasileiros*. Conferência na Academia Brasileira de Letras, 31 jul. 2009.

________. *Condessa de Barral*: a paixão do Imperador. Rio de Janeiro: Objetiva, 2008.

________. *Corpo a corpo com as mulheres*. São Paulo: Ed. Senac, 2001.

________. *História do amor no Brasil*. São Paulo: Contexto, 2005.

________ (org.). *História das mulheres no Brasil*. São Paulo: Contexto, 1999.

________. "Ritos da vida privada". In: MELLO E SOUZA, Laura de (org.); NOVAIS, Fernando (coord.). *História da vida privada no Brasil*: cotidiano e vida privada na América portuguesa. São Paulo: Companhia das Letras, 1998.

________; VENÂNCIO, Renato. *Uma breve história do Brasil*. São Paulo: Planeta, 2010.

________; VENÂNCIO, Renato. *Ancestrais*: uma introdução à história da África Atlântica. Rio de Janeiro: Campus, 2004.

Parure, pudeur, etiquette. In: *Communications*. Paris: École des Hautes Études em Sciences Sociales; Seuil, 1987.

QUINLAN, Susan C.; SHARPE, Peggy. *Visões do passado, previsões do futuro*: duas modernistas esquecidas. Rio de Janeiro: Tempo Brasileiro; Goiânia: Ed. da UFG, 1996.

QUINTANEIRO, Tânia. *Retratos de mulher*: o cotidiano no olhar dos viajeiros do século XIX. Petrópolis: Vozes, 1996.

RAGO, Margareth. *Do cabaré ao lar*: a utopia da cidade disciplinar. Rio de Janeiro: Paz e Terra, 1985.

REBREYEND, Anne-Claire. *Intimités amorouses, France 1920-1975*. Toulouse: Presses Universitaires Du Mirail, 2008.

RIBEIRO, Luís Felipe. *Mulheres de papel*: um estudo do imaginário de José de Alencar e Machado de Assis. Rio de Janeiro: Topbooks, 1997.

RICHARD, Guy; LE GUILLOU, Annie Richard. *Histoire de l'amour*. Paris: Privat, 2002.

RIGAUT, P. *Le fétichisme, perversion ou culture?* Paris: Belin, 2004.

RODRIGUES, Marlene Teixeira. "A prostituição no Brasil contemporâneo: um trabalho como outro qualquer". *Revista Kátal*, Florianópolis, vol. 12, nº 12, pp. 68-76, jan.-jun. 2009.

ROHDEN, Fabiana. *A arte de enganar a natureza*: contracepção, aborto e infanticídio no início do século XIX. Rio de Janeiro: Editora FioCruz, 2003.

ROUGEMONT, Denis de. *L'amour et l'Occident*. Paris: Gallimard, 1939.

SAFFIOTI, Heleith. *Gênero, patriarcado, violência*. São Paulo: Editora Perseu Abramo, 2004.

________. *O poder do macho*. São Paulo: Moderna, 1987.

SALES FILHO, Valter Vicente. "Pornochanchada: doce sabor da transgressão". *Crítica – Comunicação e Educação*, São Paulo, 3, pp. 67-70, maio-ago. 1995.

SALIBA, Elias Thomé. *Raízes do riso*: a representação humorística na história brasileira. São Paulo: Companhia das Letras, 2004.

SAMARA, Eni. *As mulheres, o poder e a família em São Paulo, século XIX*. São Paulo: Marco Zero, 1989.

SANT'ANA, Afonso Romano de. *O canibalismo amoroso*. São Paulo: Brasiliense, 1985.

SANTOS, Eugenio dos. *D. Pedro IV*. Lisboa: Círculo do Livro, 2006.

SARTI, Cynthia; MOARES, Maria Quartim de. "Aí a porca torce o rabo". In: BRUSCHINI; ROSEMBERG (org.). *Vivência, história, sexualidade e imagens femininas*. São Paulo: Fundação Carlos Chagas; Brasiliense, 1980.

SCHPUN, Mônica Raisa. *Beleza em jogo*: cultura física e comportamento em São Paulo dos anos 20. São Paulo: Boitempo; Senac, 1997.

SELIGMAN, Flávia. *O Brasil é feito pornôs*: o ciclo da pornochanchada no país dos governos militares, 2000. Tese (Doutorado) – Escola de Comunicação e Artes, Universidade de São Paulo, São Paulo.

________; "Organização, participação e política cinematográfica brasileira nos anos 70". *UNIrevista*, v. 1, nº 3, jul. 2006.

SEVCENKO, Nicolau (org.); NOVAIS, Fernando (dir.). *História da vida privada*: República: da Belle Époque à Era do Rádio. São Paulo: Companhia das Letras, 1998.

SILVA, Maria Beatriz Nizza da. *Sistema de casamento no Brasil colonial*. São Paulo: T. A. Queiroz; Edusp, 1984.

________. *Vida privada e quotidiano no Brasil na época de d. Maria e d. João VI*. Lisboa: Referência; Estampa, 1983.

SIMONET, Dominique *et alii*. *La plus belle histoire de l'amour*. Paris: Seuil, 2003.

SOARES, Angelina. *A paixão emancipadora*: vozes femininas da liberação do erotismo na poesia brasileira. Rio de Janeiro: Difel, 1999.

SCHRAIBER, Lilia; PIRES D'OLIVEIRA, Ana Flávia. "Violência contra mulheres – interfaces com a saúde". *Comunicação, Saúde, Educação*, vol. 3, nº 5, 1999.

SCHWARCZ, Lilia Moritz. "Nem preto, nem branco, muito pelo contrário: cor e raça na intimidade". In: _____ (org.). *História da vida privada*: contrastes da intimidade contemporânea. São Paulo: Companhia das Letras, 1998.

SHORTER, Edward. *The making of the modern family*. Cambridge: Cambridge University Press, 1977.

SLEENES, Robert. *Na senzala uma flor*: a família escrava nas regiões de grande lavoura do Sudeste. Rio de Janeiro: Nova Fronteira, 1997.

SOHIET, Rachel. "A sensualidade em festa: representações do corpo feminino nas festas populares no Rio de Janeiro da virada dos séculos XIX a XX". In: *Diálogos Latinoamericanos*, nº 2, pp. 92-114, Universidade de Aarhus, Aarhus, Latinoamericanas.

_________. *Condição feminina e formas de* violência: mulheres pobres e ordem urbana, 1890-1920. Rio de Janeiro: Forense Universitária, 1989.

SOHN, Anne-Marie. "*O corpo sexuado*". In: CORBIN, Alain; COURTINE, Jean-Jacques; Vigarello, Georges (dir.). *História do corpo*: as mutações do olhar. O século XX. Petrópolis: Editora Vozes, 2008, pp.109-154.

_________. *Soi um homme*: la construction de la masculinité au XIXᵉ siècle. Paris: Seuil, 2010.

SOLÉ, Jacques. *L'amour en Occident à l'époque moderne*. Paris: Albin Michel, 1976.

SWAIN, Tânia Navarro. *Entre a vida, a morte e o sexo*. Disponível em: <www.intervencoesfeministas.mpbnet.com.br>.

_________. *O que é lesbianismo*. São Paulo: Brasiliense, 1979.

TELES, Maria Amélia; MELO, Monica de. *O que é violência contra a mulher*. São Paulo: Brasiliense, 2002.

TRIGO, Maria Helena Bueno. *Os paulistas de quatrocentos anos*. São Paulo: Annablume, 2001.

VAINFAS, Ronaldo (org.). *História e sexualidade no Brasil*. Rio de Janeiro: Graal, 1983.

_________. *Trópico dos pecados*: moral, sexualidade e Inquisição no Brasil. Rio de Janeiro: Campus, 1989.

VENEZIANO, Neyde. *De penas para o ar*: teatro de revista em São Paulo. São Paulo: Imprensa Oficial, 2006.

VIGARELLO, Georges. *Le propre et le sale*: l'hygiène du corps depuis le Moyen Age. Paris: Seuil, 1985.

FONTES

A hora sexual / descrita pelos mais célebres autores nacionais e estrangeiros. Rio de Janeiro: Imprenta Moderna, [19–]. Obs: A Bn possui o Ano I, nº 1 a 3. Localização: BNRJ 025a,03bis, 55-57.

Docteur Jaf. *O casamento*: amor e hygiene ("Le Mariage et son hygiene). Rio de Janeiro: Edições Modernas, [19–]. (Coleção de Psychologia Popular). Localização: BNRJ 025A, 03bis, 49.

Erre e Erre. Noite de núpcias. Novela de costumes conjugais. Rio de Janeiro: Edições Modernas, [19–]. Localização: BNRJ 025A, 03bis, 48 nº 2.

VILLA, Valentin de La. *As núpcias da sra. Militão*. Rio de Janeiro: Imprensa Moderna, 1934. (Juras de Alcova, ano II). Localização: BNRJ 025a, 03bis, 29.

ZE-BEDEU. *Variações de amor*: estimulantes contos com gravuras do natural. Rio de Janeiro: s/n, [19–]. Bibliotheca de Cuspidos. Localização: BNRJ 025a, 03bis, 37 e 025a, 03bis, 38.

BN – DIVISÃO DE OBRAS GERAIS

ALBUQUERQUE, José de. *Introdução ao estudo da pathologia sexual*. [Rio de Janeiro]: Typ: Coelho, 1928. Localização: BNRJ II-416, 6, 14 nº 2 e I-283, 3, 14 nº 1.

ALVES, Manuel. *A esposa feliz no lar*. Rio de Janeiro: Tip. Gloria, 1912. Localização: BNRJ 301. 42/A474e.

AUSTREGESILO, Antonio. *A Neurasthenia sexual e seu tratamento*. Rio de Janeiro: F. Alves, 1928. Localização: BNRJ 616.843/A938n/1928.

BARANDIER, Maro. *O sexo e o adolescente*. Rio de Janeiro: Pallas, 1976. Localização: BNRJ IV-147, 1, 28.

BARNES, Harry Elmer. *O sexo na educação*; O sexo e a luta social. Rio de Janeiro, 1941. Localização: BNRJ 371.76/B261a.

BARROSO, Sebastião Mascarenhas. *Educação sexual, guia para os pais e professores, o que precisam saber, como devem ensinar*. São Paulo: Comp. Melhoramentos, [1935]. Localização: BNRJ 371.76/B277e.

BOURDON, J. R. *Perversões sexuais*. Rio de Janeiro: Civilização Brasileira, 1933. Localização: BNRJ I-325, 5, 20.

BRITO, José Gabriel de Lemos. *A questão sexual nas prisões*. Rio de Janeiro: L. Jacintho, [1943]. Localização: BNRJ I-215, 1, 13.

________. *Do pudor e da educação sexual*. Tese apresentada ao Quarto Congresso Americano da Criança, reunido em Santiago do Chile. Rio de Janeiro: Imp. Nacional, 1924. Localização: BNRJ VI-85, 3, 6, nº 2.

CAPRIO, Frank Samuel. *Ajustamento sexual*. São Paulo: Instituto Brasileiro de Difusão Cultural, [1966]. Localização: BNRJ IV-158, 6, 26.

CAPRIO, Frank Samuel. *Sexo e amor*: guia de saúde sexual e felicidade amorosa. São Paulo: Ibrasa, [1964]. Localização: BNRJ II-75, 6, 2.

________. *Variações na arte de amar*. Rio de Janeiro: Record, [1981]. Localização: BNRJ VI-348, 1, 28.

CAULDWELL, David O. *Costumes sexuais estranhos*. [Rio de Janeiro: Ed. Gertum Carneiro, 1951]. Localização: BNRJ 136.1/C371c.

COMFORT, Alexander. *ABC do amor e do sexo*: orientação sexual para adolescentes. São Paulo: Círculo do Livro, 1979. Localização: BNRJ III-302, 7, 68.

CUNHA, Hugo Pedro da. *Dois casos de grande sadismo*. Rio de Janeiro: Grap. Guanabara, 1927. Localização: BNRJ II-236, 8, 17.

DIAS, Astor Guimarães. *A questão sexual nas prisões*. São Paulo: Saraiva, 1955. Localização: BNRJ II-416, 3, 15.

DRAUGER, William. *Os prazeres viciosos*. São Paulo: Ed. A. de Carvalho, [1954]. Localização: BNRJ 301.424/D767p.

ELEIAN, Mohamed Hussen. *Como ser feliz no matrimônio*. Rio de Janeiro: Studio Mamed, 1952. Localização: BNRJ 808.9/E38c/1952.

ELLIS, Havelock. *O pudor, periodicidade sexual, o auto-erotismo*. Rio de Janeiro: Civilização Brasileira, [1936]. Localização: BNRJ 136.1/E47 e.

GUIMARÃES, Albertina. *Aprenda a ser esposa e mãe*; um guia prático e seguro para as donas de casa, conselhos e informações sobre a vida doméstica social, receitas econômicas, higiene e saúde. Rio de Janeiro: Irmãos Pongetti, 1948. Localização: BNRJ I-390, 3, 1.

GUSMÃO, Crysolito de. *Dos crimes sexuais, estupro, atentado ao pudor, defloramento e corrupção de menores*. Rio de Janeiro: Editora Freitas Bastos, 1934. Localização: BNRJ 343/G982d/1934.

IRAJÁ, Hernani de. *Sexo e beleza*. Rio de Janeiro: Getúlio Costa, [1947]. Localização: BNRJ I-335, 7, 3.

LEWINSOHN, Richard. *História da vida sexual*. Rio de Janeiro: Casa Ed. Vecchi, [1960]. Localização: BNRJ II-180, 3, 28.

MANTEGAZZA, Paolo. *O problema do casamento*; Arte de escolher esposa e arte de escolher marido. Lisboa: Tavares Cardos, 1898. Localização: BNRJ III-213, 2, 8 e 173.1/M291p7/1925c (edição de 1925).

PACKARD, Vance Oakley. *A revolução sexual*: a tumultuada transformação a que estamos assistindo nas relações entre os dois sexos. Rio de Janeiro: Distribuidora Record, [c1968]. Localização: BNRJ II-34, 6, 16.

PIRES DE ALMEIDA. *Homossexualismo* (A libertinagem no Rio de Janeiro); estudo sobre as perversões e inversões do instinto genital. Rio de Janeiro: Laemmert e C., 1906. Localização: BNRJ I-233, 6, 4)Microfilme 506 – 212(2).

PORTO-CARRERO, J. P. *Sexo e cultura*. Localização: II-228,1, 31.

REUBEN, Daniel R. *Como aumentar a satisfação sexual*. Rio de Janeiro: Record, [1975]. Localização: BNRJ 417, 6, 10.

________. *Toda mulher pode!* Como as mulheres solteiras, viúvas, divorciadas e casadas podem encontrar o amor e a completa satisfação sexual. Rio de Janeiro: Record, [1980]. Localização: BNRJ VI-229, 2, 6.

RIBEIRO, Leonídio. *Homossexualismo e endocrinologia*. Rio de Janeiro: F. Alves, 1938. Localização: BNRJ 132.75/ R484h.

Spock, Benjamin MacLane. *Vida, amor e sexo* (guia para a geração 70). [Rio de Janeiro]: Nova Fronteira, [1973]. Localização: BNRJ II-1, 4, 16.

Valinieff, Pierre. *As carícias do casal.* Rio de Janeiro: O Cruzeiro, 1975. Localização: BNRJ V-349, 5, 23.

BN – DIVISÃO DE OBRAS RARAS

Docteur Jaf. *O casamento: amor e hygiene. ("Le Mariage et son hygiene).* Rio de Janeiro: Edições Modernas, [19–]. (Collecção de Psychologia Popular). Localização: BNRJ 025A, 03bis, 49.

Gante, Emilio. *A corneta do official.* Rio de Janeiro: Edições Modernas, [19–]. (Collecção "Venus"). Localização: BNRJ 025A, 3bis, 48, nº 3.

O Rio Nu (1898-1916). Localização: Microfilme PR-SOR 00008.

O Rio Nu, 17/1/1900. Ano III, nº 160.

O Rio Nu, 20/1/1900. Ano III, nº 161.

O Rio Nu, 1/1/1910. Ano XIII, nº 1197.

O Rio Nu, 19/1/1910. Ano XIII, nº 1202.

O Rio Nu, 1/11/1910. Ano XIII, nº 1283.

O Rio Nu, 5/11/1910. Ano XIII, nº 1284.

O Rio Nu, 9/11/1910. Ano XIII, nº 1285.

O Rio Nu, 1/1/1916. Ano XIX, nº 1680.

O Rio Nu, 2/9/1916. Ano XIX, nº 1715.

BN – SEÇÃO DE PERIÓDICOS

O Cruzeiro. Localização: PR-SPR 00845[1-121].

"24 horas nos mares do Sul". *O Cruzeiro,* 18/3/1950.

"Beijos no Carnaval". *O Cruzeiro,* 11/3/1950, p. 52.

"Campeãs do Carnaval". *O Cruzeiro,* 11/3/1950, p. 20.

Carneiro, Luciano. "Os bonitões em desfile". *O Cruzeiro,* 21/1/1950, p. 63.

Damm, Flávio. "Dança do fogo no Carlos Gomes". *O Cruzeiro,* 10/5/1950.

"Músculos em revista". *O Cruzeiro,* 26/8/1950.

Paes, Antonio Rodrigues. "Um fato em foco". *O Cruzeiro,* 11/3/1950.

Renier, Martine. "Modêlo – uma nova profissão". *O Cruzeiro,* 12/8/1950.

Ribeiro, Hélio. "Made in Usa – via Miami – CIF Rio. As 'Girls Milionárias'". *O Cruzeiro,* 15/4/1950.

BN – SEÇÃO DE OBRAS GERAIS

Barroso, Sebastião Mascarenhas. *Educação sexual,* guia para os pais e professores, o que precisam saber, como devem ensinar. São Paulo: Comp. Melhoramentos, [1935]. Localização: 371.76/B277e.

BOURDON, Dr. J. R. *Perversões sexuais*. Rio de Janeiro: Civilização Brasileira, 1933. Localização: I-325, 5, 20.

BRITO, José Gabriel de Lemos. *Do pudor e da educação sexual*. Tese apresentada ao Quarto Congresso Americano da Criança, reunido em Santiago do Chile. Rio de Janeiro: Imp. Nacional, 1924. Localização: VI-85, 3, 6, nº 2.

GANTE, Emilio. *A ordenhadora*. Emp. D'Edições modernas [19–]. (Collecção Galante nº 14). Localização: II-316, 1, 1 nº 4.

GUSMÃO, Chrysolito de. *Dos crimes sexuais. Estupro, atentado ao pudor, defloramento e corrupção de menores*. Rio de Janeiro: Livraria Editora Freitas Bastos, 1934. (2 ed). Localização: 343/G982d/1934.

IRAJÁ, Hernani de. *Psychoses do amor*. Estudo sobre as alterações do instincto sexual. Rio de Janeiro: Livraria Editora Freitas Bastos, 1935. 6ª ed. Localização: I-292, 7, 5.

L. B. A. *O pássaro de Cornelio*. Rio de Janeiro: Emp. D'Edições Modernas [19–]. (Collecção "Venus"). Localização: II-325, 1, 14 nº 2.

O marido enganado. Rio de Janeiro, Emp. D'Edições Modernas [19–]. (Collecção Galante nº12). Localização: II-316, 1, 1 nº 2.

PÓVOA, Oswaldo. *O aborto criminoso em Campos*. Separata dos "Anais" das Primeiras Jornadas Médicas do Estado do Rio de Janeiro, realizadas em julho de 1935. Niterói, Ofs. Gráficas da Escola do Trabalho, 1936. Localização: I-210, 5, 6.

Uma noite dos diabos. Rio de Janeiro, Emp. D'Edições Modernas [19–]. (Collecção Galante nº11). Localização: II-316, 1, 1 nº 1.

VELDE, Theodor Hendrik van de. *Matrimônio perfeito, estudo de sua filosofia e sua técnica*. Rio de Janeiro, Record [1970?]. Localização: II-29, 5, 29.

VILLEGAS, Nabuco. *A linguiça, novela original tomada com pinças da vida real*. Rio de Janeiro: Emp. D'Edições Modernas [19–]. (Collecção "Venus"). Localização: II-325, 1, 14 nº 1.

REVISTA VEJA

<http://veja.abril.com.br/acervodigital/>

"A Bahia brinca ao som do rei do deboche". *Veja*, 4 de março de 1987, nº 965, pp. 76-83.

"A caminho do nada". *Veja*, 17 de janeiro de 1973, nº 228, p. 53.

"A carícia que destrói a inocência". *Veja*, 31 de janeiro de 1996, nº 1429, pp. 76-83.

"A consagrada família". *Veja*, 25 de fevereiro de 1970, nº 77, pp. 54-6.

"A escalada de Vera". *Veja*, 30 de setembro de 1981, nº 682, pp. 133-4.

"A guerra dos pelados". *Veja*, 20 de fevereiro de 1980, nº 598, pp. 12-3.

"A lei da pílula". *Veja*, 4 de fevereiro de 1970, nº 74, p. 64.

"A lei do machão". *Veja*, 8 de junho de 1988, nº 1031, p. 97.

"A noite das cigarras". *Veja*, 25 de julho de 1973, nº 255, pp. 76-82.

"A torcida pelo sol". *Veja*, 6 de fevereiro de 1980, nº 596, pp. 36-7.

"A valsa das alianças". *Veja*, 2 de dezembro de 1987, nº 1004, pp. 82-8.

Arco e Flexa, Jairo. "E o público". *Veja*, 4 de janeiro de 1978, nº 487, p. 78.

"Balas conjugais". *Veja*, 10 de dezembro de 1980, nº 640, p. 33.

"Bisturi X pílula". *Veja*, 20 de janeiro de 1971, nº 124, p. 57.

CAVALCANTI, Pedro. "Os assassinos do amor". *Veja*, 28 de julho de 1982, nº 725, p. 78.
"Código mantido". *Veja*, 6 de agosto de 1980, nº 622, p. 32-3.
"Crescer, multiplicar, dividir como?" *Veja*, 30 de outubro de 1968, nº 8, pp. 20-6.
"Cuidado é pílula". *Veja*, 28 de janeiro de 1970, nº 73, p. 52.
"Delírio sexual". *Veja*, 27 de agosto de 1980, nº 625, p. 49.
"E depois da pornochanchada". *Veja*, 7 de janeiro de 1976, nº 383, pp. 48-53.
"Estilo antigo". *Veja*, 17 de dezembro de 1975, nº 380, p. 79.
FAGUNDES, Antonio. Entrevista. *Veja*, 21 de abril de 1982, nº 711, p. 8.
"Famílias menores". *Veja*, 16 de julho de 1975, nº 358, pp. 49-50.
"Intenções ocultas". *Veja*, 24 de novembro de 1976, nº 429, p. 99.
"Maiô de uma peça". *Veja*, 16 de agosto de 1972, nº 206, p. 64.
"Na hora da pílula". *Veja*, 31 de outubro de 1979, nº 582, pp. 28-9.
"Nota". *Veja*, 1 de janeiro de 1969, nº 19, p. 66. Seção GENTE.
"Nota". *Veja*, 23 de abril de 1969, nº 33, p. 66. Seção GENTE.
"O direito de evitar". *Veja*, 21 de janeiro de 1981, nº 646, pp. 52-9.
"O livro na tela". *Veja*, 10 de setembro de 1975, nº 366, p. 101.
"O macho acorda do nocaute". *Veja*, 24 de janeiro de 1996, nº 1428, pp. 70-7.
"Onde está o biquíni?" *Veja*, 24 de setembro de 1969, nº 39, pp. 64-5.
"Operação permitida". *Veja*, 14 de novembro de 1979, nº 584, p. 131.
"Os filhos do divórcio". *Veja*, 27 de janeiro de 1988, nº 1012, pp. 50-7.
"Pecado vigente". *Veja*, 19 de abril de 1972, nº 189, p. 72.
"Pílula e genocídio". *Veja*, 21 de janeiro de 1976, nº 385.
"Pílula masculina". *Veja*, 19 de dezembro de 1973, nº 276, p. 83.
"Pílula, mas sem obrigação". *Veja*, 3 de agosto de 1977, nº 465, pp. 88-90.
PORTELLA, Eduardo. "O lugar da pornochanchada". *Veja*, 7 de maio de 1980, nº 609, p. 122.
"Ressaca pornográfica". *Veja*, 1 de outubro de 1980, nº 630, pp. 107-8.
RODRIGUES, Nelson. Entrevista. *Veja*, 4 de junho de 1969, nº 39, pp. 5-6.
"Rumo à família planejada". *Veja*, 25 de maio de 1977, nº 455, p. 70.
"Tese condenada". *Veja*, 25 de novembro de 1981, nº 690, p. 25.
"Um abismo a evitar". *Veja*, 16 de novembro de 1983, nº 793, pp. 72-9.
"Um nó nos costumes". *Veja*, 14 de agosto de 1985, nº 884, pp. 64-7.
"Uma lição de moral". *Veja*, 24 de março de 1982, nº 707, pp. 20-2.
"Visão ampliada". *Veja*, 23 de outubro de 1985, nº 894, p. 71.

Este livro foi composto em ITC New Baskerville para a Editora Planeta do Brasil em fevereiro de 2012.